国家社会科学基金项目研究成果

图书馆服务与管理丛书

复合图书馆理论与方法

初景利 等 著

上海交通大学出版社

内 容 提 要

本书是国家社会科学基金项目"复合图书馆理论与我国复合图书馆建设模式研究(批准号:03BTQ005)"的最终研究成果。本书站在国际图书馆的大背景下,从多个方面、不同角度,系统而深刻地剖析了"复合图书馆是图书馆发展的战略选择"这一重大命题,以翔实的理论和大量的事实,对数字图书馆和传统图书馆的关系做了有说服力的分析,梳理和提出了复合图书馆存在和发展的理论基础,通过国内外大量的优秀实践(best practice)总结并阐述了复合图书馆在信息资源、用户服务、人员队伍、技术支撑等方面的建设策略,在国内第一次比较系统完整地研究了复合图书馆的各方面相关问题,有益于开阔眼界,是指导复合图书馆建设的一份重要的参考资料。本书可供各级各类图书馆工作者、信息资源开发建设人员、高校图书馆学情报学以及信息管理类师生阅读。

图书在版编目(CIP)数据

复合图书馆理论与方法/ 初景利等著. —上海:上海交通大学出版社,2009

(图书馆服务与管理丛书)

国家社会科学基金项目研究成果

ISBN978-7-313-05656-6

Ⅰ. 复... Ⅱ. 初... Ⅲ. 图书馆工作—研究 Ⅳ. G25

中国版本图书馆 CIP 数据核字(2009)第 015128 号

复合图书馆理论与方法

初景利 等著

上海交通大学出版社出版发行

(上海市番禺路 951 号 邮政编码 200030)

电话:64071208 出版人:韩建民

昆山市亭林印刷有限责任公司印刷 全国新华书店经销

开本:787mm×960mm 1/16 印张:12.5 字数:228 千字

2009 年 6 月第 1 版 2009 年 6 月第 1 次印刷

ISBN978-7-313-05656-6/G 定价:49.00 元

总　序

　　图书馆学作为一门学问在其产生初期是以指导图书馆实务为宗旨的。1807年,德国人施雷廷格提出了"图书馆学"这个专门名词,那时关注更多的是图书馆目录编制的问题。19世纪下半叶作为一门近代科学的图书馆学逐步发展起来,但那时比较偏重实务,所以常以"图书馆经济"(英文为library economy,日文为"图书馆经营")名之。1931年印度人阮冈纳赞发表《图书馆学五定律》,探讨图书馆工作的基本规律。1933美国人巴特拉《图书馆学导论》出版,于是以研究图书馆的发生发展、组织管理及工作规律的图书馆学逐步成熟起来。尤其是20世纪是科学技术的世纪,也是学科兴盛的时代。伴随20世纪60至70年代计算机科学的发展,情报学迅速成熟起来。信息革命改变了社会信息交流方式,也影响了图书馆及图书馆学。图书馆(学)概论在一段时间里处于不明朗状态。不久,图书馆学与迅速发展的情报学结盟(commons),进入图书馆学、情报学携手共进的时代。为了突出现代科学的成分,很多图书馆学系纷纷改名,将图书馆学系改名为图书馆情报学系、信息管理学系等,其重心逐步向情报学倾斜。

　　由于企事业单位及政府部门对图书馆学情报学专业人员的需求迅速增长,以及图书馆从业人员资格证书制度尚未建立等原因,图书馆在图书馆学情报学专业的就业市场份额中所占的比例越来越小。图书馆就业面越小,面向图书馆的课程所占比例也越小,这种恶性循环直接影响了图书馆学情报学专业的正常发展。图书馆与图书馆学出现了逐渐分离的趋势。

　　图书馆学的研究对象是图书馆,因此早期大量研究聚焦图书馆本身,图书馆"三要素"、"五要素"之说曾经影响图书馆界数十年。但后来的几十年里图书馆学的关注点转移,图书馆不再成为学科研究的重点对象。虽然图书馆学与其他学科的融合有利于学科本身的深化和发展,但每一门学科都有自己的边界,无论如何发展,如何延伸,都不能偏离学科的核心。图书馆学是一门应用的学科,其研究的主要对象应该是图书馆。偏离了图书馆,图书馆学就不成其为图书馆学。实际上图书馆学向其他学科过度倾斜、过度融合的问题是相当严重的。翻开图书馆界的杂志,不难看到这种过度倾斜和过度融合的倾向。那种以为图书馆学仍然是(印刷型)图书本位的图书馆学的传统观念早已过时了。图书馆学意义上的"书"(book),即使在信息社会以前也不仅仅指印刷型的图书,阮冈纳赞提出《图书馆学五定律》的时候,就有过"图书馆本质功能的知识传播将通过不同于印本的方式实现"(《数字图书馆论坛》,2008 年第 3 期,第 14 页)的预测,说明他所指的"书"已经包含图书馆提供的各类信息资源。同样,图书馆学意义上的"图书馆"也不仅仅指人类正进入一个无所不在的信息时代。在这一剧烈变化的社会环境中,图书馆面临着新的挑战和机遇。深入开展图书馆学理论研究是我国现代图书馆事业发展的一个亟待解决的课题。图书馆事业的发展有赖于图书馆学的引领,图书馆学的发展有利于图书馆事业的创新。两者相辅相成,图书馆事业发展了,图书馆学才能更有作为,图书馆学发展了,图书馆事业才能更有活力。

图书馆学发展要以科学发展观为指导。科学发展观的核心是坚持以人为本,树立全面、协调、可持续的发展观。图书馆学的科学发展要立足图书馆的核心价值,将以人为本贯穿始终,以维护公众基本文化权利和满足公众基本文化需求为宗旨,更加重视来自一线的需求,更加关注来自一线的课题。将满足用户需求、解决实际课题放在学科攻关的重要位置上。同时,图书馆学发展要致力于解放思想,转变观念。社会环境的巨大变化加速了图书馆的嬗变,传统的三要素即人、资源、馆舍已经发生重大变化。现代图书馆已经成为整合各类信息资源、综合各类传播手段、提供各类复合型服务的学习和交流中心。我们需要在更高的起点、更深的层面上重新思考图书馆学的学科定位以及实践指导的功能。

值得一提的是,上海交通大学出版社潘新先生邀集一批知名专家,瞄准学科前沿,深入探讨图书馆学情报学理论与实践问题,并将研究成果汇集成《图书馆服务与管理》丛书。丛书的出版不仅将大大丰富图书馆学情报学领域的研究成果,而且将有利于推动我国图书馆事业的蓬勃发展。

吴建中

2009 年 5 年 25 日

前　言

1996 年,美国图书馆学家苏顿(S. Sutton)关于"复合图书馆"(hybrid library)的概念一经提出,立即得到了国际图书馆界的积极响应,激起图书馆学术界和实践界的共鸣。"复合图书馆"澄清了关于数字图书馆与传统图书馆关系的争执,准确定位了图书馆的发展路向,明确了未来图书馆发展的基本模式。其意义并不在于概念本身,而是带来了人们思维的转变和认识上的飞跃。

此后,关于复合图书馆的研究和建设一直得到广泛关注,国内外发表了相当数量的研究成果,英国还专门开展了复合图书馆的项目研究与试验。包括国内图书馆在内,无论承认与否,现在还没有一个图书馆超越复合图书馆的范畴,总是自觉不自觉地将复合图书馆作为自己的建设目标。

另一方面,在传统图书馆与数字图书馆不同成分都存在的现实下,如何确定图书馆的发展战略,更好地实现两者的结合,充分地发挥传统图书馆和数字图书馆各自的长处,优势互补,协调发展,实现真正的复合(hybridity),而不是各自为战,的确还困扰着人们的认识和行为,还缺乏系统的理论研究,缺乏相关问题的梳理和研究。

为此,我们于 2003 年申请了国家社科基金项目(批准号:03BTQ005),试图对复合图书馆的相关问题进行系统的总结和研究。其间,课题组的部分成员有机会到美国、英国、澳大利亚以访问学者的身份考察了国外复合图书馆的建设,拓宽了研究视野,积累了不少有用的素材。2005 年暑期,还在青岛召开了复合图书馆建设问题研讨会。

近四年来,由于岗位人员变动等原因,研究工作进行得比较缓慢。这是一项超出预期难度的研究工作,课题组成员需要深入研究,协调思想,有些问题本身就具有极大的挑战性。至今,我们仍只能说,对不少问题仍处在探索的过程中,我们的研究远远不够深入。但我们共同的研究以及借鉴 10 年来这一领域国内外大量的研究成果,为这一领域的研究奠定了一定的基础。我们愿意与众人一道,继续关注复合图书馆的发展,继续加强相关问题的研究。

感谢国家社科基金给了我们联合研究复合图书馆这一问题的机会,也感谢数以百计的研究者为这一研究先期作出的研究成果,使得我们得以继承和发展。但愿复合图书馆的研究不仅仅是课题的研究成果,而是能在一定程度上指导我国图书馆今后发展的实践,寻求中国图书馆发展的最佳道路。

参加课题研究和本书编著的共同著者是：

初景利：中国科学院国家科学图书馆

孟连生：中国科学院国家科学图书馆

孙坦：中国科学院国家科学图书馆

张久珍：北京大学信息管理系

蒋颖：中国社科院文献信息中心

张福学：烟台大学图书馆

吴冬曼：清华大学图书馆

刘燕权：美国南康涅狄格州立大学情报与图书馆学系

李麟：中国科学院国家科学图书馆

李平：中国国家图书馆

黄国彬：中国科学院国家科学图书馆博士研究生

最后由初景利统稿和修改。

著者水平有限，不足之处，欢迎斧正。

初景利

2009 年 1 月于北京中关村

目　录

第1章 传统图书馆、数字图书馆与复合图书馆

信息技术的发展和数字图书馆的出现,促使人们思考这样几个问题:数字图书馆能不能取代传统图书馆而成为未来图书馆的基本形态? 传统图书馆是否有存在的价值? 在数字化、网络化环境下,图书馆将向何处去? 这些问题不仅是图书馆学的理论问题,而且将直接影响图书馆的未来发展,影响图书馆在未来社会中的定位和作用。

1.1 "传统图书馆消亡论"

1.1.1 兰卡斯特的预言

随着信息技术、网络技术和计算机存储技术的不断发展,数字化信息资源显示出其与传统印刷型信息资源相比的巨大优势。数字化信息资源如电子图书、电子期刊、多媒体光碟、机读数据库、网络资源等,具有出版简便、成本低廉、节约时间、使用方便、利于环保、能够实现资源共享及多项目查询、全文检索和远程服务等特征和功能。因此,早在1978年,美国图书馆学家兰卡斯特就曾预言2000年人类社会将进入"无纸社会",他还预言,"随着以计算机技术为核心的现代信息技术的应用,以及电子出版物、机读文献的普及,传统图书馆将完成历史使命而走向消亡。"[1]

现在看来,兰卡斯特的第一个预言不仅没有实现,而且现代社会的用纸量反而逐年增多。而他的第二个预言,则引起图书馆学界就"传统图书馆是否消亡"而展开多年无休止的激烈辩论。国内外均有不少学者认为,在网络环境和数字环境下,传统图书馆将会逐渐走向消亡。英国图书馆学家比尔·阿姆斯1992年曾表示:"21世纪不会修建新的图书馆,现有的图书馆将被用作进行科学研究的场所,而不是藏书库"[2]。国内也有学者提出过类似的观点,他们认为数字化信息资源与印刷型信息资源相比拥有决定性的优势,网络信息将会成为未来的主要信息形式,数字化信息资源将逐步取代印刷型信息资源,人们将在家中而不再到传统图书馆查找和阅读文献,传统图书馆失去了物理形式的馆藏和馆舍,必然逐步走向消亡。

1.1.2　传统图书馆不会消亡

但是,更多的学者仍然坚信传统图书馆会继续存在,并倾向于以一种"混合"或"复合"的方式存在。黄宗忠认为:"21世纪的图书馆是虚拟图书馆与传统图书馆相互结合的混合体";英国的 Stephen Pinfield 认为:"混合式图书馆既不是仅包含纸质资源的传统图书馆,也不是仅包含电子资源的虚拟图书馆,而是介于两者之间,将印刷与电子、本地与远程等各种信息资源集成于一体的图书馆"[3]。

的确,数字资源是一种极具生命力的载体形式,为信息保存、传播、利用带来革命性的变化。目前,数字资源已经从最初的磁带、磁盘形式向大容量的光碟、网络数据库、磁盘阵列等形式发展,集文字、图像、音频、视频于一身的多媒体文献相继推出,电子信息载体文献在未来的图书馆中将成为重要的馆藏品种已经成为既定事实。但这并非意味着传统信息载体的功能和作用完全被电子信息载体所取代。全新的数字化、虚拟化的现代图书馆也未必将会取代传统图书馆的全部功能。

首先,数字资源作为数字图书馆的主要资源存在诸多缺陷。

(1) 阅读不便,生理上易使眼睛疲劳;心理上也不符合人们的阅读习惯和阅读心理。自人类文明出现,特别是文字、纸张出现以来的几千年,人们一直把积累文化知识和书写、阅读紧密地联系在一起。印刷书籍得到世界各民族的认同和喜爱。数字资源这种形式,将内容隐藏在机器里,人除了视觉,触觉都嗅觉都无法直接感受到它们的存在,而调用人的各个感观阅读,是人类群体积累、传播文化的生活方式,不是几代人就能彻底改变的。好比有了卫星电视的现场直播,球赛、音乐会的观众仍然愿意不远千里到现场感受直播的激动。早在1996年11月15日,美国国会图书馆馆长 J. Billington 在南京大学的报告会回答提问时就谈到:电子形式方便快捷,要了解最新学术动态通过电子文献较好;但真正做学问,搞研究还是印刷型文献好,倘若两者只能择一收藏,则宁可收藏印刷型文献[4]。

(2) 信息技术特别是数字资源长期保存技术,还不能使文献以数字形态安全保存。数字资源存储的载体主要是光碟和磁盘,寿命约为5～10年,与印刷型文献相比寿命十分短暂。而且光碟和磁盘极易受到外界的干扰和破坏,各种病毒、人为因素、自然灾害等都对数字资源的安全造成极大威胁。

(3) 数字资源存在文件格异质和系统兼容性问题。

(4) 数字资源的获取和阅读依赖专门的仪器设备,无法像印刷型文献一样在任何时间、任何地点阅读。

(5) 数字资源的知识产权问题仍是一个具有争议的棘手问题。

其次,数字图书馆有三个组成要素:用户、信息资源和通信网络。其中无论印本资源还是数字资源都是存在于一定的载体上的,都必须经过一定的方式搜集、整理、加工才能成为信息产品供用户使用。这些工作都需要专业人员来完成,而传统图书馆的主要任务和优势正是搜集、整理、加工信息资源。在信息资源的管理、组织、提供方面,传统图书馆的理论和实践成果值得数字图书馆继承、学习和发扬。

再次,传统图书馆的作用不仅仅是藏书和提供阅读场所,它作为公共设施和建筑还有文化象征的作用,担负着文化交流、营造文化教育氛围、凝聚文化气息的使命,它是读者与信息、读者与馆员以及读者相互之间的交流场所,凝聚了人的思想情感,这是数字图书馆不能替代的。传统图书馆保存文化遗产的功能不可取代。无论社会信息环境发展怎样的变化,并非所有的文献数字化之后都优于文献原本,如古籍、档案等,由于历史或特殊要求等原因,载体本身已经成为一种有价值的保存体。无论数字技术可以多么精确地再现原件,都再现不了历史遗留在文献载体上的价值。

最后,全球经济、文化和技术发展并不平衡。虽然发达国家在 21 世纪将从传统图书馆迈向现代数字化图书馆,但对一些发展中国家来说,解决饥荒和贫困仍然是国家的主要任务,由于经费、设备等条件的限制,传统图书馆可能仍是主要的存在形式。不同类型图书馆(国家图书馆、公共图书馆、高校图书馆、专业图书馆)由于担负的任务不同,传统图书馆的职能仍然具有不同的作用。

1.1.3　传统图书馆和数字图书馆将并肩发展

决定图书馆存在与消亡的根本因素是社会政治、经济、科学技术、文化发展和用户的需求。传统图书馆和数字图书馆都是以信息的收集、整理、组织加工和传递为核心和主要任务的,尽管由于信息和网络技术的发展和应用,使两者在工作模式和范畴等方面出现诸多差别,但在本质上传统图书馆与数字图书馆存在一种发展的继承性,传统图书馆的一部分业务会由数字图书馆完成,但它不会消亡。现代社会是个多元化的社会,读者的需求也是多层次、多样化的,那么图书馆的形态也不应当是单一的。从出版业的出版态势看,尽管电子出版异军突起,但印刷型文献依然方兴未艾,这就决定了图书馆未来传统型文献和数字资源将互相补充、并驾齐驱,也表明传统图书馆和数字图书馆应当是互相依赖、互相促进以获得共同发展。传统图书馆为数字图书馆提供信息资源收集、整理、传播的基础,数字图书馆为传统图书馆提供新的信息环境,为图书馆的发展创造一个更加广阔的空间。

但我们也要清醒地认识到,传统图书馆并非高枕无忧,没有危机,而是面临着用户需求变化、功能定位变化、因特网和各种新技术的巨大挑战。如果我们不能正视这些挑战,而是一味地强调并存互补,不主动变革,不积极创新,传统图书馆也将失去其存在的价值和意义。因此,传统图书馆在保持自身优势的同时,必须与时俱进,不断地适应变化,不断地改革与创新,决不能停滞不前。这是我们认识和研究复合图书馆的根本前提。

1.2　数字图书馆是图书馆发展的一个阶段

1.2.1　图书馆的发展历史:藏书楼——近代图书馆——现代图书馆

随着社会经济结构和文化意识形态的变化,图书馆的发展经历了由封建藏书楼到近代图书馆再到现代图书馆的嬗变。图书馆发展中的每一次转变,不仅包括图书馆运行机制、服务手段、工作方式等的变革,也包括图书馆发展理念的更新与转型。

如果将封建社会的官府藏书、书院藏书、私家藏书、寺观藏书等看作是图书馆的雏形,那么图书馆的发展已有 3000 多年的历史。封建社会时期的图书馆普遍被称为藏书楼,如天一阁、汲古阁等,它们皆以藏为主,文献仅为少数人所利用,一般不对外开放,基本上属于宫廷和神学的附庸。从这个层面上说,藏书楼并不是真正意义上的图书馆。

近代图书馆伴随西方资本主义生产方式出现。资本主义大机器生产需要具有基本文化知识的工人掌握技术工艺,所以新兴的资产阶级大力提倡学校教育,开始兴办面向社会开放的近代图书馆[5]。1852 年,英国曼彻斯特公共图书馆成立,它是世界上第一个依据政府立法建立的公共图书馆,从此公共图书馆在各地兴起。

在我国,在 19 世纪末"西学东渐"的过程中,中国的维新派在接受西方政治思想和科学文化的同时,也接受了对图书馆社会意义的认识。1902 年,徐树兰古越藏书楼正式对外开放。随后,与当时社会背景相结合,一批不同类型的图书馆,如湖南图书馆(1904)、京师图书馆(1909 年筹建)相继建成。尤其是 1912 年 8 月京师图书馆开馆,标志着我国近代图书馆的产生。近代图书馆不同于封建时代的藏书楼,其首要特征是全面向社会开放,旨在将文献转化为全社会的财富;其次,还在保存人类文化遗产的职责之外承担社会文化普及教育的职责[6]。在以后的发展中,图书馆的教育职能越来越受到重视。但是,整个 20 世纪上半叶,中国内忧外患,社会动荡,无论是图书馆的藏书还是公众利用图书馆的能力都受到限制,近代图书馆事业发展缓慢,中国的近代图书馆并未发展成为面向绝大多数公众的文化教育机构。

二次世界大战以后,图书馆发展进入新的历史阶段——现代图书馆出现。这个社会阶段知识总量空前增加,知识的社会价值空前提高,学科内容不断交叉渗透,同一学科的文献分散度高。这样的背景要求图书馆从观念到技术手段都要变革以适应新环境。图书馆的职能也随之变化,不仅为读者提供以卷、册为单位的原始文献资料,而且更多地偏向对收藏的信息资源进行深入加工、传递、交流信息和开发智力资源等功能,成为科学交流和传递情报的重要渠道。同时,图书馆逐步向现代化过渡。20 世纪 60 年代,第一个机器可读目录(MARC)在美国诞生,标志着图书馆工作开始迈入电子化时代。此后,电子计算机技术、现代通信技术普遍应用于图书馆。

中华人民共和国成立后,中央于 1956 年提出"向科学进军"的号召,各类型图书馆进一步得到发展。图书馆逐步发展成为公益文化事业的重要组成部分,成为社会主要的文献信息部门,图书馆的重要性得到了社会的广泛认可。

1995 年 12 月,美国图书馆协会在《美国图书馆》杂志上发表了《美国图书馆事业发展的 12 条宣言》[7]:①图书馆向市民提供获取信息的机会;②图书馆应消除社会障碍;③图书馆是改变社会不公平现象的基地;④图书馆尊重个人的价值;⑤图书馆培育创造精神;⑥图书馆为儿童打开心灵之窗;⑦图书馆的服务会得到社会应有的回报;⑧图书馆构建社会群体;⑨图书馆是系紧家族的纽带;⑩图书馆激励每一个人;⑪图书馆是心灵的圣地;⑫图书馆保存历史记录。这可以算作是现代图书馆特点和功能的总结。

1.2.2　数字图书馆发展历史

电子计算机依靠"0"和"1"两个数字开辟了人类文明发展的新时代,实现了信息积累的数字化,引发了"数字革命"。到 20 世纪末 21 世纪初,国际互联网正在成为目前世界上资料最多、门类最全、规模最大的信息资料库,有"全球最大的图书馆"之称。计算机技术、信息技术及通信技术等的迅速普及及其在图书馆的广泛应用给图书馆的发展注入了新的生机和活力,传统图书馆开始向数字图书馆演变。传统图书馆这一提法,是与数字图书馆、虚拟图书馆等概念相对而言的。就图书馆发展而言,传统图书馆包括了数字图书馆出现之前的所有图书馆发展形态,特别是近代图书馆和现代图书馆。

国外的数字图书馆始于 20 世纪 90 年代初,时间虽然不长,但发展迅速。90 年代初,美国宣布国家信息基础设施(NII, National Information Infrastructure)建设计划,提出在全美建设信息高速公路。随后,世界各国做出了积极反应,其中比较著名的有新加坡的"智能岛(Intelligent Island)"、日本的信息技术基础设施建设新政策、英国的"超级 Janet"和法国的"Minitel 10"计划等。1993 年 12 月,我国国务院在以邹家华副总理为首的、由 20 多个部委和企业代表参加了"国家经济信息化联席会议"。1997 年 4 月在深圳召开了"全国信息化工作会议",讨论《国家信息化"九五"规划和 2010 年远景目标(纲要)》,确定国家信息化建设的任务和目标。全球信息化建设热潮开始,在这股热潮中,数字图书馆应运而生。

最早的美国数字图书馆计划以"美国记忆"(American Memory)为先导。"美国记忆"实现了 500 万件文献的数字化,集中反映了美国建国 200 年来的历史遗产及文化。随后,法国国家图书馆的"资源数字化"计划、日本国立图书馆与情报处理振兴事业协会联合开发的"电子图书馆先导"计划、连接欧洲各国国家图书馆的"Gabriel"计划以及联合国教科文组织的"世界追忆"计划等,都是国际数字化图书馆建设的标志性工程。

　　我国数字图书馆的研发始于 20 世纪 90 年代中期。中国公共分组数据交换网、全国数字数据网和中国教育科研网等的建成,为图书馆网络化的发展提供了必要的基础。国家图书馆自 1995 年起开始跟踪国际数字图书馆的研发进展。1997年国家计委批准立项的国家重点科技项目——中国试验型数字式图书馆项目(CPDLP)正式启动,我国数字图书馆从理论研究开始走向实践。1998 年 8 月,由文化部牵头,提出建设中国数字图书馆工程。上海图书馆、辽宁图书馆、中国科学院国家科学图书馆(文献情报中心)、清华大学图书馆、北京大学图书馆、上海交通大学图书馆、北京邮电大学图书馆等先后进行了数字图书馆工程的研发。1999 年4 月,中国数字图书馆有限责任公司经国务院批准成立,于 2000 年 4 月完成注册并正式开业。2000 年 1 月,北京世纪超星信息技术发展有限责任公司投资兴建数字图书馆,即超星数字图书馆,同年 5 月,超星数字图书馆被列入"国家 863 计划中国数字图书馆示范工程"[8]。

　　2000 年 4 月 5 日,文化部在国家图书馆主持召开"中国数字图书馆工程第一次联席会议",以确保工程建设科学、有序地进行,并在"联席会议"办公室下相继成立了"资源建设指导委员会"、"标准规范指导委员会"、"法律法规指导委员会"与"技术指导委员会",初步搭建起中国数字图书馆工程的管理框架。2001 年 10 月,"国家图书馆二期暨国家数字图书馆基础工程"经国务院批准立项,该项目将在国家图书馆新馆内建成"国家数字图书馆国家中心"[9]。2003 年,教育部提出"加快数字图书馆公共服务体系建设"计划。

　　在多年数字图书馆建设过程中,上海图书馆是数字图书馆建设成效显著的图书馆之一,其数字化工作起步于 1997 年,最早的项目是古籍数字化。广东省提出了迄今我国最为完整、规模较大的试验项目"广东省新世纪电子图书馆计划"。中国科学院国家科学图书馆建成的"国家科学数字图书馆(CSDL)"、科技部牵头建设的服务于全国科技工作者的"国家科技图书文献中心(NSTL)"等都是数字图书馆建设中的典范。我国数字图书馆已初具规模。但由于地区发展不平衡,中西部地区还有相当一部分图书馆连文献采访经费和日常维持经费都非常困难。同时数字图书馆本身也存在文献转化方式、版权管理、数字图书馆建设中的标准规范等诸多问题,中国的数字图书馆建设的路还很长。

1.2.3 从传统图书馆到数字图书馆：六大转变

数字图书馆是在传统图书馆基础之上的一种全新的信息创建、分布、传播、利用和保存过程，从传统图书馆到数字图书馆主要实现了六大转变。

1.2.3.1 馆藏建设的变化

首先是文献载体的变化。以前图书馆以收藏图书、期刊、报纸为主，现在除了印刷型文献外，还特别注重新型媒体文献的入藏工作，包括以光碟形式存在的各种文献、数据库、音像制品、教学软件、游戏软件等。其次馆藏概念也发生了变化，图书馆藏书的多少不再是评价图书馆好坏的标志。最后是馆藏策略发生了变化。传统的静态收藏方法将转化为动态收藏加网上获取。图书馆需要着重考虑的是：哪些应收藏实物，哪些通过馆际协作（如馆际互借、文献传递）获得，哪些依靠购买数据库或网上免费获取。

1.2.3.2 工作方式的变化

首先为采访工作的变化。图书馆员可以足不出户获得出版信息、征求用户的文献需求及意见反馈，向书商定购、付款等一系列采访工作。采访工作的经费预算包含越来越多的电子费用（内容费和平台费）。

其次为编目方式的变化。采取联机编目方式，卡片目录被检索功能强大的机读目录取代。编目的对象也增加了网络虚拟资源。技术标准的制订也得到加强。如书目著录格式、计算机文档格式、数据库格式等的标准化；为使各图书馆之间以及图书馆与网络之间能够顺利地进行数据交换和共享，需要研究制订通用的标准化接口技术及通信协议[10]。

再次为业务外包方式的发展。比如将馆内编目工作委托给从事分类编目的专业机构，把贴书标、条形码以及其他加工业务承包出去；图书馆根据自己的方针、任务等确定选书范围，然后列出清单由专门的书商负责采购；专业数据库建设，通常也选择向专业数据库生产商购买，或者请专业机构代为完成。

最后为与其他机构的合作化程度增强。如图书馆联机网络。OCLC 是一个典型例子，它作为世界上最成功的图书馆联机网络之一，从 1967 年成立至今，已经发展到 7 万多个成员馆的规模，遍及 100 多个国家和地区，是世界上最大的专业网络。

另外在馆际协作、联合编目、馆际互借、分工收集、分担保存、分领域建设数据库等方面，图书馆的工作都发生了巨大变化。如 CALIS 下的学科导航项目，共有 52 个图书馆参加共建。该项目分为文理中心、工程中心、医学中心、农业中心等，分别由北京大学、清华大学、北京大学医学部、中国农业大学的图书馆承担建设任务。每个中心下不同的重点学科导航库的建设，又分别由不同的高校图书馆负责。

1.2.3.3　服务方式的变化

主要表现在以下七点：

（1）以人为本。图书馆的工作重心从以书为本转变到以人为本，满足用户的信息需求成为图书馆服务的出发点。

（2）服务手段现代化。网络环境下，各图书馆纷纷建立自己的网站，介绍图书馆的馆藏情况、信息服务方式、发布实时信息、提供书目和各种数据库的检索入口、提供文献借阅、预约、续借、催还等服务、建立文献资源征询系统、参考咨询平台、提供常用软件下载、基本技能培训以及用户交流等，图书馆信息服务工作越来越多地转移到网络上。

（3）角色多样化。传统的图书馆员是书籍的保护者，也是社会文化传播者。随着图书馆的电子化和网络化进程不断推进，由于网络信息的生成、复制和流通的特殊性，使得网络信息比印刷型信息更加难以管理。这种现象使图书馆又担负起了一项重要任务——对网络信息进行组织和整理。图书馆员更多的成为信息资源的管理者、组织者和传播者，信息检索利用的导航者和教育者。

（4）服务前台化。图书馆员从幕后走到前台，从采访、标引、编目等部门转变为直接面对用户，开展参考咨询、提供用户培训、提供文献传递、开展检索查新、开展课题跟踪、开展情报研究等。

（5）咨询服务知识化。除了保留原有的在馆内开展问答式、发布式和教学式的参考咨询外，更需要通过网络对用户提供全方位的服务。网络化参考服务延长了服务时间，扩大了使用图书馆的用户范围，更重要的是网络化参考服务多是一种即时性服务，是一种主动服务，要求参考咨询员走出去，主动挖掘信息需要和服务点。回答的也不再局限于是否收藏有某一文献，某一文献的馆藏位置等一般性问题，更多的是要帮助用户学会如何利用电子文献、如何选择数据库、如何从网上查获本馆缺藏的文献、如何利用各种各样的软件等方面的问题。图书馆馆员还要开展综述、评论、专题研究报告、预测报告、动态分析等三次文献的高级咨询服务。[11]

（6）服务便捷化。通过网络如电子邮件、聊天室等软件，可以低成本地实现远程实时服务。用户在网络上可以检索任何位置的馆藏，还可以直接获得一次文献。在使用多个数据库时，可以在一个界面下实现多个数据库的跨库检索，不必分别进入每个数据库的接口。

（7）成效显性化。以前的图书馆员一直埋头于对信息加工、管理和服务，很少去关心和了解信息服务对读者、对社会到底有多少实际贡献，现在则更多地关注服务的实际成效，关注用户的需求是否得到有效的满足，用户是否满意。

1.2.3.4　对图书馆员素质要求的变化

新环境下的图书馆员必须是集图书情报、外语、计算机技术和学科专业知识基础于一身的复合型人才。应当了解信息设备的工作原理、基本的网络技术、软件运用技术,熟悉网络信息资源的分布、种类和特点,具备与特定学科专家沟通的能力、利用检索软件获得信息、对信息的价值有一定程度的敏感性和鉴别力。而且,因为技术的飞速创新和科学的不断发展,图书馆员要树立终生学习的理念;要有开阔的眼界,主动了解多方面知识;要掌握与区域国际化相适应的语言和多文化服务背景,并注意对各种媒体及信息技术知识的不断更新。

1.2.3.5 文献流通和阅览方式的变化

传统的到馆借阅正在转变为文献传递。用户在办公室、家里或出差途中,就可以随时随地地请求所需要的文献,图书馆员可以在最短的时间查找所需要的文献,经过复印、扫描打包以后发送到用户的信箱里。

1.2.3.6 对图书馆的评价标准的变化

图书馆好不好不单纯看馆舍面积和藏书多少。在网络环境和数字环境下,图书馆必须以如何满足读者需求为核心,其工作逐步以信息的收集分析、参考咨询和网络导航为中心。评价一个图书馆的好坏更应当看其处理信息资源的能力和向读者提供信息资源和高水平服务的能力,看其服务特色、技术能力、现代化管理等。

1.2.4 数字图书馆是图书馆发展的一个阶段

从图书馆的整个发展历程来看,"数字图书馆"与"自动化图书馆"一样,是图书馆发展过程中一个发展阶段的标志和里程碑,并不是一种图书馆的替代名词或一种新的图书馆类型。数字图书馆与传统图书馆间的区别不是本质区别,传统图书馆与数字图书馆技术的融合将成为数字图书馆发展的主体[12]。图书馆的发展和图书馆形态的演变,是在图书馆系统外部推动力和内部驱动力的双重作用下发生和实现的。外部推动力主要来自于图书馆赖以生存的信息环境的变化,内部驱动力主要是图书馆因无法充分及时地满足社会需要和广大用户需求而产生的自我变革动力。

信息高速公路的建设、因特网的迅速推广与普及、电子信息资源的激增等,构成了产生数字图书馆的外部推动力;而陷入困境的当代图书馆为摆脱困境、寻求新的发展机会的自我变革动力则是数字图书馆产生的内在驱动力。而当这些内外驱动力消失或变化的时候,"数字图书馆"的概念也会消失或变化。换句话说,数字图书馆是图书馆适应社会发展和新技术应用的新阶段,当信息技术成熟和普及应用后,"数字图书馆"这一名词及相关的概念将消失,确切说是将再次转变为"图书馆"。按照这种规律,数字图书馆只是图书馆发展历程中的一个阶段。

那么,在"数字图书馆"这一发展阶段中,图书馆的建筑和传统服务模式还是否存在?我们又如何看待传统图书馆与数字图书馆两者之间的关系呢?笔者认为技术是推动图书馆发展的重要力量,但并不是决定图书馆发展的本质因素,决定图书馆发展和存在模式的根本力量是社会需求。因此,在数字图书馆阶段,我们一方面通过网络随时随地地查询、访问和获取信息,一方面也不能拒绝传统图书馆所具备的、仍然是社会所需求的图书馆信息服务。例如,为社区服务而提供印本阅览等传统信息服务。在数字图书馆时代,图书馆的建筑同样存在,只是图书馆建筑中用于储存印刷载体馆藏的空间逐渐缩小,而用于用户交流和活动的空间将逐渐扩大。传统图书馆中仍然有社会需求的传统信息服务模式也将存在,就像电视的出现并不能让收音机彻底消亡一样。

1.3　数字图书馆与传统图书馆的关系

1.3.1　依赖关系——传统图书馆是数字图书馆发展的基础

传统图书馆发展至今已有几千年的历史。千百年来,经历了"原始图书馆——锁链图书馆——封闭图书馆——保守图书馆——开放式图书馆——网络式图书馆——图书馆大系统"这样一条发展道路[13],目前正向着社会化、网络化、数字化的方向演进。由此可见,数字图书馆的建成并非一朝一夕,它的建成及发展是建立在传统图书馆的基础之上的,是传统图书馆发展的必然结果。如果没有传统图书馆作基础,也就没有数字图书馆的今天;如果没有传统图书馆作依托,也就没有数字图书馆的顺利运行;如果没有传统图书馆的发展,也就没有数字图书馆的繁荣。数字图书馆对传统图书馆的依赖关系主要表现在以下几个方面:

1.3.1.1　传统图书馆是数字图书馆信息资源的基础

数字图书馆在发展的现阶段,重要任务就是传统信息资源的数字化。传统图书馆丰富的馆藏资源是数字图书馆数字化信息资源的主要来源,文献信息的收集、整理、分类、存储、分析、标引等传统图书馆使用过的手段和方法依然会在构建数字图书馆的过程中得到运用。没有传统图书馆信息源的大量收集和存贮,也就谈不上数字图书馆的数据库和信息资源建设;数字图书馆发展的程度越高、规模越大,对传统图书馆原有各类文献信息资源的依赖性也就越强。传统图书馆拥有丰富的信息资源,它体现了传统图书馆的存在,同时也是数字图书馆建设和发展的基础。

1.3.1.2　传统图书馆为数字图书馆提供了信息资源组织的理论和技术基础

传统图书馆在信息资源的选择、组织、利用方面积累了丰富的理论知识和实践经验,有一整套科学的方法和手段。数字图书馆必须借助于这些理论知识、技术方法,加之有效的改进和发展,才能将网络上海量的、分散无序的、良莠不齐的数字资源组织为高度有序的、便于用户查询的可用资源。将传统图书馆的分类、主题、编目理论用于组织网络信息资源，用 USMARC 格式和 DC 元数据对网络资源进行编目[14]；对各种文献进行标准化、规范化的分类、标引工作，以作为前期检索导航标志；同时，对网上信息进行分类标引，过滤那些无用的灰色信息；这些都为数字图书馆的建设起到了很好的作用。

1.3.1.3　传统图书馆是数字图书馆的人才基础

传统图书馆拥有大量的掌握信息资源组织技术的人才，他们是数字图书馆建设中必不可少的生力军。互联网上的信息数量繁多，良莠不齐，哪些是可以利用的资源，哪些是不该选择的资源，数字图书馆应对哪些信息资源进行组织利用，把哪些数字资源馆藏化，这些需要具有较高理论水平和较丰富实践经验的图书馆员来精心筛选；在图书馆现有的大量馆藏中，在尊重知识产权的前提下，有计划地投入人力、物力、财力对有价值的馆藏进行数字化，这也需要高素质的图书馆员来承担；而如何把网络上丰富的数字资源有序化，怎样组织网络上的信息资源，成为馆藏的重要部分，这也需要具有丰富编目经验和检索经验的图书馆员来完成。

1.3.2　发展关系——数字图书馆是传统图书馆基础上质的飞跃

传统图书馆与数字图书馆有两个最显著的共同点：其内容是对信息的搜集、整理、存储、开发、传播和利用，其目的是为读者提供信息服务。两者虽然有不可分割的共同点和历史渊源，但传统图书馆到数字图书馆，其服务模式由被动式服务转变为主动式服务，载体由纸张转变为磁介质、光介质，手段由人工操作转变为自动控制操作，开馆闭馆服务转变为永不闭馆服务，是一个量变到质变的过程。印度著名的图书馆学家阮冈纳赞说过："图书馆是一个生长着的有机体。"传统图书馆到数字图书馆，是图书馆生长过程的一个阶段。作为图书馆发展的一个新阶段，数字图书馆是传统图书馆基础上的质的飞跃。

1.3.2.1　工作重心的转移——从以馆藏为核心到以用户为中心，实现了以人为本的工作中心的转移

传统图书馆的工作重心是以馆藏为核心，即以拥有多少藏书和如何管理这些藏书为主要目的，而将读者的利益和需求放在次要位置；而数字图书馆则是以用户为核心，强调的是图书馆人如何发挥最大潜力，创造性地工作，以最大限度地满足用户对各种信息的个性化需求。

1.3.2.2　工作方式的转变——从手工作业到自动化加工科学化管理

传统图书馆采用的是手工作业，而数字图书馆则对文献内容进行自动化、数字化、网络化的加工。先进的科学技术和手段给图书馆的管理工作赋予了全新的内容，彻底改变了传统图书馆的工作方法和手段。

1.3.2.3 馆藏资源的变化——从本馆实体资源到全球数字资源

传统图书馆的馆藏资源主要是本馆所收藏的实体资料,这些资料主要以纸介质为存储载体;而数字图书馆收集和创建数字化馆藏,凡是各种图书、期刊、学术报告、新闻、声音、动画等资料,乃至古籍、稀世字画甚至 X 光片,均以全数字介质为存储载体[15]。数字图书馆通过网络把世界各国的图书馆和无数的计算机联为一体,把众多的网络数字资源馆藏化,极大地丰富和发展了图书馆馆藏。众多的文献资料不再孤立地散布于世界各地的图书馆中,而是永久地储存在硬盘、软盘和光介质载体中,或流动在全球的信息网络上,成为人类共享的信息财富。

1.3.2.4 文献利用网络化——从借阅流通到不受时空限制实时化自由取用

在传统图书馆一般是通过馆内或馆际流通来实现对信息资源的利用,而数字图书馆则通过互联网实现信息的随时传播和获取。一本贮藏在数字图书馆里的书,可以被不同地区的多人同时利用。数字图书馆中,除具有版权的资料需要照规定提供外,不受版权限制的资料,人人可自由取用,系统可以立即复制、传输,不受时间地点的限制,不再有借、还的处理,文献的利用率实现了新的飞跃。

1.3.2.5 服务对象和服务区域的广泛化——从为到馆读者服务到面向全球读者
        提供网上服务

传统图书馆的服务对象主要是为到馆读者服务,读者群较单一且数量有限。同时受时间、地域等因素的限制,难以实现资源共享。而数字图书馆打破了这种读者数量和类型的限制,面向全球读者提供网上服务,服务对象广泛化,实现了读者的全球化。

1.3.2.6 服务内容和服务方式的多元化——从被动、简单的服务到主动、深层次
        的服务

传统图书馆基本上是以"被动"方式向用户提供查询、检索、咨询等简单的服务,不但方式单一,而且由于人员、技术等因素的制约,大多也只能停留在浅层次的服务水平上。而数字图书馆由于技术的不断发展和人员素质的不断提高,图书馆的服务将超越文献的层面,而深入到文献的内容,提供信息服务和知识服务。图书馆员深入到用户的科研和工作过程之中,提供深入的个性化的服务,帮助用户改善信息环境,提升信息能力。

1.3.2.7 读者管理的规范化——从流通管理到权限管理

在传统图书馆,对读者利用图书馆信息资源的有效性,主要是通过流通手段来管理。信息资源共享,在传统图书馆难以真正意义上实现。而面向全球读者的数字图书馆,对读者的管理采用了权限管理,在安全保护知识产权、访问许可和记账服务等完善的权限管理之下,经授权的信息利用 Internet 的发布技术,向世界各地传播,实现了全球信息共享。享有不同使用权限的用户可以不同程度地、合法地利

用数字图书馆的各种信息资源。

1.3.3　并存关系——数字图书馆与传统图书馆长期共存,优势互补

数字图书馆是在传统图书馆基础上的一种全新的信息创建、分布、传播、利用和保存过程,与传统图书馆相比,两者的根本区别在于:

首先为资源上的不同:传统图书馆以集中的印刷载体文献为对象,数字图书馆以分布式数字信息为对象,以网络资源和服务为主体。传统图书馆的资源和馆藏是"载体化"和"固化"的,而数字图书馆的资源是"数字化"和"虚拟化"的。

其次为服务模式不同:传统图书馆以图书馆和资源为中心,提供固定模式的信息服务,供用户选择使用图书馆的馆藏资源和服务;而数字图书馆以用户为中心,根据用户需求设置服务项目和模式,为具体用户提供个性化信息服务。传统图书馆是静态的,数字图书馆则是动态的。

然而,虽然数字图书馆与传统图书馆在服务形式和资源载体方面存在着根本的区别,但两者都崇尚"读者至上,服务第一"的服务宗旨,根本职能都是为社会的政治、经济、文化、科学服务。因此,从目前或更长远的时间来看,传统图书馆和数字图书馆是不能互相替代的,只能共存共荣,共同发展。这种互补共存的关系主要体现在:

数字图书馆将弥补传统图书馆的不足。首先,数字图书馆的出现,使传统图书馆有了丰富的信息资源保障,有助于传统图书馆进行特色馆藏的建设。其次,数字图书馆的出现,将彻底打破传统图书馆各自为政的局面,可以在信息资源建设方面进行分工协作,互通有无,真正实现资源共享。再次,数字图书馆的出现,除强化了传统图书馆所突出的文献保存职能和教育职能外,产业性的传递信息的职能、咨询服务职能及文化娱乐职能也将进一步加强。

而传统图书馆则更加强调多种载体形式的信息资源的采集、分类、标引、知识产权的保护,强调国家文化遗产和自有知识资产的管理,更加重视图书馆作为"场所"在学术交流、面对面的交流、展览等方面的作用。

1.3.4　促进关系——数字图书馆为传统图书馆的发展提出了新的要求

由于数字图书馆的高速发展,传统图书馆在信息资源建设、用户服务、组织管理等方面都将突破单一图书馆的限制,通过网络与其他图书馆、信息机构及整个社会信息源建立起紧密的联系,图书馆将由封闭的个体图书馆向开放的社会大图书馆方向转变。网络环境下的传统图书馆的发展方向及社会职能也将发生变化,核心任务由文献信息整序、文献信息传递、社会教育、文献保存转变为信息资源组织管理、网上信息导航、信息提供与资源共享、社会用户教育培训、情报研究、知识服

务等。数字图书馆对传统图书馆的发展提出了全新的要求,也促进了其进一步发展。

1.3.4.1　数字图书馆的出现,对传统图书馆信息资源的建设和协调提出了更加迫切的要求,同时也促进了传统图书馆信息资源的丰富化

在数字图书馆和网络环境下,由于用户有更多样的需求和选择,所以作为数字图书馆建设根基的传统图书馆的信息资源建设开发应避免重复。为了使网络信息资源更加全面、充足和系统化,减少重复和浪费,就要求传统图书馆自觉地把自己纳入地区、全国、甚至全球的信息网络中去,加强协调与合作,建立和开发各有特色的信息产品。从我国的情况看,为使数字图书馆的信息资源健康发展,要求我们放弃"大而全"、"小而全"的资源建设思想,信息资源的开发在选题上要注意特色,如地方特色或专业特色,同时注意规范与标准。

数字图书馆不仅要求传统图书馆的信息资源建设有特色,而且使传统图书馆有了更丰富的信息资源保障,拓展了传统图书馆的功能[16]。现代社会,读者的需求呈多元化、动态化态势,信息资源海量,更新快;单凭任何一个传统图书馆自身的力量,都难以满足读者的多层次需求。而数字图书馆包括了世界各地图书馆的信息资源,各图书馆尽可以方便地使用印刷信息的网络版和网络信息,而且其信息的更新也比传统图书馆要快得多。将有限的经费去购买本馆有特色的文献,而其他的文献信息需求则依靠数字图书馆去解决,将是传统图书馆信息资源建设的一个重要方式,将大大丰富传统图书馆的信息资源。与此同时,数字图书馆的出现,使传统图书馆的服务功能向网络扩展,服务内容不再局限于本馆藏书,服务对象扩大到整个互联网的用户,服务形式、服务内容都更加多样化。

1.3.4.2　数字图书馆要求传统图书馆员具有崭新的知识结构和更高的业务素质

数字图书馆的功能、结构模式、服务手段都不同于传统图书馆,而未来衡量图书馆服务能力和水平的主要标志也将是能否拥有丰富的信息资源,以及能否为用户提供精、准、新、快的信息服务。这就要求图书馆信息服务人员必须具有强烈的竞争意识和信息意识,必须具备判断、分析、识别、整序以及传播信息的多种综合能力;除了要掌握传统的文献信息理论、方法外,更要加强信息研究、数据库技术、网络通信、计算机自动化、检索语言和检索策略等方面知识的学习,从而真正成为数字化信息的建设者和维护者,成为用户使用数字图书馆的导航员和高级顾问[17]。

1.3.4.3　数字图书馆促使传统图书馆发挥特殊的作用,重新确立图书馆的地位

数字图书馆时代,传统图书馆不仅更显示出其在保存印本资源方面所具有的不可替代的作用,而且数字图书馆与传统图书馆的完美结合,将更加显现出图书馆在社会工作、生活中不可或缺的价值。数字图书馆延伸了传统的时空,使得图书馆

的服务能力得到空前加强。人们可能感受不到图书馆的存在,但可能像呼吸空气和享受阳光一样对图书馆所提供的信息和服务须臾不可离开。图书馆仍将履行保存印本资源、长期保存电子资源的社会使命,仍将在信息社会中扮演主角,成为信息社会和知识社会重要的核心力量。

1.4　传统图书馆和数字图书馆有机融合体:复合图书馆

传统图书馆与数字图书馆之间的这种依赖、发展、并存和促进关系,表明传统图书馆与数字图书馆是一种密不可分的整体,并不存在一方取代另一方的问题。从现实的发展和长远的眼光看,两者将呈现一种复合的状态,而成为"复合图书馆"。

1.4.1　复合图书馆概念的提出

复合图书馆(hybrid library)概念最先由美国图书馆学家苏顿(S. Sutton)提出。1996 年,他在一篇题为"未来的服务模式与功能的融合:作为技术人员、著作者和咨询员的参考馆员"的文章中,将图书馆分成连续发展的四种形态:传统图书馆、自动化图书馆、复合图书馆和数字图书馆[18]。他认为从传统图书馆到数字图书馆的连续变化中存在四种图书馆形态,即传统图书馆、自动化图书馆、复合图书馆和数字图书馆,并提出复合图书馆可以实现传统馆藏与数字馆藏并存。此概念一经提出,迅速得到了同行的认可。1996 年 11 月英国电子图书馆计划主任路斯布里奇在提交给电子图书馆发展计划工作小组的文件中采纳了复合图书馆的提法,用以表达传统图书馆与数字图书馆之间的过渡形态。1998 年武汉大学的黄宗忠教授发表了题为"论 21 世纪的虚拟图书馆与传统图书馆"的文章,全面翔实地论述了虚拟图书馆与传统图书馆的存在关系,并明确提出了虚拟图书馆与传统图书馆共存互补的"混合体论"。这可以说是国内复合图书馆思想的萌芽。2000 年台湾顾敏先生在《图书情报工作》上发表了"千禧年初复合图书馆的服务与发展策略"一文,第一次将复合图书馆的概念引介给内地。随后,初景利 2001 年在《中国图书馆学报》上发表了"复合图书馆的概念与发展构想",在国内产生了很大的学术影响。此后黄宗忠等人相继对复合图书馆的概念、理论及相关问题进行了深入研究。

1.4.2　复合图书馆的理论依据

复合图书馆能否作为一种图书馆的形态存在,学术界对此还存在着一定的争论。目前,数字图书馆的发展方兴未艾,势头迅猛,而传统图书馆仍然拥有相应的生存空间;但两者之间不仅不是取代的关系,而是正在寻求结合点和依存关系,是作为一种图书馆的形态而不是两种形态存在和发展,必然走向一种复合的状态。无论是作为一种战略,还是一种策略,传统图书馆与复合图书馆都不能相互割裂开来,而必须作为一种图书馆形态——复合图书馆来加以认识和建设。为此,需要我们对复合图书馆有一个清晰而完整的认识。

1.4.2.1　用户需求是复合图书馆发展的动力

传统图书馆(现代图书馆)之所以能够存在上百年,是因为它适应了用户对终身教育、知识传播和信息获取的需要。OCLC2003 年的报告指出:图书馆借书证的数量是亚马逊用户数量的 5 倍,美国图书馆的数量比麦当劳连锁店的数量多,全世界每 6 人就有 1 人是图书馆的注册用户,全世界有超过 100 万个图书馆和 70 多万名图书馆员[19]。这些数字足以证明图书馆在社会和用户中的影响力。

数字图书馆(项目建设)在中国有十年的历史,它的产生和发展也是适应了用户对方便、快捷、有效地获取信息和知识的需要。无论图书馆是何种形态,无论图书馆的任何发展,如果离开了用户的需要,都难以产生和发展下去。

我们注意到,技术的变化和时代的变化正在深刻影响用户。今天的用户考虑和处理信息与他们的前辈完全不同。Prensky 将今天在 Internet 环境下成长起来的人称为"数字土著人(digital natives)"[20]。Beloit 大学的报告,总结这一代人的特点是:"Ctrl ＋ Alt ＋ Del"就像"ABC"那样基本;他们从未能够找到"return"键;计算机总是塞在背包里,商店出口处总有扫描仪;他们总是拥有注册号码;方便胜过质量;他们不记得什么时候"cut and paste"与剪刀有关[21]。这些特点显然是其前辈所没有的,因此也决定了其信息行为的变化。

复合图书馆能够很好地将传统图书馆的优势和数字图书馆的优势结合起来,在一体的环境下为用户提供服务,适应了用户的不同需要,为用户提供了利用信息的多样化的选择。对于习惯利用物理图书馆和印本资源的用户而言,图书馆仍然提供了良好的建筑和物理设施,配备了高素质的图书馆员,为用户提供全方位的到馆服务。即使在馆内,也提供网络资源检索以及 information commons 的服务环境和设施,为利用数字图书馆的资源和服务提供便利。对于习惯利用网络和数字图书馆的用户而言,图书馆则提供了不受时空限制的资源和服务。图书馆将印本资源与数字资源、传统服务与网络服务有机结合起来,用户不仅可以在家中、办公室、出差途中利用数字资源和所提供的各种网络服务(如学科导航和门户、各种网络自助服务),而且可以通过文献传递请求印本资源,接受图书馆员提供的网络参考咨询,实现了网络与传统图书馆服务的融合。

从更好地满足用户的需求角度,任何单一的图书馆形态和服务方式,都不能适应和满足用户越来越多样化、螺旋式不断上升的需求。传统图书馆与数字图书馆不能长期并行发展,各自为战,按照自己的模式建设和发展下去。其结果,也许对图书馆自身是有利的,但并不符合用户的需要和利益。数字图书馆目前基本上是以项目建设的方式在推进,但这种建设必然以传统图书馆为基础,与传统图书馆有机融合。传统图书馆的发展也必须充分地利用各种新的信息技术,不断改变服务的方式和手段,不断朝着数字图书馆的方向发展。因此,两者的发展必然是殊途同归,最终走向复合图书馆的形态。

1.4.2.2　技术进步将推动复合图书馆的发展

技术的发展日新月异。在今天的社会环境下,谁都不能忽视技术的价值和作用。更重要的是,如何更有效地利用技术解决我们想解决而不通过技术就无法解决的问题。一个不容忽视的事实是:在当今社会,应用信息技术的速度和效果,与该领域的发展成正相关。反之,则可能很快被淘汰。因为信息环境的变化,用户的需求和行为也在变化。即使是传统的行业或领域,也必须加快技术变革,来适应用户在新的信息环境下的新的需求。

图书馆一直是信息技术积极的探索者和应用者。20 世纪 60 年代,美国国会图书馆最早将计算机用于图书馆的编目而产生 MARC。随后图书馆的技术应用一直没有停止过。今天人们又在热衷于将 web2.0 引入图书馆,建立 library2.0。图书馆在技术的不断创新性的应用中,更好地满足了用户新的需求,自身也不断焕发新的生机。但是,技术应用的一个根本前提是适应用户的需要。任何与用户需要不相适应的技术应用,都将是短命的。传统图书馆和数字图书馆都不能逾越技术的应用而盲目发展,技术的推动力对图书馆的发展将产生越来越显著的作用。

复合图书馆如果能作为一种图书馆的形态而存在,也必须在技术的应用上有更多的重大的突破。目前,图书馆的文献传递系统、网络参考咨询系统、期刊集成目录、跨库检索系统、开放连接技术(OpenURL)等,都已经实现了传统图书馆的资源与服务和网络技术的结合。一些问题正在解决的过程之中,比如不同载体资源的整合问题,融合不同类型资源和服务的用户知识环境建设问题,虚拟空间的模拟现实问题等。信息技术解决我们需要解决的问题的能力超乎我们的想象。当然,在很多方面还需要技术上的更大的突破。只有在技术应用上有更大的发展和突破,复合图书馆才会显现更大的效果和作用。

1.4.2.3　建设复合图书馆是图书馆的内在需要

复合图书馆的建设不仅来自用户的需求和技术的驱动,还在于图书馆自身的创新发展的内在需要。图书馆必须因应而变,不断地超越自己,在不断地运用新技术满足用户需求的同时,加快自身发展的速度,反过来更好地适应用户的需要。图书馆必须具有自身创新变革的强烈愿望,确立适应未来发展需要的战略规划,调动各方面的力量,努力实现既定的目标。

　　在可以预见的未来,复合图书馆是图书馆发展的战略选择和发展方向。从逻辑的意义上来说,复合图书馆是介于传统图书馆与数字图书馆之间的一种过渡。但这样一种过渡可能足够的漫长,而有可能固化为图书馆的一种形态。可以说,完全意义上的数字图书馆还是一个遥远的梦;而且这个梦的实现,取决于许多制约条件,比如网络的普及、用户的阅读习惯的彻底改变、印本的彻底消失和现有印本资源的完全数字化、知识产权问题得到彻底解决等。显然,这些问题都不是短时期能够解决的;在遥远的未来能否解决,都悬而未决。这绝非主观情愿的事情。

　　从现实的需要出发,图书馆应将复合图书馆的建设作为自己的战略重点。正如 Reg Carr 所言:复合性仍将是未来多年图书馆发展的核心要素,尽管"复合"的形态、性质和水平将继续随着时间变化而变化[22]。数字图书馆的建设不能抛开传统图书馆,而必须从建设复合图书馆的战略定位上进行设计,为用户在一种复杂的信息世界中创建"一站式"集成的信息获取与利用环境。为此,要明确用户真正的需求是什么,满足需求的路线和方法都有哪些,如何更有效地组配人力、技术和财力,保障复合图书馆的建设方向和目标的渐进。这不仅是图书馆的发展之路,更是图书馆的生存之本。如果图书馆不朝着复合图书馆的方向去发展,那很可能就将越来越边缘化,离用户的需求越来越远,而最终失去自己存在的价值。

1.4.2.4　复合图书馆是一个循序渐进、不断发展的过程

　　复合图书馆的概念出现不过十余年,其实践上的探索也还刚刚开始,还没有一个得到普遍接受的复合图书馆模型。复合图书馆本身的复杂性和性质上的不确定性,决定了复合图书馆的建设将会是一个长期的过程,需要在理论上不断总结和凝炼,在实践上不断探索和推进。重要的不在于复合图书馆的概念多么完美,而在于复合图书馆的理念和方向是否正确。只要我们认定并把握了复合图书馆的发展方向,寻求实现方向的路径可能会多样,循序渐进地不断接近既定的目标。

　　即使人们理念上完全认同,但由于经济、技术和社会环境的差异,不同国家、不同地区、不同类型、不同规模的图书馆在复合图书馆的实现程度上也会有很大的差异。有些图书馆在复合图书馆的建设上会走得快些,而有的图书馆则会走得慢些,这些都是正常的现象。复合图书馆的进程也是图书馆客观环境状况的一种反映。我们需要一些图书馆在复合图书馆建设方面成为领跑者,也容许一些图书馆根据自身的实际选择跟随的战略。环境的变化似乎总是异乎寻常,复合图书馆的发展也必然会有更大和更快的发展。不论我们是否称之为复合图书馆,但传统图书馆与数字图书馆有机融合的方向是毋容置疑的。

　　传统图书馆和数字图书馆只有复合,成为既有传统图书馆也有数字图书馆的图书馆(实质上是复合图书馆),才能共赢,才能相得益彰,才能在网络化时代与因特网、与搜索引擎各自占据应有的市场。OCLC 的报告显示,用户获取信息的首选

往往是搜索引擎[23]。因特网在与图书馆竞争用户群。但网络与图书馆之间是一个共存互补的关系。因特网(包括搜索引擎)需要图书馆提供资源,而图书馆也需要因特网提供新的信息环境。国外有学者提出"因特网不能代替图书馆的10个理由",阐述了图书馆的存在价值[24]。最近,国外还有学者进一步阐述了仍然极为重要的33个理由,其中包括:网上并非应有尽有;数字图书馆并非因特网;因特网并不是免费的;因特网对图书馆形成补充,但不是取代;数字化需要假以时日,并且时间很长;图书馆到馆率不是下降,而更多是虚拟形式;如同商业,图书馆仍需要人员配备;取消图书馆将中断文化的重要演进过程;图书馆是稳定的,而因特网稍纵即逝;并非每个人都能利用因特网;并不是每个人都能买得起书;图书弥久愈香[25]。这些充分论证了图书馆与因特网的关系和图书馆在网络时代所具有的不可替代性,也从另外一个角度证明复合图书馆存在的价值。

1.4.3 复合图书馆的意义

复合图书馆概念和理论的提出,为我们理解和厘清传统图书馆与数字图书馆的关系指明了方向。在复合图书馆的理论框架下也更有利于正确认识传统图书馆和数字图书馆,明确图书馆发展的战略方向和建设模式。其积极影响表现在多个方面。

1.4.3.1 对于图书馆学理论发展的意义

对复合图书馆理论和实践问题的研究,在人们对数字图书馆趋之若鹜,对传统图书馆却又绝不轻言放弃的今天,无疑具有积极的现实意义。一方面它为当前乃至今后相当长一段时期内图书馆事业建设指明了发展方向和奋斗目标;另一方面它彻底摆脱了人们对数字图书馆的种种顾虑和束手无策,再次驳斥了图书馆消亡论的荒谬[26]。复合图书馆在对待传统图书馆与数字图书馆的关系问题上,让我们认识到传统图书馆是数字图书馆发展的基础,数字图书馆是传统图书馆的发展,并促进了传统图书馆的发展,两者将在今后相当长的一段时间内共存互补、共同发展。分析图书馆的发展现实和面临问题,我们看到,一方面是计算机技术、数字化技术、网络技术所带来的以数字化资源为馆藏的数字图书馆的迅速发展,并成为图书馆的发展热点,但同时经费问题、版权问题、效益问题、安全性问题也正严重制约着数字图书馆的进程;另一方面,以纸质文献为主要馆藏的传统图书馆虽然受到数字图书馆发展的冲击,但仍呈繁荣发展态势。从复合图书馆的角度认识图书馆的建设还有助于我们认真思考和解决如下问题:如何充分发挥传统图书馆与数字图书馆各自的优势;如何融合传统图书馆、数字资源与现代技术,确认传统图书馆与数字图书馆之间的关系;如何使数字图书馆与传统图书馆在信息资源、馆员队伍、技术与设备、管理、业务、服务对象及服务方式等方面实现整合,等等。近年来对于复合图书馆的研究,已经就图书馆的地位、作用和发展模式等问题给图书情报界树立了明确的观念,一些重要的结论产生了积极影响,如"作为建筑物和收藏地的图书馆是需要的,图书馆必须成为围绕物理场所和数字化信息空间进行组织的服务机构,图书馆作为信息集散地的作用仍将十分重要","复合图书馆将存在相当长的一段时间。它不是从传统图书馆到数字图书馆临时性的过渡,在可以预见的未来,它是图书馆存在的基本形态。复合图书馆是传统图书馆当前发展的逻辑延续,是图书馆发展模式的现实选择"。从图书馆的本质、功能和现实出发,集传统图书馆与数字图书馆优势于一身,确认两者之间关系的"复合图书馆"理论是现阶段图书馆学理论的新发展。

1.4.3.2　对于信息资源建设的意义

复合图书馆界定了图书馆是印刷型和电子型资源混合并存的环境。在这样的环境中,传统图书馆馆藏,包括手写型、印刷型、缩微型、影印件型等,与数字图书馆的数据库,包括全文数据库、文摘数据库、书目数据库,以及因特网上的虚拟网络信息资源形成了复合图书馆的最基本的信息资源框架。信息资源的复合,确保我们不能丢弃传统文献信息资源,合理进行印刷型馆藏的开发和建设,协调好传统馆藏与电子型、网络型馆藏的比例关系。复合图书馆是纸质文献资源与数字化信息共存的图书馆形态,对各类型资源进行有机整合管理与利用,形成普遍整合化的信息资源体系,实现资源的互操作和无缝链接是复合图书馆建设的重要任务。复合图书馆强调提高信息资源的整合化程度和信息资源整合能力,以提供印刷资源和电子资源的一体化存取为建设目标,这对于传统图书馆和数字图书馆的资源建设都是非常有意义的。

1.4.3.3　对于信息服务工作的意义

复合图书馆主张传统信息服务与电子化、网络化信息服务的协调发展。从服务范围来说,复合图书馆的服务是本地、本单位服务与远程服务的并存,馆内服务与馆外服务并存;从服务对象来说,复合图书馆的用户不再局限于本馆用户、本地用户,网络用户的加入使其用户群拓展到全球范围;从服务手段来说,复合图书馆既包括传统的馆内借阅、检索、咨询服务,也包括各种各样的网络信息服务。在复合图书馆环境下,这些不同范围、不同手段、面向不同用户的信息服务形式都有存在的必要性。从复合图书馆的角度认识图书馆建设,促使我们思考一系列问题,如:如何整合传统图书馆与数字图书馆的服务,如何拓展和延伸图书馆的传统服务,传统图书馆的参考咨询与专业检索服务如何与网站远距离服务相结合,如何围绕用户的信息需求提供个性化、知识化的服务,等等。

另外,复合图书馆就传统图书馆与数字图书馆如何在馆员队伍建设、技术手段开发与利用、图书馆管理等方面协调发展、共存共荣都提出了明确的要求,对于促进传统图书馆和数字图书馆各个环节的工作产生了巨大作用。

　　传统图书馆和数字图书馆各有优劣和互补性,相互不具有替代性。将两者有机结合就能达到优势互补的和谐状态,这种和谐状态的图书馆就是复合图书馆,它是对传统图书馆和数字图书馆进行合理扬弃的必然结果。复合图书馆的"复合"不是简单的叠加,而是有机的融合。它是集传统图书馆与数字图书馆的优点,运用数字图书馆的技术,跨越不同载体,拓展与延伸图书馆的服务功能,为信息用户提供更为广泛服务的一种图书馆存在形态。无疑,在当前乃至今后相当长的一段时期内,传统图书馆与数字图书馆共存互补、有机结合的复合图书馆将是图书馆的主体形态和现实选择。只有确立了复合图书馆的发展思路,实现传统图书馆与数字图书馆的优势互补,未来图书馆才能更好地适应信息化社会发展的需要。Penny Garrod 的结论是:复合图书馆深深地植根于当今实践(传统与有形)的沃土之中,而且紧紧盯住可以预见的未来电子信息日益强大的动向。遵循达尔文的原则,复合图书馆是飞速变化的世界中的生存之道[27]。

第 2 章 复合图书馆理论与实践进展

自 20 世纪中后期以来,由于网络和现代信息技术的发展,特别是数字图书馆项目的建设,关于数字图书馆与传统图书馆的关系问题一直是人们研究的热点和争论的话题。数字图书馆能否在短期内取代传统图书馆成为许多人十分关注的问题。人们逐渐认识到,在传统图书馆和数字图书馆两个阶段之间显然存在一个所谓的复合图书馆的发展阶段。对此,人们进行了大量的研究,对复合图书馆的相关问题形成了比较明确的认识。

2.1 复合图书馆的演变

2.1.1 传统图书馆与数字图书馆的反思

数字电子信息技术创造了全新的信息形式——数字信息。所谓数字图书馆就是用数字电子信息技术,将有一定价值的图像、文本、语言、音响、影像、影视、软件和科学数据等多媒体信息进行收集、加工、保存和管理,并提供在互联网上的电子存储与服务。中国数字图书馆工程筹备领导小组组长徐文伯先生指出:"所谓数字图书馆就是对有高度价值的图像、文本、语言、音响、影像、软件和科学数据等多媒体信息进行收集、规范性的加工,进行高质量保存和管理,实施知识增值并提供在广域网上高速横向跨库连接的电子存取服务。同时还包括知识产权、存取权限、数据安全管理等。"[28]

数字图书馆的优势表现在:

· 数字图书馆作为一个强有力的有机整体,使得信息资源建设,网络技术应用,计算机集成管理系统的选择和分类,文献及目录或元数据格式的选择都必须考虑整体性。

· 用户或读者利用数字图书馆不受时间、空间和文献数量的限制,实现了信息资源存取的完全自由化。

· 光碟、磁盘的贮存密度远远高于印刷品,占据空间小,管理机构和馆藏空间相对减少。

· 信息用户获取信息的速度、广度和深度都大大优于传统图书馆。数字图书馆以自动化检索技术、网络通信技术等信息技术为支撑,向用户提供全方位的信息服务,并且文献揭示层次更深,信息资源共享程度更高,用户可以通过网络快速地查询并获得自己所需的资料。

- 信息的流动是双向的。用户既能从数字图书馆中获得信息,也可向图书馆输入信息,包括信息咨询、建议、自己的研究成果等。

数字图书馆改变了传统图书馆的一些弊端,改变了传统图书馆的静态书本式文献信息服务特征,实现了多媒体存取、远程网络传输、智能化检索、跨库无缝链接等,创造出信息服务的新境界[29]。当人们正在发展数字图书馆的道路上探索时,重新审视传统图书馆,我们发现,曾经被完全否定的传统图书馆的优点恰恰能弥补数字图书馆的不足。

- 信息载体存贮时间长,这是传统图书馆最大的优势。经特殊处理的缩微胶片及纸张载体,其信息的保存时间非常长。缩微胶片在标准条件下可保存 800～1 000 年以上,纸张则更长。
- 可以提供系统的文化科学知识和数据信息。
- 可以通过藏书的流通进行学术思想交流。通过举办学术报告会、组织学术讲座、举办书展,图书馆员可以直接与读者交流、解答咨询等[30]。

数字图书馆是一项长期发展的系统工程,实现完全数字化的数字图书馆是一个漫长曲折的过程。目前建设面临的困难涉及到多种技术领域,也牵涉到体制、经济、法律、管理、运营、信息安全等方面。同时又面对繁杂的社会问题和文化背景,如经济条件、技术水平、文化传统、阅读习惯等。

数字图书馆建设的长期性表现在:

- 数字图书馆描述的是一种数字化的信息体系结构和现代化服务体制。这种体系结构中的信息资源是用数字技术加工而成的,并通过网络存取达到全球信息资源共享的目的。
- 数字图书馆的最终目标是把全球数字化信息资源连接为一个全球联合图书馆,进而实现全球信息资源共享。因此它是一项涉及计算机技术、通信技术、网络技术等许多高新技术的高科技工程。
- 数字图书馆的建设是跨部门、跨行业、跨地域的一项大文化工程。海量的信息资源决定了它不可能由某个图书馆单独完成,而是一个需要有其他信息机构、文化艺术、新闻出版、音像影视、旅游、法律等部门携手合作共同参与才能完成的复杂的系统工程[31]。

因此,传统图书馆仍然具有其特定的意义和作用。传统图书馆不会立刻消失的主要理由包括:

- 传统图书馆在保存文化遗产方面要优于数字图书馆。一些纸质印刷型文献一旦数字化后就难以再现传统文化的特色,而且还有许多文献本身被用于研究文献历史和版本等目的，这些文献一旦数字化便失去了其研究价值。

· 保存期限问题。数字化信息存贮载体的寿命有限，机读磁带的寿命仅为15～20年，保存时间最长的 CD-ROM 也只有 30 年。欲延长数字化信息的保存期限，只有不断复制。

· 技术问题。国家 863 计划智能计算机主题首席科学家高文认为，"中国数字图书馆工程建设正面临信息资源建设、多媒体信息标准、存储与压缩、分类与检索、传输与保护、交互界面、输出与信息表现、多语言问题、工具与平台及高层信息服务协议等十大技术瓶颈的挑战。"[32] 再者，由于信息技术发展十分迅速，数字图书馆需要不断更新硬件设备和软件版本，需要不断把数据迁移到新型的载体上去，如何解决技术过时问题，也是数字图书馆建设中的一个挑战。

· 阅读习惯问题。数字化信息不能直接阅读，需借助于一系列特殊装置，这必然导致阅读习惯的改变，而习惯的改变不可能在一朝一夕完成。同时，用户不同的背景也会使阅读设备成为阻隔用户与信息资源接触的障碍，有可能产生"信息富裕者"和"信息贫困者"的两极分化。

· 信息安全问题。数字化方式存贮的信息极易受到外力（磁场、计算机病毒、黑客侵袭等）的干扰和破坏。而且因为数字化信息可以完美地复制，因而也可能被不留痕迹地修改，用户所获取的数字化文献并不能完全保证是作者所撰写的原始文献。

· 版权问题。数字化、网络化信息很容易下载和复制，给侵权行为打开了方便之门。

· 经费问题。数字图书馆的建设需要投入大量的资金，在馆藏信息数字化、网络化转换时，需要大量的人力、物力、财力的支持；而且用户在网上浏览、查询及复制所需信息需要支付的经费往往超出他们的经济承受能力[33]。

· 文化营造问题。即使技术可以将印刷型资源搬到数字环境中，但读者与图书馆员面对面交流的温情，满室书香所营造的文化氛围，是无论如何也移植不到数字环境中的。

传统图书馆和数字图书馆的共同之处是：其内容都是对信息的搜集、整理、存储、开发和利用，其目的都是为用户提供信息服务。所不同的是，数字图书馆的工作中心从传统的以保存为中心转向以服务为中心，工作方式和检索手段从手工操作和自动化转向数字化和网络化，服务范围从物理意义上的到馆读者群体转向访问数字图书馆网站的虚拟用户群体，馆藏形式从印刷型文献转向数字化信息资源。

由此可以看出，数字图书馆是传统图书馆在信息服务与检索手段上质的飞跃。图书馆所拥有的数字化信息资源和提供的数字化信息服务是传统图书馆读者服务工作的延续、深化或升华，是传统图书馆服务功能在网络环境下的发展。但从本质上讲,数字图书馆并没有改变其作为图书馆的收集文献信息、为读者服务的基本属性和社会内涵。

数字图书馆发展过程中存在的诸如存储、版权、安全、法规、人才、经费等一系列难题,使其在文献资源建设、文献分类与编目、全面质量管理等许多方面都离不开传统图书馆理论原则的支撑,甚至人们对待传统图书馆的态度都将极大地影响到数字图书馆的发展。

数字图书馆和传统图书馆是一脉相承的,数字图书馆是在传统图书馆的基础上逐渐发展起来的。数字图书馆丰富和加深了传统图书馆的内涵,但绝不能取代传统图书馆。从传统图书馆到数字图书馆不仅是过渡与继承、共存和互补的关系,更是整合与创新的关系。

2.1.2　复合图书馆的思想基础

随着数字图书馆的发展,人们越来越感到,技术并不能解决一切问题,非技术因素正在严重制约数字图书馆的进程。兰卡斯特曾被认为是"图书馆消亡论"的代表人物。但在最近一篇题为"关于无纸社会的再思考"一文中,他说自己曾认为"从以纸为载体过渡到以电子为载体的交流令人神往。然而随着过渡的实际进行,我对其发展和意义则变得不再热情满怀,并且在过去的几年甚至变得彻底敌视"。他认为当前技术最严重的后果是非人性化趋向[34]。

无数事实证明:科学技术与人文文化并非是对立的,如何找到它们的结合点至关重要。技术作为一种手段深刻地影响着人类生活,但它不可能控制和改变人类本身,图书馆也一样。人类需要技术手段的改进,但如何改进取决于人类自己。无论技术发生什么变化,图书馆仍然是提供信息服务的公益性单位,这样的定位决定了图书馆主要不是提供其他类型服务的商业机构。数字图书馆作为一种技术必然影响图书馆的信息资源建设和图书馆的用户服务。在这种情况下,很多人呼吁,应该考虑建立一种介于传统图书馆与数字图书馆之间的图书馆发展形态——复合图书馆[35]。

尽管"复合图书馆"的概念出现较晚,但人们很早就认识到,只重视某一种载体是一个错误,因为信息存在于各种载体形式之中。德姆普斯(L. Dempsey)指出,作为建筑物和资源收藏地的图书馆是需要的,并论述了图书馆管理数字化信息资源的各种方式。他的结论是:图书馆必须成为围绕存储信息资源的物理场所和数字化信息空间进行发展的服务机构,因为图书馆作为信息集散地的作用仍将十分重要[36]。根据奥普姆(Charles Oppenheim)和史密森(Daniel Smithson)对多位有关专家的访问,比较一致的看法是清晰而稳定地进入到完全的数字图书馆似乎不可能发生,特别是当存在图书馆控制范围以外的因素时;随着时间的推移,图书馆将逐步提供更多的数字化服务,尽管变化的速度无法预测,复合图书馆是从传统的基础上渐变发展的[37]。

在对复合图书馆的认识角度上,有两种观点:一种是从拓展的角度,认为复合图书馆是结合数字图书馆的优势而对传统图书馆功能的延伸,正如 SCRAN (Scottish Cultural Resources Access Network)的执行主席 Bruce Royan 在提到对复合图书馆的理解时所打的比方——复合图书馆是"长着老虎斑纹的野兔",即复合图书馆是遗传进化的结果[38]。另一种观点从演进的角度认为,复合图书馆只是图书馆从传统到数字化的一个过渡阶段。数字图书馆成分正在拓展而不是取代传统图书馆。黄忠宗先生对传统图书馆和虚拟图书馆之间的关系有过精辟的论述,提出了"共存互补"的思想。西方学者杨(P. H. Young)指出,未来的图书馆将不得不提供以各种形式存在的对用户最适用的信息,利用各种印刷、电子和光学手段,借助各种设备实现无缝隙存取。这正是复合图书馆的思想基础。

从以下描述中,大体可以了解到建设复合图书馆最主要的原因。

· 复合图书馆代表图书馆建设、管理与服务的一种新理念,强调将注意力放在信息载体、技术类型、管理方式和服务功能各不相同的图书馆形态之间的整合与功能构成上,而不是单纯地探求不同图书馆形态的优劣或论证传统图书馆的消亡与否。

· 复合图书馆有助于消除纸质文献与数字化资源管理和服务"两张皮"、图书馆数字化建设与图书馆实际运行状况相脱节的现象。

· 纸质文献不会在短期内消亡,但传统图书馆的管理与服务方式必须重构才能应对信息时代的技术与需求的挑战。数字图书馆则不足以涵盖并进而取代传统图书馆的全部功能。

· 地区发展差距的要求。按国际图联的标准,每 5 万人应有一所公共图书馆,而我国每 44 万人才有一所公共图书馆,人均图书占有量为 0.33 册。目前,国家不可能投入大量的人力、财力、设备全面建设数字图书馆。大型图书馆在进行网络化建设的同时,应逐步将部分传统型服务转移给小型图书馆,包括进入网络的馆藏纸质文献,这样做有利于小型图书馆吸引更多的读者,形成覆盖全社会的传统型和数字型相结合的图书馆服务系统,最大限度地满足社会需要。

2.2　国外关于复合图书馆的研究现状

1996 年,美国图书馆学家苏顿(S. Sutton)在《未来的服务模式与功能的融合:作为技术人员、著作者和咨询员的参考馆员》一文中,最早使用"复合图书馆"一词。

1996 年 11 月,英国电子图书馆计划(eLib)主任路斯布里奇(C. Rusbridge)采纳了"复合图书馆"的提法,并把这一概念介绍给广大图书馆界,使这一术语得到推广。为此,有人将其称为复合图书馆之父。

1997 年,英国联合信息委员会,在其《通报》第 3 期中,正式使用了"复合图书馆"这一概念。

1997 年 9 月,英国电子图书馆计划(eLib)第三阶段正式启动,将复合图书馆、大资源发现和数字存储作为该阶段的主要研究内容。

经过一段时间的理论探讨之后,1998 年 8 月,英国复合图书馆项目启动,复合图书馆的研究从理论研究进入到实践尝试阶段。

此后,国外图书馆界对复合图书馆的研究处处体现着与实践密切结合的特点。从发表的文章看,更加注重对实践中遇到问题的解决,文章中探讨的问题大多具有可操作性,有的甚至将解决方案的程序源代码列出来。具有代表性的文章有:1998 年 12 月 Stephen Pinfield 的"Hybrids and Clumps"。1999 年 4 月比利时肯特大学的两位教授 Herbert Van de Sompel 和 Patrick Honchstenbach 发表的题为"复合图书馆环境下的参考链接技术"的系列文章,详细全面地介绍了参考链接技术,提出 SFX 通用链接解决方案。HeadLine 在项目年度报告中提出了个人信息环境(PIE)的模型和范例。Ian Upton 在文章"Builder: The hybrid library projects search engine"中介绍了复合图书馆项目的搜索引擎,并提供了源代码。2001 年 2 月,Stephen Pinfield 和 Lorcan Dempsey 在文章"The distributed national electronic resource(DNER) and the hybrid library"中探讨了复合图书馆理念与 DNER(分布式国家信息资源)之间的关系,提出了可以用于复合图书馆建设的若干 DNER 战略和思路。等等[39~44]。

此外,国外图书馆界还举行了多次会议,如:2000 年 1 月,维多利亚图书馆自动化协会(VALA)召开了题为"图书馆与比特:复合图书馆技术学术会议"等。从这些研究活动中可以看出,国外对复合图书馆的研究停留在理论阶段的时间比较短,从 1996 年苏顿提出复合图书馆概念到 1998 年英国复合图书馆项目启动仅仅两年时间。国外图书馆界更为注重实际建设,在实践中发现问题,解决问题,再进一步完善和升华理论。

2.3 国内关于复合图书馆的研究现状

在国内,对复合图书馆问题的研究经历了一个由产生思想萌芽到正式提出复合图书馆概念进行探讨,进而对复合图书馆各方面设计展开全面讨论的阶段。

1996 年武汉大学信息管理学院的黄宗忠教授发表"论 21 世纪图书馆"一文,初步提出了"混合体"思想,指出 21 世纪图书馆模式是纸质印刷型图书、缩微图书与电子图书、虚拟图书共存互补,传统图书馆、自动化图书馆、数字图书馆共存互补。这与苏顿的复合图书馆观点不谋而合。1998 年他发表了题为"论 21 世纪的传统图书馆和虚拟图书馆"的长篇论文,对传统图书馆与虚拟图书馆的关系作了详细阐述,并明确提出了虚拟图书馆与传统图书馆共存互补的"混合体论"。北京大学的刘兹恒教授也于 1997 年发表了题为"试论虚拟图书馆与传统图书馆的关系"一文,提出"虚拟图书馆与传统图书馆之间的关系不是替代关系,而是相互依存、相互促进的关系"。1999 年当代世界出版社出版刘爱荣的《图书馆的未来》一书,该书也提出"21 世纪图书馆的发展模式是虚拟图书馆与传统图书馆共存互补,成为一个混合体"。孟广均先生也在多种场合介绍过"混合图书馆"的思想。

台湾的顾敏先生通过"千禧年初复合图书馆服务及发展策略"一文,最先向国内介绍了复合图书馆的概念。张福学博士 2000 年发表了"论混合式图书馆"的论文。初景利教授在《中国图书馆学报》2001 年第 3 期上发表的"复合图书馆的概念与发展构想"引起国内广泛的关注。黄宗忠先生发表的"论图书馆的新模式——复合图书馆"(《图书情报知识》2002 年第 3 期)充分肯定了复合图书馆的建设发展思路。

目前,从已发表的论文中可以看出,国内对复合图书馆的研究已经由单纯泛泛的探讨复合图书馆的概念,进入到如何在实践中建设复合图书馆的阶段。研究内容涉及复合图书馆的管理、技术、服务、资源建设等方面。代表性的文章主要有:岳修志、张怀涛的"复合图书馆的数字化管理和供应链管理"(《大学图书馆学报》2002年第 6 期),岳修志的"复合图书馆数字化管理模式研究"(《图书情报工作》2002 年第 12 期)等,但对复合图书馆建设模式还没有形成系统深入的研究成果。

2.4　复合图书馆的相关研究

2.4.1　复合图书馆概念研究

国内外学者对复合图书馆的概念进行了较多的研究,从不同角度来认识复合图书馆的属性。苏顿在"未来的服务模式与功能的融合:作为技术人员、著作者和咨询员的参考馆员"一文中认为:印刷型与数字化信息之间的平衡越来越倚重数字型,在复合图书馆中可以实现传统馆藏与数字馆藏并存,而且用户可以通过图书馆的服务器或网关自由访问跨地域的分布式数字化资源。复合图书馆意味着馆藏中纸质文献与 Web 版文献并存。

被国外图书馆界称作"复合图书馆之父"的英国电子图书馆计划(eLib)主任路斯布里奇认为复合图书馆是从传统图书馆到数字图书馆之间的过渡形态,运用系统整合的理念,对多样信息资源和用户界面进行有机集成,可以克服目前图书馆存在的将数字化信息资源与传统纸质文献资源建设彼此分割的弊端。他认为复合图书馆的设计应该"将不同渠道的各种技术融合到图书馆的工作环境,探索和开发电子和印刷环境共存的集成系统和服务",这就意味着复合图书馆的开始不仅仅是一个单独的技术目标,而且是一个集成化不断提高的持续过程。

英国 Fretwell-Downing 信息研究所主任 R. Murray 在一篇名为"千年挑战——面向混合式图书馆"的演讲稿中,将混合式图书馆定义为"对大范围内信息服务提供集成式和背景化存取的管理环境,而不管这些信息的位置、格式、载体如何"。

伯明翰大学的宾菲尔德(S. Pinfield)教授认为[45],复合图书馆是处于传统和数字图书馆之间的连续体,用户既利用电子信息资源,也利用印本信息资源。复合图书馆只不过是一个界面,提供对资源的集成发现,无论资源是模拟还是数字形式,无论是本地的、国内的还是国外的资源。复合图书馆可被看作是一种环境,提供物理的和虚拟的服务支撑用户在工作场所的专业活动,从信息发现到对所传递的资源的处理和分析。

美国学者奈特(Jon Knight)认为:"复合图书馆是一个能够为印刷型资源和电子资源提供一站式服务的图书馆。其信息系统应为终端用户提供统一的界面,使用户既能够获取本地的纸质图书和杂志,也能够发现相关的联机资源、电子出版物和数字化资料。为此,需要为读者提供一个能对广泛分布的、包含有不同格式信息的各种数据库进行统一检索的前端(front end)。"[46]

也有人认为,复合图书馆是一个概念,而不是一个实际的物理实体,尽管物理图书馆可构成复合图书馆的组成部分。复合图书馆的目的在于满足新的学习环境的需要。它既占用虚拟空间,也占用物理空间,向用户提供对印本和电子资源的利用[47]。

台湾的顾敏先生将"复合图书馆"这一概念引入国内,他认为,"复合图书馆是指目前新兴的电子图书馆与所谓传统图书馆之间的复合,包括如何组合不同媒体的管理方式。另外,目前传统图书馆的参考咨询与专业检索服务如何与网站远距离服务结合,也是复合图书馆所面临的问题。"[48]

黄宗忠教授认为,复合图书馆是在一个机构框架下,以传统图书馆为基础,实现传统图书馆与数字图书馆共存互补并有机结合于一体,是实体加虚拟,围绕信息存储的物理场所和信息空间,运用信息技术、数字技术、网络技术与传统技术,根据版权法的规定,对印刷型、电子型和网络信息资源进行收集、组织、转化、管理,实现一体化存取,为信息用户提供馆内服务和不受时空限制的网络服务。21 世纪图书馆的模式是纸质印刷型图书、缩微图书与电子图书、虚拟图书(计算机软件)共存互补，传统图书馆、自动化图书馆、数字图书馆共存互补[49]。随后他在《论 21 世纪的虚拟图书馆与传统图书馆》一文中提出了"虚拟图书馆与传统图书馆共存互补的混合体论"。

初景利教授认为，"复合图书馆就是将传统图书馆与数字图书馆有机地结合起来，优势互补，信息用户在电子和印刷型资源并存的复合环境下查询信息。"[50]电子化、数字化是大势所趋，图书馆的工作重心将向电子资源转移。但这并不意味着完全的数字图书馆将是必然的选择，复合图书馆将存在相当长的一段时间。它不是从传统图书馆到数字图书馆临时性的过渡，在可以预见的未来，它是图书馆存在的基本形态。复合图书馆是传统图书馆当前发展的逻辑延续，是图书馆发展模式的现实选择。我们不仅要接受这样一种概念，更主要的是应以复合图书馆作为图书馆的一种发展形态，有其自身的特点和要求，有许多值得研究的内容。

李春玲、李春认为，复合图书馆是以传统图书馆为基础，实现传统图书馆与数字图书馆共存、优势互补的有机结合体，可以发展自己的空间、扩展自己的服务范围。它既是一个实体的物理场所，又是一个虚拟的空间。应用传统技术、信息技术、数字技术、网络技术，对印刷型、电子型及网络信息资源进行收取、加工、转换、储存、检索、传递、利用等一体化的管理与服务，从而达到文献信息资源的共建、共享。同时，他们还提出了复合图书馆的基本框架[51]。

马蕾、余伟萍认为，复合图书馆是数字图书馆和传统图书馆有机结合的统一体。需要对纸质或电子信息资源进行高度的整合，对当前图书馆的功能与业务重新定位，以避免现在图书馆中普遍存在的数字资源之间，传统资源与数字资源之间各自为政、互不相干的情况。做好传统资源与数字资源之间的配合与融合，需要以相同的或兼容的标准和规范为基础，以数字化的各种信息为底层，以分布式海量资源库群为支撑，以智能检索技术为手段，以电子商务为管理方式，以宽带高速网络为通道来构建一种全新的复合图书馆模式。他们认为复合图书馆是传统图书馆功能的扩展，是一种既有传统图书馆的工作性质，又对数字信息进行搜索、转换、描述，并以计算机可处理的数字化形式存储馆藏信息和网络数字化信息，具有智能化的信息检索方式和统一友好的检索界面，利用先进的信息处理技术和互联的计算机网络，提供多种语言兼容的多媒体远程数字信息服务的机构[52]。

王进常认为，复合图书馆是将传统图书馆与数字图书馆有机地结合起来，运用计算机技术、多媒体技术、数字处理技术和远程通信技术，在印刷型和电子型资源并存的复合环境下，拓展与延伸图书馆的传统服务功能，为信息用户提供更为广泛服务的一种图书馆存在形态。第一，它不是传统图书馆与数字图书馆两种不同形态图书馆的简单叠加，而是有机结合的统一体。第二，它不是一个简单的过渡时期，而是试图开发出将传统的文献资源与不断增长的数字资源实行集成管理与服务的机制,是一种全新的图书馆模式,具有自身特有的管理要求、运行规律与服务功能。第三,不是致力于以技术手段代替印刷版文献的功能,而是力图开发出将传统的文献资源与不断增加的数字资源实行集成管理的服务机制与界面[53]。

沈国弟认为,复合图书馆是图书馆发展的一种存在形态,它是传统图书馆与数字资源、现代技术三位一体的有机融合体,是图书馆在印刷文献和数字文献双重环境下,利用传统的方法和现代技术,将系统和服务结合起来的一种新型图书馆形态[54]。

刘君概括了复合图书馆包含的三方面特征:(1)信息载体多样化;(2)管理服务集成化;(3)功能复合化。并提出复合图书馆的理论模型和工作模型[55]。

李正祥认为,复合图书馆是技术乐观论者和崇拜者对图书馆发展现实的一个折中选择。即使最先提出和讨论复合图书馆问题的人并不是那些技术乐观论者和崇拜者,也至少是得到了他们的赞同。他总结了复合图书馆包含的思想,包括:实体与虚拟共存,数字化基础,服务的主导意识,效益思想,人文精神与人文关怀,知识产权保护意识等[56]。

岳修志和张怀涛认为,复合图书馆是数字图书馆与传统图书馆、虚拟图书馆与实体图书馆、网上图书馆与物理图书馆的复合,它是集印刷型与电子型资源于一体的新型图书馆,既有物理的建筑又有无墙的接口,既有现实馆藏又有虚拟馆藏,既有线性文本又有超文本,既需要中介服务又可直接存取的综合性图书馆。复合图书馆集传统图书馆与数字图书馆之优点,是运用计算机技术,在印刷型和电子型资源并存的复合环境下,拓展和延伸图书馆的传统服务功能,为读者提供更广泛服务的一种图书馆存在形态。在这种形态中,传统图书馆仍是基本的、主要的、不可缺的,数字图书馆在传统的基础上继续发展与延伸,两种形态共存互补,构建出一种当代图书馆生存与发展的基本形态[57]。

2.4.2　复合图书馆资源建设研究

复合图书馆是在传统图书馆的基础上发展起来的,因此其资源建设既具有传统图书馆的特征,又具有数字图书馆的特征。两类资源你中有我,我中有你,互为补充,相互促进,形成一个资源的共同体——复合信息资源。

2.4.2.1　复合图书馆馆藏资源构成及特征

复合图书馆馆藏资源由两部分构成:实体文献资源和虚拟网络资源。

传统馆藏包括纸质文献和物理载体形式的电子文献。虚拟馆藏的分类如下:将必须借助于特殊设备如计算机才能够阅览的数字化文献统称为虚拟文献或虚拟资源。存贮在特殊介质上的数字化形式的文献叫静态虚拟文献;互联网络上传递的文献叫动态虚拟文献或叫网络资源;电子文献是数字图书馆赖以生存和发展的物质基础,不包括在传统图书馆各类馆藏之内;静态虚拟文献与动态虚拟文献是相对的概念,是可以转化的。从网络上收集、下载信息资源经存储为实体馆藏,动态就变为静态;相反,将存储介质上静态虚拟文献向网络发布信息,则静态虚拟就转变为动态虚拟[58]。

从复合图书馆信息资源的构成,可以看出复合图书馆信息资源具有多样化和互补性两个特点。信息载体的多样化是复合图书馆的基本特征,要求对信息资源进行统一标准的存储、加工、整合,建立完善的复合型图书馆信息资源体系。信息资源的互补既是传统馆藏与虚拟馆藏在载体形态上的互补,也是对所包含的信息内容的互补,以及利用资源方式的互补。通过一定的整合机制,使两类馆藏资源有机的结合在一起,产生 1+1>2 的收益。

在复合图书馆的馆藏建设中,不能将数字图书馆的热潮变成一种应景之作,而要真正理顺传统文献与数字文献之间的关系。如何将传统文献和电子文献有机地协调组织起来,为用户提供服务。是复合图书馆要解决的主要问题[59]。

具体地说,主要包括:

(1) 各种资源之间的有机整合、比例平衡问题。斯皮勒(D. Spiller)认为复合图书馆需要具体解决的问题有:电子馆藏与印刷馆藏的平衡、馆藏拥有与获取的平衡、馆藏质量通过绩效评估得到改进[60]。国内学者羊涵提出馆藏建设的策略:应该重新调整各种文献的馆藏比例结构,明确电子文献的馆藏建设方向。制定电子出版物与印刷型出版物协调采访策略,在经费许可的情况下,可配套订购印刷版和电子版文献;若经费紧张,应优先购买电子版文献,如电子图书、电子期刊、电子数据库等[61]。要注意图书馆成本效益关系,电子资源的成本并不比印刷资源的成本低。用户抛开图书馆的印刷型文献资源,仅仅依赖网络获取信息,将在经济上不堪重负。在复合图书馆中,我们既要保持对传统印刷资料的订购,又要在电子资源的获取上保证相当的投入。在资源整合的过程中,还要注重文献资源的多层次提示与加工,比如把分散在不同信息载体上的信息按专题的形式组织起来,提供服务[62]。

(2) 实体资源和虚拟资源之间的互相补充。对于网络免费信息资源,要善于组织与利用。与印刷型文献相比,网络信息既有产生速度快、数量大的优势,又具有信息发生源固定性差、缺乏监督评审机制的不足。在建立虚拟馆藏时,要深入研究网络信息的分布规律,科学地鉴别、挑选有价值的网络信息[63]。利用 Web 资源建设虚拟馆藏,加强各类数据库建设,注重专题特色化数据库建设[64]。美国的凯勒尔(W. Koehler)在假设 Web 资源可保存可分类的前提下,通过调查得到结论:Web 资源可组织可管理,是复合图书馆馆藏资源的一部分[65]。复合图书馆资源建设要注重实体馆藏、虚拟馆藏协调发展,同时要加强特色馆藏建设[66~67]。

（3）馆藏获取方式的选择。可以肯定的是，存取与拥有是互补、互动的关系[68]、[69]。有关"存取"和"拥有"的争论已经过去了。在图书馆界已经达成共识，存取与拥有各有优劣，图书馆仅仅采取任何一种方式都不能充分满足用户的信息需求，两者兼顾才能实现高质量的信息服务。拥有与存取并重，这才是复合图书馆馆藏发展的最佳选择。一般来说，一个图书馆首先应该确定本馆最常用的资料，以拥有的模式获取这些资源；而对那些利用率低的文献应该采取存取模式，即可以通过馆际互借、文献传递、数据库或因特网服务来实现。既节约了经费又最大限度地满足了读者（用户）的需求。宾菲尔德教授认为复合图书馆应该从单纯的馆藏建设转到考虑馆藏的获取方式和途径[70]。威森伯格（A. Wissenburg）也提出了类似的观点[71]。他在"复合图书馆馆藏建设"的演讲中认为复合图书馆的馆藏建设在于存取而非拥有，强调各组织机构间的协同工作能力，通过书目记录、文献发现与传递系统等方式与其他机构间的协同合作建设馆藏。

（4）复合图书馆文献资源建设过程中的相关问题。普赖斯（D. Price）研究了复合图书馆馆藏建设中存在的问题：资源的隐藏成本，资源使用的许可协议，用户认证，财政与出版模型等[72]。随着新的使用许可协议和用户认证机制的建立，将会减轻这些问题带给图书馆的重负[73]。信息载体的多样化对图书馆信息采集、组织工作提出了挑战[74]。俄罗斯的卡列诺娃（L. E. Kalinova）还论述了在复合图书馆馆藏建设中如何处理和保存外文文献，如何利用新技术重建藏书模型[75]。

此外，还应从经济的角度关注复合图书馆面临的多种资源使用成本和效益。第一，关注两种版本资源的收藏比例。如果图书馆订购了电子版文献，是否还应保留这些文献的印刷版。第二，关注网络资源的使用成本。互联网上的资源越有价值，其使用的费用（通讯费、资源租用费等）就越高。第三，关注资源的共建共享。通过信息机构之间的合作提高资源的利用率，降低资源的使用成本[76]。

2.4.2.2　复合图书馆馆藏资源建设策略

复合图书馆馆藏资源建设的任务就是把传统馆藏与虚拟馆藏有机结合，实现馆藏资源互补。馆藏资源建设的运作：①确立指导思想（现实馆藏与虚拟馆藏长期共存、协调发展）和建设基本（统筹规划、合理配置、优化结构、突出特色）。②构建实体虚拟一体化的馆藏新格局。③控制数据质量，注重标准化和规范化。在构建虚拟馆藏时，首先要了解资源的基本分布状况，熟练掌握网络搜索引擎，对相关信息源运用自如，通过建设专业指引库、数据库等方式对所选定的信息资源进行链接组合分类、标引后与本馆网页链接，成为可供读者检索利用的虚拟馆藏[77]。

可以采取的策略有：

· 建立统一的用户界面。统一的检索界面是用户利用资源时首先接触到的工具。如果用户在利用检索工具本身所耗费的成本大于获得的检索结果产生的效益时,用户就不会再使用这种工具[78]。

· 注重网上信息资源的组织与利用。利用网上信息建设虚拟馆藏(超文本链接技术、知识组织);加强各类数据库建设,注重专题特色化数据库建设[79]。

· 采编工作的策略。信息载体的多样化,一方面丰富了图书馆的馆藏,为读者获取信息提供了更多的选择;一方面增加了图书馆信息采集、组织的工作难度[80]。

· 大多数图书馆要面对远远超过其文献保障能力的用户需求,必须具有帮助馆员分清轻重缓急的文献采购方针,体现图书馆与其母体机构(资助者)的共识。

· 文献资源的多层次提示与加工。新的电子信息资源只能丰富和加强图书馆文献信息的传播与利用,而不能取代图书馆的传统职能。电子图书馆全方位地解决了文献咨询的检索速度、检索方式和检索广度[81]。

· 以传统图书馆为基点,进行数字化建设。数字化资源是馆藏资源的重要组成,包括:本地数据库、网络数据库和网上资源。同时不能忽视传统文献资源的建设。一方面纸质文献符合阅读习惯。另一方面,数字文献越有价值,使用费,包括购买费、通讯费等就越高。另外,数字文献目前尚不能包括全部传统文献资源[82]。

· 网上采购。利用网络来完成文献的采购工作,使文献采购的所有程序,如订单发送、书款支付等都在网上进行,这是对传统文献采购方式的一种革命[83]。

2.4.2.3 复合图书馆馆藏资源评价

完善的评估体系是建设高质量馆藏资源的保证。传统馆藏资源建设工作评价标准的局限性在于:一是依据文献本身的特征而制订的标准;二是以文献资源对用户信息需求的满足能力及文献资源被利用程度而制订的标准[84]。

国内近些年十分重视馆藏资源的评价问题。比如教育部修订的《普通高等学校图书馆评估指标》,对图书馆的馆藏评估指标进行了改进[85],增加了数据库的建设和评估。有学者建议,更应该突出数字化信息资源建设的评价,可从数据库信息资源建设、网络信息资源建设和数据库自建与开发三个方面设置评估指标[86]。要加强对复合文献资源的保障能力、信息资源的质量和资源共享程度三个方面进行评价[87]。完善数字化信息资源建设评价体系是复合图书馆向数字图书馆迈进过程中一个重要环节。刘泳洁认为,网络资源馆藏资源建设工作的评价对象是传统馆藏、虚拟馆藏和两者复合效益馆藏,评估体系包括信息资源数量评价、信息资源质量评价、利用率、复合度四方面[88]:

(1) 信息资源数量评价——馆藏信息资源总量,人均馆藏信息量,网络带宽、人均可获取带宽、可获取稳定数据库的数量、人均数据库信息数量、可访问数据库总终端及人均终端数。

(2) 信息资源质量评价——传统馆藏仍按原有的评价方法、虚拟馆藏评价可采用的指标有:数据库可用度、数据库适用度、相关数据库链接度、网络利用难易度。

（3）利用率——月点击数据库数、数据库下载流量。

（4）复合度——印本资源与电子资源的重复率;电子文献与网络数据库的重复率;资源使用的自由度;信息复合获取率;数据库的并发用户数与读者比率。

此外,与馆藏质量相关的基本指标还包括:人均文献经费、文献经费占总经费的比例、人均文献增长数量、人均借阅率、文献流通率、借阅文献的比例、馆际互借申请等候时间、馆际互借占借阅文献的比例等[89]。

2.4.3　复合图书馆用户服务研究

复合图书馆的用户研究具有特别的意义。在复合图书馆环境下,用户的心理、行为、需求、能力以及相应的服务模式、服务策略,都将决定复合图书馆的服务效果。

2.4.3.1　复合图书馆用户服务的重新定位

信息技术改变了图书馆的馆藏资源结构,改变了图书馆的服务方式。在由传统图书馆向数字图书馆演变的过程中,最显著的特点是数字化馆藏的出现。然而,数字化服务与数字化馆藏同等重要。数字资源只有与数字服务相结合,作为传统图书馆服务功能的延伸和补充,其真正的社会价值和社会功能才能得以实现。复合图书馆环境下用户服务的重新定位是:发展服务技术,拓展服务方式,扩展服务对象。

1998 年冬,HeadLine 在其项目的三个合作者（伦敦经济学院、伦敦商业学院和赫特福德大学）的网站进行了读者调查。调查结果显示,用户对图书馆的主要希望是:(1)一站式服务和电子全文(one stop shop and electronic full-text);(2)用户希望在校外获取图书馆的资源(off campus access);(3)自主研究(To do their own research)。Healine 认为应注重支持这种独立研究的趋势,使那些受读者欢迎的、受专家推荐的资源能够方便的获取。(4)具有附加值的资源(value added resources)。复合环境下,用户希望得到更多的服务,例如:伴随着电子服务的 FAQ,电子咨询台,或是链接到相关专业领域的图书馆专家。同时,用户也不愿失去传统的与图书馆员直接面对面交流的服务方式[90]。

王世伟教授提出的"构建复合型图书馆的服务布局与体系"对复合图书馆开展读者服务的方式有积极的启示[91]。他对当代图书馆读者服务工作的特点作了全面的总结:文献载体已是印刷型与电子型各具优势,并驾齐驱;阵地服务与网络服务并重;突破时间和空间的限制;资源无限带来服务无限;功能拓展带来服务延伸;个性化服务越来越突出;便捷服务的要求越来越高;免费服务的呼声越来越强烈。

他同时指出,当代图书馆读者服务也存在许多问题,以下这些问题有待于在复合图书馆时代乃至以后的数字图书馆时代解决:

- "读者第一"的服务理念仅停留在纸上和墙上,成为空洞的口号。
- 文献采访未能满足读者需求。
- 建筑与服务布局未能方便读者。
- 参考馆员队伍尚未形成规模。
- 图书馆职业资格证书制度尚未施行。
- 以参考咨询为主导的服务体系尚未完全形成。
- 以服务为核心的业务管理尚未全面展开。
- 经费短缺成为制约读者服务的瓶颈。
- 服务中知识产权保护观念淡薄。
- 服务中平等观念尚未深入人心。
- 服务缺乏法律规范与保障。
- 服务国际化程度较低。

2.4.3.2　复合图书馆用户服务策略

HeadLine 根据用户调查的结果,针对相应问题提出了具体解决方案:

- 架标和定位设备(SHERLOC)。读者最常咨询的问题是某本书不知道在哪里,电子服务和图书馆设备如何使用等问题。HeadLine 开发了一个交互性工具SHERLOC(SHElved Resource LOCator),这是一个地图工具,用于查找图书馆资源、服务和设施的物理位置。这一工具由一个页面构成,用户可以点击选择某个架标(shelfmark)、某个主题或从设施列表中选择某一项(如复印机、卫生间等),查看地图,了解要找的资源、服务或设施的具体位置。

- 资源查找工具。HeadLine 还开发了 HRF 数据库,整合所有在各个网站中可以获取的分散的电子资源。HRF 数据库帮助用户确定什么资源最符合他们的科研需要,并支持存取和使用。开发 HRF 的目的就是简化电子资源的存取和使用,并且提供具有附加值的链接。

- 期刊。HRF 整合数据库和期刊,并将印本与电子期刊比较,以便于获取。

- 个人信息环境(PIE-Personal Information Environment)。PIE 的主要构件是:标准页面、主题浏览、所有资源列表、检索工具、个人用户定制个人的 PIE 界面、团体定制本机构的 PIE 界面、容易维护、资源协调、复合性、一站式服务。HeadLine 的网站上给出了 PIE 门户的模型和范例[92~94]。

构建参考咨询服务网络三级服务体系。以独立的 WWW 网络服务器,局域网馆藏检索服务为第一级服务体系;以网络为依托,建立联机合作编目系统,形成统一的联合目录数据库,形成交流与共享各馆馆藏资源的第二级服务体系;互联网上电子信息资源加工,提供读者使用是第三级服务体系。

拓展参考服务内容,将高新技术应用于参考咨询。通过网络导引系统,指引信息用户有目的地漫游网络世界;利用各种软件技术和自身的专业知识,有针对性地对网上信息进行编辑、整序和重组,以适应特定用户的需要;利用网络的交互式功能,开展各种用户培训和教学工作;

注重信息导航。图书馆信息服务工作以组织和提供网上信息资源为主,通过文献信息资源共享综合开发利用本馆馆藏、外馆馆藏和其他网上信息资源。通过各种导航在检索和使用信息时,用户通过各种导航系统方便快捷地检索和获取所需信息。

用户界面的集成与简化。从系统整合理念出发,开发出集成、简便,可以对印刷型资源和数字型资源提供集成化检索服务的用户界面,以改进用户服务的质量。

提供个性化定制服务。目前已开发出 Mylibrary、Mygateway 等个性化服务系统,如康奈尔大学图书馆开发的 Mylibrary 系统。HeadLine 的 PIE 也是个性化服务的一种。

开展信息推送服务。通过一定的技术标准或协议,从网上的信息源或信息开发商那里获取信息,然后通过固定的频道向用户发送信息的新型信息传播系统。信息推送技术在网络信息服务领域有着现实和潜在的应用范围。图书馆可借鉴相关行业的经验,应用推送服务定期向用户发送所需信息。

支持分布式数据库的检索和使用。eLib 的 MODELS 项目提出了 clumps 概念。Clumps 是一组元数据资源的集合,支持大规模的信息发现,能够同时检索所有的馆藏信息资源。Clumps 由两部分组成:物理 clumps 和虚拟 clumps。物理 clumps 是一个联合目录,将不同来源的数据聚集起来,保存在同一物理场所。虚拟 clumps 不是集中管理的数据库,而是以检索为目的将分布式数据库集合起来。这些集合起来的分布式数据库既是固定的,以便用户总能对预先定制好的一组目录进行检索;同时又是动态的,以便用户能够自己定制出一套符合需求的个性化的目录群[95]。

2.4.4 复合图书馆技术研究

复合图书馆的建设涉及到数字化技术、超大规模数据库技术、网络技术、多媒体信息处理技术、信息压缩和传送技术、分布式处理技术、安全保密技术、可行性技术、数据仓库与联机分析处理技术、信息抽取技术、数据挖掘技术、基于内容的检索技术、自然语言理解技术等。根据信息技术的不同使用范围,又可将信息技术管理分为硬技术管理和软技术管理两个方面。硬技术管理主要是针对计算机、通讯设备、网络设备。软技术管理则是围绕各种信息处理活动而进行的技术工作,如信息采集技术、信息加工技术、信息服务技术等[96]。

目前以英国复合图书馆实践的五个项目为代表,国外图书馆界在研究复合图书馆问题时涉及的技术问题包括:

WEB 技术:奈特认为许多现有技术可以应用到复合图书馆中,互联网和万维网将成为主要的电子信息传递方式。许多只在 WEB 上存在的服务需要捆绑到复合图书馆中。WEB 复合媒体的本质支持 WEB 既可以作为复合图书馆检索系统的前端,也可以作为终端用户传递任何电子资源的途径。

Z39.50 技术:为提供多种数据库的整合检索,许多人将 Z39.50 视为一种解决途径。Z39.50 支持将一个检索提问发送到多个数据库中,并将统一格式的检索结果返回给用户。

CIP 技术:为解决 Z39.50 的弊端,现在已有类似的技术问世,即 CIP(Common Indexing Protocol)。CIP 需要应用到 Z39.50 服务器中,以测试其跨领域检索的优良性。网络浏览器具备 Z39.50 的功能,以便用户可以用一个统一的界面覆盖所有的电子信息检索需求。

Microsoft SiteServer:这也是一种可以用于集成检索的技术。BUILDER 建设的复合图书馆搜索引擎就采用了 Microsoft SiteServer 技术。SiteServer 在集成检索不同的网络资源,并将结果以一个列表返回给用户方面的功能强大。

用户身份认证技术:在为用户创建无缝环境中的一个重要因素是流线型的认证过程,目的是为了克服目前服务中多样性的用户注册方式的问题。在英国,ATHENS 项目正在逐步解决这一问题。

SFX:SFX 是一个通用的链接系统,其基本理念是动态链接、即时链接和概念化服务。SFX 是将一篇文章的参考文献链接到该参考文献的原文,提供以 SFX 为基础的概念链接。比利时肯特大学的两位学者 Herbert Van de Sompel 和 Patrick Honchstenbach 在 1999 年相继发表了 3 篇有关 SFX 的文章,介绍了复合图书馆环境下的参考链接、链接框架、SFX 通用链接解决方案以及相关解决方案。

搜索引擎技术:MALIBUR 的专家认为,开发复合图书馆搜索引擎工具是复合图书馆面临的主要技术挑战。一是代理技术的使用,二是对多种资源的检索问题[97]。

国内对复合图书馆应用技术的研究还处在前期的探索中,在某些方面取得了一定的进展。理论方面的研究主要有:

刘君介绍了复合图书馆建设中可以采用的信息处理和加工方法,介绍了用户界面集成可采用的两种技术:WEB 化技术和 Z39.50 技术[98]。

国内对建设复合图书馆涉及的技术问题的研究还包括:

· 加强对多媒体信息数字化技术的采用。在设计复合图书馆的时候,对相关标准的研究是十分重要的。涉及的标准主要有:①标准通用置标语言 SGML 及其相关标准。②扩展的置标语言 XML。③资源描述框架(RDF)模型与句法。④信息检索:应用服务定义和协议,技术规范等。另外,目前图书馆界十分关注的 Dublin core 元数据也是应该跟踪的主题。

　　• 电子图书馆咨询系统的开发和服务。这是复合图书馆开展咨询工作的最基本手段。建立虚拟电子咨询台是复合图书馆开展咨询工作的新尝试和新的服务模式,结合现实和虚拟两种服务模式,为读者提供多种方式的咨询服务。

　　• 推送技术是一种按照用户指定的时间间隔把用户选定的数据自动推送给用户的数据发布技术。从技术上看,推送技术是多点播送和多址发送内容传递的结合。应用信息推送技术建立的"网络广播站",通过智能化的代理服务器从网上不断获取用户所需信息,并将信息分类处理。在主机上设立固定的信息频道和信息树,供用户对信息进行预定和选择。通过客户机用户可随时获得不断更新的相关信息。

　　此外,分布式服务和系统的集成与协调,用户认证、收费、付款,电子信息著录标准化也是关注的焦点。

2.4.5　复合图书馆管理研究

　　复合图书馆的服务理念是以用户为中心;相应地,也要建设以用户为中心的组织管理结构,管理以多种格式和形式存在的信息资源,并将它们整合为一种无缝、高效、提供新型信息检索服务的图书馆。另外,复合图书馆还必须拥有本地和远程的众多信息源。它必须是一个真正以用户为中心的服务体系,发展扩大其用户团体是其首要任务。

2.4.5.1　复合图书馆管理的变化

　　在复合图书馆的环境下,图书馆宏观管理和微观管理都需要发生变化[99]。在宏观层面:①组建高层次宏观调控机构,统筹规划协调组织全国文献资源保障系统建设。只有这样,才能有效地遏制大而全、小而全、各自为政、大量信息资源重复建设等问题。②树立大图书馆观念,注意图书馆、信息机构、网络开发商等所有与信息资源相关的社会机构的合作与协调,尤其应注意加强地区、国家及国际间图书馆、信息机构、网络开发商的协调与合作。③注重信息工作与信息技术标准的制订和完善,如书目著录格式、计算机文档格式、数据库格式等的标准化。为使各图书馆之间以及图书馆与网络之间能够顺利地进行数据库交换与共享,需要研究制订通用的标准化接口技术及相关通信协议。在微观层面:①在虚拟环境下,图书馆的工作环节和程序将发生变化,传统图书馆相应的职能部门,如典藏、服务等部门的职能将扩展,可按任务组成信息搜集部、信息转换部、数据描述部、数字化服务部、技术支持部等部门。②复合图书馆既然是一种现实存在的组织形态,就要求我们在传统图书馆和虚拟图书馆之间互相兼顾,注重其在职能、结构上的相互衔接和相互替代。③注重各类型信息的开发与有偿使用,引入市场机制,调动社会力量联合建设,为虚拟图书馆所需要的高投入提供相应的经费保证。

2.4.5.2　复合图书馆管理策略

英国复合图书馆实践项目之一的 MALIBU 注重人文领域资源的建设,该项目现已结束。他们在总结报告中指出,在复合图书馆的管理方面许多问题尚待解决。MALIBU 的专家总结了五方面的教训,提醒图书馆同行在复合图书馆的建设上应特别关注[100]:

- 全面的项目管理。
- 复合性(hybridicity)。即动态物理环境与复合环境的统一。专家认为,设计一个受欢迎的电子环境需要一个动态的物理环境作补充。项目合作者之一的南安普敦大学扩展了其主图书馆的电子信息服务,为复合资源与服务的整合提供了一个有效的实例。例如:可以直接在适当的环境下试听音乐,这比阅读传统的书籍或乐谱更接近于资源的内容本身。设立读者培训室,图书馆员可以手把手地教用户检索复合资源,使得图书馆员更近地与用户接触,了解他们的需要。专家认为,复合性可以使馆员成为真正的复合馆员,也使得图书馆界能以复合图书馆的意识去发展新的图书馆。
- 复合图书馆组织管理模型。这是开发复合图书馆搜索引擎的基础,也凸显了动态物理环境与复合环境的重要性;
- 开发搜索引擎与互操作(search engine development and interoperability)。MALIBU 的搜索引擎原型界面可以检索联机的不同类型的信息资源,包括OPAC、全文期刊、网站、检索帮助、数字档案。开发这样的工具是复合图书馆面临的主要技术挑战,在管理方面也是耗时、复杂的活动。搜索引擎的开发过程是反复的,与用户测试平行开展,根据用户的反馈不断的调整和改进。
- 用户测试。

此外,文章"Hylife: Ten Steps to Success"总结了 Hylife 成功的十个要素。其显著特征有:多个联盟、非技术方法、强调评估。三位作者分别是该项目的主管、副主管和评估官,他们从管理者的角度,结合在 Hylife 的六个合作者的网站上进行评估的结果,总结出成功的复合图书馆运作需要具备十个步骤,用以指导设计和规划复合服务模式。这十个步骤是[101]:

(1)高层机构管理者和部门领导者的支持。特别是图书馆和信息服务机构领导的支持。

(2)协同合作。将不同的观点和做法统一起来,为了同样的目的协同工作,共同获利。

（3）与专家建立强有力的联系，使他们参与图书馆的工作，向学生推荐资源。

（4）在设计服务模型前考虑好该模型的可量测性（可扩展性）。

（5）制定详细协议（如：who，what，when，where，how often）时，要有技术的有效支持。

（6）集中精力解决用户认证和版权问题。

（7）制定具体的服务规定和政策，如藏书借阅、文献传递、影印等政策。

（8）策划有效的促销活动并持续进行。面对面的促销是最有效的，要直接告诉读者图书馆中有哪些符合他们需要的资源。

（9）注重复合图书馆网页的内容而不仅仅是网页的设计结构，确保传递的文献是有用的，而不仅仅是看上去似乎有用。

（10）开展用户培训，使用户相信他们能够掌握信息技术的使用方法。

沈国弟提出了大采编、大流通、大咨询的复合图书馆组织结构，并提出了组织结构图[102]。大采编：数据库特别是全文数据库中的文献与纸质书刊存在着大量的内容交叉，为使图书馆有限的经费资源得到最合理的利用，复合图书馆在选订数据库和纸质文献时，需要做大量的协调工作。如果继续实行书、刊、数字文献采购三分离，无疑会增加协调管理成本。因此，在考虑复合图书馆的发展战略时，首先要考虑文献采集上复合式的组织形式或管理模式。大流通：复合图书馆是提供印刷型资源和数字资源"一站式"服务的图书馆，它的信息系统能为用户提供可同时检索到本馆和其他图书馆的印刷型图书、期刊、其他相关的联机资源、电子出版物以及数字化文献的无缝界面。目前大多数图书馆还不能做到这一点。过渡的办法是在阅览室、书库等服务场所放置一些可供检索、阅读电子文献用的多媒体计算机终端。流通阅览应呈现出印刷型文献与电子文献全面提供、到馆利用与网络利用相结合的"大流通"格局。大咨询：复合图书馆将拥有更大的发展空间，呈现多样化趋势。一方面，由于数字文献的加盟和现代技术的支持，使传统的参考咨询工作从手工劳动中解脱出来，既提高了服务质量，又提高了工作效率。另一方面，通过网络，图书馆的参考咨询服务面得以拓展，网络用户成为重要的服务对象。由于不受时空限制，用户可以随时提问，图书馆咨询员也可以在第一时间将咨询结果传递给用户。

岳修志和张怀涛将供应链管理的理论引入图书馆管理之中，提出数字化管理、供应链管理、图书馆资源计划的观点[103]。复合图书馆的数字化管理是遵循图书馆工作和事业的规律，以人为中心，以决策为基础，利用计算机、通信、网络、人工智能等技术，规范管理对象与管理行为，建立最优化的管理系统，以充分利用图书馆资源，实现图书馆社会职能的管理活动和管理方法。复合图书馆的供应链内容包括读者(最终用户)、图书馆的供应商(印刷型资源供应商、电子型资源供应商、图书馆集成管理系统供应商等)、图书馆供应商的供应商(电信企业、计算机公司、出版单位、作者等)、其他图书馆(联机编目、馆际互借),以及各级图书馆管理机构(单位的、地区的、国家的、国际的)等。图书馆资源计划(LRP)管理基于供应链管理思想,应用现代信息技术的数字化管理系统,具有完善和充实的复合图书馆管理功能,即供应链管理功能,支持互联网技术和电子商务管理功能等。

2.4.6　复合图书馆评价指标研究

路斯布里奇(C. Rusbridge)在谈到复合图书馆的实践项目时,提到在项目继续研究的过程中,要注意的问题之一就是评价问题。但目前,国内外尚没有系统的复合图书馆质量评价体系。英国的五个复合图书馆实践项目相继结束,在这五个图书馆的网站上可以看到这些项目的评估报告,从中我们可以得到一些启示,或许会对中国复合图书馆建设的评估具有借鉴作用。

HeadLine评估计划:

(1) 相关文档——提供技术研发工作方案(Technical Work Plan)和项目计划(Project Plan)等,这是最重要的文档,可以反映出整个项目的目标和建设过程,是整个评估的出发点。

(2) 评估目的——督促项目目标的完成,评价项目实施的结果。实际评估包括两方面:格式化评估(Formative Evaluation)和总结性评估(Summative Evaluation)。

格式化评估的目的是协助项目管理,根据资源可获得性的情况以及用户期望和需求的变化,调整数据库和用户界面的设计和建设,了解用户对服务情况的反馈,有助于数据库内容的建设。为用户行为研究提供新的视角,为跟踪用户行为的变化情况,与终端用户建立长期的联系,管理监督各网站之间的信息流动情况等;总结性评估是一种战略层面的评估。总结性评估的目的是评价项目总体的成果和意义。总结性评估主要是在项目结束时进行。总结性评估的目的包括,评估项目是否实现了既定目标,项目的影响因素,项目生命周期中所做的调整和修改的内容,复合图书馆模型是否可行,检测复合图书馆系统是否符合规范,为服务的效益和潜在的需求提供证据,将项目的实施过程记录存档,方便其他机构借鉴学习,以及了解项目对合作伙伴网站的影响等。

某些问题和优先服务的领域既需要格式化评估,也需要总结性评估。具体评估组织方法如下:

· 评估要素。评估要素包括如下几个方面:成本评估、评估人的组成(包括各类用户、合作伙伴等)、相关度评估和可行性评估等。

- 评估者。评估者分为几大类,每一类评估者在数据提供、分析、总结评估结论方面都会影响评估的最终结果。评估者分为:用户、合作机构、项目的筹划指导委员会,以及其他方面代表。
- 评估问题。评估时涉及的主要问题来自于评估对象。
- 时间安排。
- 反馈机制。
- 实施评估和结果交付。

2.5　复合图书馆的实际建设项目

英国的 JISC(Joint Information Systems Committee) 投资建设的"英国电子图书馆计划"(UK Electronic Library Programme,简称 eLib)着重建设五个复合图书馆原型,即 AGORA、BUILDER、HEADLINE、HYLIFE、Malibu。此外,其他国外图书馆也进行了复合图书馆建设,如伦敦大学图书馆、利兹大学图书馆,以及澳大利亚国家图书馆等。

AGORA——由东英吉利大学主持,与商业性公司合作开发,另有 5 所大学作为其合作者。该项目的目标是在一个开放式、标准化的平台上研究分布式、混合介质信息的管理问题。现正在开发一套基于代理模式的"复合图书馆管理系统"(HMLS),该系统采用基于 MODELS Information Architecture 的三层架构,即客户、Web 和智能代理,以便对异构信息的发现、提出借阅请求和进行文献传递的全过程提供集成化的服务。包含的内容有图书馆目录、博物馆数据、档案数据、电子期刊全文数据库、图像、WEB 站点、搜索引擎、Internet 服务以及网上书店等。AGORA 提出一个叫做"信息全图"(Information Landscape)的概念,即根据用户的兴趣和需求对资源实行个性化的分级集合并列成资源图,供用户检索。目前,AGORA 已推出了一个演示系统,AGORA 的各项功能和系统特色在此均可演示。关注信息互换性和互操作性,以便能提供信息获取的无缝界面,并将信息导航作为复合图书馆的重要技术课题进行研究,这些都是该项目的特色。

BUILDER(Birmingham University Integrated Library Development and Electronic Resource)——即伯明翰大学集成化图书馆开发与电子资源。其建设目标是:在支持教学和科研的背景下开发一个复合图书馆的现实模型,采用以 WEB 为基础的界面,以一种可以广泛适用的方法,对本地和远程、印刷型和电子型信息资源实行无缝集成存取。该项目由伯明翰大学主持,同时也选择一些图书馆、信息提供商、出版商等为合作伙伴。项目的核心内容是开发 6 个具有内在联系的模块,它们是用户注册与登录、资料订购与传递、印刷型与电子型信息源的元数据标引、教与学、电子出版与数字化、检索网站等模块。其演示系统已在网上推出,呈现给用户一个功能齐全的复合图书馆原型。注重信息审查鉴定技术,同时关注信息的互换性和互操作性以便提供信息获取的无缝界面是该项目的特色。

HEADLINE(Hybrid electronic access and delivery in library networked environment)项目由伦敦经济学院、伦敦商学院和赫赫特福德郡大学共同承建。从 1998 年 1 月 1 日起开始实施,计划 3 年完成。该项目期望在一个真实的大学环境下设计和实施一种复合图书馆模型,使用户能在一个统一的 WEB 界面下检索各种图书馆馆藏资源。项目围绕以用户为中心这样一种理念进行设计,根据用户的专业、阅读和学习兴趣等对用户实施分组,建立"个人信息环境(Personal Informational Environment ,简称 PIM),通过用户的访问登录,验证身份、确定权限、对照用户的自然情况,所学专业、注册的课程等信息,为用户提供信息定制服务。系统还对用户每次使用系统情况的反馈信息予以保留,以进一步丰富用户个人文档,具有个性化信息服务的特点。该项目还十分注重信息审查鉴定技术。

HYLIFE(Hybrid library of the future)——项目由英国纽卡斯尔的诺森伯利亚大学和曼彻斯特都市大学图书馆与信息管理研究中心合作进行,另外,中兰开夏郡大学图书馆和学习资源服务部、纽卡斯尔大学、普利茅斯大学、苏格兰高地大学等均是其合作伙伴,从而使该项目成为 5 个复合图书馆项目中成员馆地域跨度最大的一个。该项目也是一个 3 年期项目,1998 年 1 月开始,2000 年 12 月结束。该项目强调电子界面背后的大规模传统方式和电子方式信息服务的融合,其焦点放在用户、机构、社会以及教育等方面,而不放在技术上,从而寻求建立适用于高等教育复合图书馆实际管理的知识与方法,并对其进行试验与评估。HYLIFE 将面向处在分布式环境下,带有不同学科背景范围的用户群体,包括全日制学生、业余学生、研究人员等。项目目标要使每一类用户群体都能通过前端界面,检索到所需信息,不论这些信息以什么格式存在或存在哪里。项目强调用户导向检索。

MALIBU(Managing the hybrid library for the benefit of users)项目,由伦敦国王学院牵头,成员包括牛津大学和南安普敦大学。计划在这三所大学开发和实施复合图书馆原型,侧重开发大学环境下复合图书馆的机构和服务模型。该项目主要集中在人文科学领域,在共同的信息资源框架内,为教师和学生提供数字信息和非数字化信息的检索,提供切实有效的服务,以使用户能够在新的工具、资源和设施中获得最大的益处,并进一步开发一种灵活的服务框架,以便能够适应未来技术的发展。

第3章 复合图书馆建设的指导思想与战略目标

复合图书馆的建设与传统图书馆建设以及单纯的数字图书馆建设都有很大的不同。复合图书馆是当今大环境下图书馆发展的必然结果。为此,必须以用户为中心,从用户的需求出发,确立图书馆建设的指导思想和战略目标,明确复合图书馆的发展方向。为此,我们首先要明确复合图书馆建设的背景和面临的挑战,并进而确立复合图书馆四大建设目标:发挥图书馆空间效能;建设合理的资源体系;面向集成与无缝存取;构建用户服务系统。

3.1 复合图书馆建设的背景与挑战

3.1.1 复合图书馆建设背景

复合图书馆是"新"的电子信息资源与"传统"印本资源共存的图书馆,通过电子门户提供利用,提供集成的信息服务。复合图书馆与一般的图书馆网站的区别在于两个方面。一是印本信息资源与电子信息资源长期平等共存,二是向更多的特定的用户群提供基于学科的和一般性的服务。复合图书馆的基本理念是有组织的无缝存取。"复合图书馆"一词只是一个标签,帮助我们思考图书馆怎么发展,怎样为用户集成印本和电子资源。

今天的图书馆不再只是各种资源的集合,或者坐下来研究学习的地方,也不仅仅是咨询问题的地方。图书馆已跨越了物理围墙的限制,图书馆员则组织和促进对"正确的"的信息的利用。图书馆员已经从单纯的中介,演变为教师、研究合作者和网站设计者的角色[104]。

复合图书馆是一个提供资源集成发现的界面,不管这些资源是模拟的,还是数字的,不管是本地的,国内的,还是国际的。在 MALIBU 项目中,复合图书馆被看作一种物理和虚拟服务环境,支持用户在工作场所的专业活动,从信息发现到对所传递资源的处理和分析。

事实上,今天的多数图书馆已经至少是初级形态的复合图书馆。这些图书馆拥有或订购大量的资源,这些资源基于各种不同的载体形式:印本图书和期刊、电子期刊、文摘和索引光碟、音乐光碟等。许多电子资源是通过远程服务器获取的。越来越多的终端用户还可以从自己的机构以外获取服务,用户和服务都是分布式的。

复合图书馆植根于当今有形的图书馆业务的基础之上,但同时关注电子信息的迅猛发展。复合图书馆遵循"达尔文"法则,目的是在迅速发展的世界中生存,满足变化着的学习环境的需要。复合图书馆提供多种类型的信息,从传统的印本到多媒体,既存取又拥有。因此,最大限度上减少了信息的冗余。

近来,MODELS(走向分布式图书馆服务环境)项目还将复合图书馆的概念延伸到图书馆以外的领域,创造了"复合信息环境"这个短语。复合信息环境是指,通过一个界面,以一种持续和集成的方式向用户提供异构的信息服务,包括本地和远程的分布式服务,既包括印本也包括电子资源。这一环境将提供下列功能:信息发现、查找、索取、传递和利用,不论对象存在于哪里,如图书馆、档案馆、博物馆或政府部门。这样一个环境依赖于开放系统和标准协议。

在澳大利亚国家图书馆,复合图书馆的概念构成其战略方向的基础[105]。丹麦国家图书馆馆长 Jens Thorhauge 指出:"不管你是否喜欢复合图书馆这个词,它似乎最适合表达在网络社会中图书馆的愿景。复合图书馆针对不同的目标用户和目的提供越来越多的电子服务,使用户很容易从信息中获益。最终的目标是使尽可能多的人在日常生活中最大限度地集成获取增值的信息。"[106]

英国的图书馆,特别是新建的图书馆,最突出的特点是复合性——在一个建筑空间内,拥有 IT 硬件、网络、印本书刊和多媒体设施[107]。苏格兰国家图书馆 2000年 2 月提交了一份报告,题目是《建设复合图书馆》,指出"国家图书馆未来的功能很可能将继续作为复合图书馆发挥作用"[108]。

美国国家医学图书馆(NLM)对 2010 年的构想是:公共、医院、大学、医学和国家图书馆仍将继续作为物理设施和馆藏而存在,同时也作为会议、学习、教育和娱乐的场所。用户将比以往更加期望图书馆成为电子和物理的知识资源的门户。实际上,用户期望图书馆员成为信息和通讯技术利用方面的专家型向导[109]。

芝加哥大学图书馆在其数字信息实施计划中阐明了其对待印本和数字资源的立场[110]。计划指出:"在现在和可预见的未来,图书馆及其用户将处于印本和电子信息资源混合的一种环境中。本地拥有的传统载体形式的馆藏仍将是不可缺少的,但大学师生所使用的越来越多的新的出版物将以数字形式存贮,以网络形式检索。数字形式已经是文摘、索引和其他书目服务的主要载体。对参考工具书而言,即使不是主要载体,也是所偏好的载体。当前,数字形式的文献数量尽管还只是全部文献中的一少部分,但数量正在增长,而且处在爆炸的边缘。对文章和研究成果而言,电子传递的主要优势是及时和经济,并越来越将成为内容传递倾向使用的方法。在一个时期,电子版长文本的打印本可能仍然是人们阅读和学习更喜欢的方式,但进行计算机辅助分析仍需要电子版。图书馆必须继续预测和适应"变革是永恒的"这样一种环境。在这个环境中,印本与新技术共存,彼此形成动态的关系,但也存在多种、分散的、异质的信息范畴。图书馆在电子信息的选择、组织、提供有效利用的途径和教育方面起领导作用。

英国议会对公共图书馆的调查指出:"图书馆服务趋势的一些分析一直有一种倾向,强调图书和新技术之间的竞争。这是一种虚假的对立面。它们的发展一定是互补的,而不是竞争性的。可以确信,在可以预见的未来,图书仍将存在。技术将起补充的作用,而不是代替。对图书馆领域的挑战是保证信息技术在图书馆的发展以拓展图书馆服务,而不是以信息技术取代图书。"[111]

一些图书馆在战略规划中,十分关注复合图书馆建设问题。例如 Wayne 州立大学图书馆制订的战略方向,明确了大学图书馆今后工作的重点[112]:

(1)在资源与利用方面,收集、维护和方便地提供利用各种载体的高质量的资源,支撑教学与科研使命。

· 强调从印本到电子信息的转移。尽管继续采购各种载体形式的资料,但重点应放在电子信息。

· 管理物理资料的增长,提高选择性,避免重复,积极参与协作采购。

· 在提供便利的获取的同时,为所有资料的物理存贮维护环境安全的空间。

(2)在数字图书馆方面,建立、加强和维护数字图书馆的资源和服务,通过因特网随时随地向图书馆的用户提供利用。

· 积极探索用另外一个更能满足用户和员工需要的图书馆集成系统取代现有的集成系统的途径,保证准确而可信地获取信息。

· 通过本地资源的数字化建立新的馆藏,并研究建立数字资源库。

· 通过网络门户和元数据标准的创建和利用实现对数字馆藏的获取。

(3)在用户服务方面,使用户成为一切工作的核心,使高质量的服务成为图书馆使命的核心。

· 获取和在决策中有效地利用定量数据,明确哪些是对用户最重要的服务,并最好的满足用户的需求。

· 根据用户需求,利用多种方法,向用户提供研究支持和用户教育。

· 动员师生员工寻求合理可行的方法,采取措施,影响学术交流过程的变革。

(4)在设施方面,提供和维护安全的、舒适的和有吸引力的环境,更有利于用户的研究和学习。

· 研究规划 Purdy/Kresge 图书馆的装修和与科学与工程图书馆合并的可能性。

· 与医学院合作制订计划将教育多功能中心并入医学图书馆。

· 制订大学图书馆系统设施 10 年总体规划。

我国的各个图书馆实际上很难找到单纯的传统图书馆或单纯的数字图书馆。无论怎样称呼,都把传统图书馆与数字图书馆的建设并重。中国科学院国家科学图书馆拥有 40 000 多平方米现代化的新馆舍,同时 2001 年底启动了国家科学数字图书馆(CSDL)的建设。经过几年的建设,国家科学图书馆虽然根据用户的特点,倚重数字化、网络化,但仍重视物理图书馆的作用,体现了复合图书馆的办馆理念和特征,充分认识到复合图书馆建设的意义。一方面,十分强调 e-only 或 e-first 的资源电子化建设政策,提出并实行"资源到所,服务到人","融入一线,嵌入过程",十分重视服务的网络化、学科化、个性化和知识化,用户可以在实验室、家中和出差中就能利用国家科学图书馆的资源和服务;另一方面,国家科学图书馆也对到馆读者提供完备良好的服务,不仅在馆舍、环境、服务等方面保持较高的水准,而且设立"科学文化传播中心",利用馆舍条件,开展科学展览、讲座、报告等科学文化传播活动。2007 年初,又将国外高校图书馆流行的 information commons 加以移植和借鉴,开辟专门的空间,建设集网络查阅、下载、利用各种办公软件、参考咨询、技术支持、专题讲座、讨论交流、书刊借阅等为一体的"研究生学习交流室",面向全院的研究生免费使用。

3.1.2　复合图书馆建设挑战

复合图书馆的建设与数字图书馆建设或传统图书馆的建设有很多不同之处。建设复合图书馆,比单纯地建设数字图书馆要复杂得多。英国复合图书馆项目建设经验表明,要保证向复合图书馆的有效过渡,必须着重解决以下问题:信息专业人员需要掌握新的技能;决策者需要认识到这些新的发展在支持教学、学习和研究中的潜能;商业性的信息提供者必须继续提供更多的开放、定制的产品[113]。

建设复合图书馆也带来许多前所未有的挑战。第一个挑战实际上是建立新的电子服务,如网上参考咨询、网络导航、学科门户等等。第二个挑战是网络化。网络关系到馆藏建设、服务和能力建设。网络在多大程度上发挥作用,不仅取决于图书馆之间的网络化协作,而且需要与各类用户建立密切的合作关系,开展这种真正意义上的增值服务。第三个挑战是能力建设。多数图书馆员的专业基础是在信息技术高度发达之前建立的。因此,需要足够的专业继续教育和远程学习。但由于发展很快,充电式的学习是远远不够的,必须建立终身学习的理念。必须把能力建设纳入到图书馆的组织结构中,也就是将建立学习型组织、职位轮换与专业继续教育结合起来。

随着对电子信息资源的利用从中介到终端用户驱动,众多的资源和入口造成用户直接利用越来越多的没有中介的信息源时的迷茫和困惑。信息专业人员的角色必须从信息发现专家转变为信息指导或培训专家,指导和培训用户学会利用各种电子界面,发现信息和评价信息。

图书馆用户服务的质量不仅仅由提供好的印刷馆藏决定,还能利用网络基础设施,提供对馆内外电子信息获取的途径。

在这种新的形势面前,不仅图书馆员面临挑战,信息用户也必须具备更高的信息素质,必须接收新的诸多的挑战:提高对新的资源的意识,特别是电子信息资源;对电子资源的获取;掌握更复杂的信息处理技能;能得到支持,特别是远程获取信息时;对资源的局限性的了解[114]。

建设复合图书馆还要解决许多管理和组织方面的问题。很可能最成功的机构将图书馆的服务、计算机服务和院系结成战略联盟[115]。在英国的 King 学院(伦敦),图书馆和计算中心融为一体,成为一个整合的组织。在宏观层面上,非常重要的是图书馆在组织环境中的战略定位,保证复合图书馆模式得到认可,并提供必不可少的支持。

Catherine Von Elm 和 Judith F Trump 在谈到复合图书馆需要解决的问题时提到:复合图书馆需要灵活的管理,负责建立具有多种技能的情报专家团队,协同传递资源和服务;请求用户反馈,开展以用户为中心的服务;保持与技术发展的同步,并将技术引向与用户相关的服务;在变化的环境中维护图书馆的使命[116]。

复合图书馆的意义在于,需要提供一个能够获取高质量数字资源的平台,在面对面的服务中和网络环境下提供培训和各种支持,提高图书馆员的专业技能,使他们能够在复合图书馆环境下业务精湛,充满自信。用户培训计划包括面对面的用户教育、基于网络的某一产品的自学课件、信息素质方面的专门的网页。

总之,复合图书馆需要比现在更加亲近用户。我们需要更加充分地了解用户的需求,甚至要先知先觉。网络最精明的一点在于它不仅注册用户,而且引发需求,介绍新的服务和资源,还能管理虚拟社区。

复合图书馆是一种适应用户需求并能充分体现信息技术变化的一种图书馆模式。在复合图书馆条件下,图书馆将发生一些重要的变化:

- 图书馆将变成功能,而不仅仅是场所;
- 图书馆将以用户为中心,而不是以馆藏为中心;
- 用户将变得更为分散,需要我们对他们有更多的了解;
- 图书馆将使信息增值,提供更适宜的资源;
- 组织信息的核心业务将转变为建立以用户为中心的、个性化的处理各种信息的系统;
- 图书馆的日常工作将是提高用户的信息素质。

3.2　发挥图书馆空间效能

3.2.1　图书馆作为空间的意义

从表面看,在数字化的未来,图书馆作为物理空间是最不可能存在的。总的说来,图书馆到馆读者的人数都在减少,原因是教师和研究人员越来越多地依赖网络资源,而学生在其他地方学习或利用其他的资源。由于网络条件的改善,由于移动通讯越来越大的影响,用户可以在很多地方获取网络服务,数字图书馆可以不受限制地传递音频和图像资料。

尽管如此,用户仍然需要空间,供小组或个人使用。图书馆是一个舒适的适合思考和工作的地方。但图书馆空间的传统的作用在降低,而转变成为具有多功能的学习中心,从利用 IT 到提供求职帮助,从对学生的指导到特殊需要。

E. Ranseen 在"作为场所的图书馆"一文中,指出:当人们可以从网络获得所需要的一切,为什么还要到图书馆?这是因为网络并非应有尽有。人们到图书馆既为了获取所拥有的馆藏,也在很大程度上为了在那里的亲身体验[117]。

《联合国教科文组织公共图书馆宣言》把图书馆描绘成"教育的真正力量,是通过人的思想促进和平和精神福利所不可缺少的。"[118]国际图联认为,图书馆的使命就是"对终身学习、独立决策和文化发展提供支持。"[119]用 N. Cousins 的话来说,图书馆并非神殿,而是"提供诞生思想的地方,是历史走向现实的场所。"[120]在西方,人们认为,没有图书馆,社区将失去灵魂[121]。

美国的 Louisville、哥伦比亚、东北大学图书馆为提供用户方便,也是为了营造图书馆亲近的气氛,设有咖啡厅。《波士顿全球报》(《Boston Globe》)在评价一家公共图书馆新设立的咖啡屋时说到,新设立的咖啡屋使"公共图书馆不仅是图书的宝库,而且是社区中心的一种象征。"[122] L. Kniff 认为图书馆提供热牛奶咖啡对图书馆并没有什么害处,这比长期实行的不能带食物或饮料政策前进了一大步[123]。

弗吉尼亚(Virginia)大学图书馆一改读者不能在馆内饮食的规定,在一定的前提下,允许读者在图书馆大多数地方吃东西、喝饮料[124]。但规定饮料罐和废纸应放到指定的容器内回收。所有其他的垃圾必须合理地处理掉。鼓励使用防止饮料溢出的容器。同时规定,禁止在特藏区域饮食,图书馆将控制在电脑、缩微设备以及使用其他资料和设备过程中饮食。图书馆希望通过这种努力,在保护图书馆的资料的同时,促成用户养成负责任的习惯,满足用户对服务和舒适的需要。

无论是传统图书馆,还是数字图书馆,还是复合图书馆,空间对图书馆和用户的意义都是不同寻常的,只是空间的形式可能是物理的,也可能是虚拟的,也可能是物理与虚拟结合的。如果图书馆失去空间的作用,图书馆将难以聚集用户,也将失去在用户中的地位。根据 Jeffrey Pomerantz 和 Gary Marchionini 的研究结论:随着越来越多的电子图书馆的建设,随着越来越多的物理图书馆提供对部分馆藏的电子获取,很可能导致两种趋向:一是图书馆作为资料的存储空间的作用将变得越来越不重要,二是图书馆作为个人用户和协同工作的空间以及作为社会活动的空间的作用将变得越来越重要[125]。显然这两种趋势已经日渐显现。

3.2.2　Information Commons(多功能信息中心)

图书馆馆藏将继续存在,但对它的揭示将以不同的方式,物理馆藏将变异成为多功能的空间。知识管理将变得越来越重要。大学图书馆中提供的由图书馆和计算机方面双重支持的公共计算机中心,为探索在用户层面图书馆和计算机服务的全面和无缝集成提供了最好的机会[126]。通常称为信息(学习、知识)共享中心(Information/Learning/Knowledge Commons),本文称多功能信息中心(IC)。

D. Beagle 最初把 IC 描述成一种联机环境,“可通过一个图形性用户界面利用各种数字化服务,并可同时从任何一个网络工作站的搜索引擎进行检索”。Beagle 给 IC 下的定义是“一种特别设计的物理设施,旨在围绕集成的数字环境组织工作空间和提供服务。”他指出,挑战是“设计一种连续的服务,由技能熟练的专业人员向用户提供咨询,以及对各种载体信息加以确认、检索、加工和展现的技术手段”[127]。C. D. Ferguson 强调这一联机环境下的服务,提出图书馆需要“建立电子研究环境,将信息资源、各种检索工具和教学参考资料与实时帮助结合在一起”[128]。

图书馆和计算中心之间往往存在巨大的文化差异。图书馆文化往往强调服务,图书馆员常常拥有教师身份以及人文或社会科学学位。而计算中心的文化通常不关注终端用户,他们更可能是科技人员,而不拥有教师地位。在新的图书馆环境下,如果我们想向用户提供尽可能好的服务,就必须认识和解决用户对过去的咨询帮助和计算机帮助之间的划分和分割所表现出的不耐心。一些图书馆正在通过建立 IC 实现这一融合。

Minnesota 大学 Wilson 图书馆 2004 年秋天完工新的 IC。该中心将融图书馆参考咨询、写作指导、计算机帮助为一体,学生在这里可以自始至终完成其研究论文[129]。

2004 年秋天,Missouri 大学图书馆 IC 建成开放。IC 将提供个人的和小组的学习空间,集最新的联机信息资源、丰富的传统印本资料和图书馆以及信息技术人员的专业技能于一体。新空间的设计以学生为中心,起到学生们促进交往、交流思想、探索知识的功能。新的空间将配备 300 个人以上的舒适的座位,既开放又可封闭的学习(会议)场所,以及 100 台固定的计算机终端。该空间可支持笔记本电脑和其他移动设备无线上网,可进行高速因特网连接、电子邮件、激光打印和扫描服务。提出这一思想的目的是重新设计现有的图书馆空间,给学生们创造一个安全的、舒适的、可激发学习热情的、可与同学交流的环境。这种空间设在图书馆不仅用户可以方便地利用书刊和计算机资源,而且有图书馆和信息技术人员帮助,他们知道怎样利用所有这些资源。

　　加拿大的 McMaster University 图书馆 2005 年在 Mills 图书馆建立新的集成学习设施——Knowledge Commons[130],每周开放 100 个小时以上[131]。

　　该中心的目标是:

表 3.1　加拿大 McMaster 大学 Knowledge Commons 建设目标

学习	建立一个资源丰富的学习环境,充分支持个人发现和协作式学习
空间	建立灵活的、有吸引力的环境,支持学生新的学习方式,建立适应学生数量不断增长的空间
设备	大量增加供用户使用的计算机的数量
资源	建立最新的设施,展示图书馆丰富的电子和印本资源
用户教育	制订成功的用户教育计划,教育用户有效地利用各种软件
利用	如果用户有需求,经费允许,可延长服务时间,甚至 24 小时
声誉	建立富有创新精神、创造力和成效卓越的品牌声誉

　　根据有人对美国 26 个拥有某种形式的 IC 的图书馆的调查,IC 主要有三种模式[132]:

　　• 图书馆拥有独立的计算机室,由计算中心的人员管理。对于想在图书馆建筑内提供有效的计算机服务的图书馆而言,在管理上,这是一种最简单的方式。在这种情况下,计算机室常常是校园中最大、用得最多的设施。但这一设施配备的全部是计算中心的人员。

　　• 图书馆 IC 的人员是由图书馆和计算中心的人员共同配备的,通常是结合了计算中心的优势再加上图书馆的服务。这种模式有很多变形。一些图书馆只提供 Microsoft Office,还有的只提供少量的应用程序软件,但大多数提供所有的应用程序。一些图书馆设两个分开的咨询台,但趋势是合二为一,许多设两个咨询台的图书馆正积极考虑并为一个。合并服务点的主要原因,是两个咨询台的人员往往彼此孤立。图书馆员也要经常回答一些超出传统参考咨询以外的问题。

　　• 图书馆的 IC 人员由图书馆配备,既回答咨询问题,也解决计算机技术问题。在这种图书馆的 IC 中,工作人员能像回答有关研究的问题一样,自如地回答有关计算机的问题。尽管 IC 从管理上与计算中心是分开的,但常常是两个部门共同建设的,计算中心仍然提供与物理网络、服务器和软件许可等相关的必要的设施服务。

在第三种情况下，IC 对工作人员素质和能力的要求较高。IC 工作人员的素质和能力主要体现在用户服务、参考咨询和计算机技能三个方面[133]：

（1）用户服务：
- 对用户平易近人、和蔼可亲；
- 倾听用户的问题并与用户很好的交流；
- 必要时到用户工作区域，或邀请用户坐在咨询台里面；
- 在回答问题或做出解释时避免使用专业术语；
- 尊重用户。

（2）参考咨询：
- 懂得图书馆的专业知识（如关键词、主题词、索引等）；
- 懂得索引数据库、电子期刊和图书馆目录的不同特点和使用方法；
- 能运用布尔算式构建基本的检索策略；
- 能查找到基本的印本参考工具（百科全书、词典、地图集、年鉴、索引等）；
- 能指引用户检索和利用综合性的多学科的数据库，并熟悉专业数据库。

（3）计算机技能：
- 掌握主要的应用程序，主要是微软办公软件和图像处理软件；
- 指导用户建立个人账号和进行网络连接；
- 解决基本的硬件问题，报告重大的问题；
- 必要时，指导用户查找相应的印本和联机帮助文件。

杨伯翰大学图书馆的 IC 提供的服务包括[134]：
- 传统的图书馆帮助，查找高质量的信息；
- 应用软件支持；
- 相关的校园服务。

IC 中配备各种相关的软件是 IC 受欢迎的一个重要方面。亚利桑那（Arizona）大学图书馆 IC 的软件配备情况如下[135]：

表 3.2　亚利桑那大学图书馆 IC 的软件配备情况

操作系统与系统设施	图形工具
Mac OS X，Windows 2000	Photoshop
Stuffit	Illustrator
QuickTime 6 w/ MPEG2	Genuine Fractals
Winzip	
WS _FTP	

（续表）

网络客户端（因特网客户端） Internet Explorer Netscape Communicator SSH Secure FTP Fetch Safari	程序工具 Director MX Lingo Flash MX ActionScript
网络客户端（媒体播放器） Real Player 8 Quicktime Player	网络开发 Director MX Dreamweaver MX Fireworks MX Flash MX
多媒体制作 DVD Authoring Studio iDVD Flash MX Director MX	数字视频 iMovie 3 After Effects Production Bundle DVD Studio Pro 1.5 Final Cut Express Media Cleaner Pro XL & 6 Premiere 6 Quicktime Pro w/ MPEG 2
动画、3D与虚拟现实 Bryce Maya 3D S Max SketchUp RealViz Stitcher Catia RealViz Image Modeler RealViz SceneWeaver	数字音频 Peak DV Cool Edit Pro Pro Tools mBox w/: Pluggo & Waves Native Platinum Bundle

其他
Acrobat Reader
Toast Titanium
Easy CD

外设
所有的工作站都包括：
　　Dual processors, dual monitors, 2 Gigabytes Ram, CDRW, DVD burning, zip 250 drives,
　　& breakout boxes with Firewire, USB2, & audio connections.
咨询用高保真耳机
多媒体开发参考手册
大容量磁盘空间

　　中国科学院国家科学图书馆建设的 IC，中文名称为"研究生信息交流学习室"，主要服务对象为中国科学院研究生，同时部分面向社会读者开放。研究生学习室分为阅览区、电脑学习区、讨论区和休闲区四部分。阅览区全部书刊面向院内外读者提供免费阅览；电脑学习区为中国科学院研究生专用学习区域，免费提供数据库检索、全文查询服务；讨论区供小范围的集体讨论、交流，讨论交流的选题可以由图书馆提供菜单，用户选择，也可以用户提出，图书馆组织人员准备；休闲区面向社会读者免费开放。

3.3　建设合理的资源体系

图书馆无论什么形态，资源都是最重要的，是开展一切工作的基础。在电子环境下仍然需要信息资源以满足用户的需要。在过去的几年中，电子资源正在异军突起。无论电子资源存在什么样的不足，如阅读问题、打印问题、收费问题等，但有一点可以肯定，物理的图书馆藏不再是知识传递的中心。建设合理的资源体系将对复合图书馆的发展具有决定性的意义。

3.3.1　印本与本地资源

根据国外的调查，用户对印本信息资源仍十分看重，主要原因是人们对他们熟悉，知道怎样获取和利用，并被认为比电子信息资源更具有权威性。而网络资源不被看重，主要也是因为其权威性缺乏确定性，其稳定性缺乏保障。

尽管总的来讲，用户对电子期刊没有像印本期刊那样重视，但不同的学科情形是不同的。同样，尽管用户对数字化的研究馆藏不够重视，但在一些学科领域，数字化资源比印本资源更有用。在许多学科领域，研究生似乎比本科生或教师更多地利用和看重电子资源。用户看重电子资源在于其检索性能，特别是在联机目录、文摘和索引的情况下。随着电子资源利用的增多，电子资源的价值将逐渐增大。但与此同时，印本资源的价值也将提高，特别是作为人文领域的研究工具。

越来越强大的信息与通信技术的发展，尤其是 Internet，由于其具有向全世界传递各种形式的数据和元数据的能力，因此更加注重远程获取信息。在这种情况下，空间和地域的概念似乎已经不再重要。因此，有人认为"本地馆藏"没有什么意义。这实际上是一种误解。近些年的实践证明，在复合图书馆环境下，建立本地资源具有长远的意义。

首先，由于复合图书馆重视物理资源和电子资源，因此必须考虑这些资源的存贮。物理资源必须存贮在某个地方，而有些资源将在本地存贮。

其次，大学各院系不仅"消费"信息，而且生产信息。他们常常共享这些信息，或者在本地，或者在更大的范围。

最后，也许更为重要的是，信息只有在特定的社会和地理环境下才有意义。当然，这并不意味着总是本地化。但在许多情况下，本地化具有重要意义。例如，电话和电子邮件都能够辐射全球,然而大多数通话都是在本地(在工作环境下,常常在一个建筑物内)。电子邮件的使用也以本地为主。在日常活动中,本地信息常常用得最多,即使不总是最重要的。HyLiFe 项目的一个发现是,至少在某些情形下,复合图书馆的复合性,不仅体现在印本资源和电子资源的混合,而且也包括本地和"非本地"资源的混合[136]。

什么是本地信息? 本地指的是特定的院系、部门或中心。有些本地信息是以图书和文件的形式出现的,只有在专业性的院系图书馆中才能找到。任何一个机构的各个部门都拥有大量的信息,但图书馆未能或不愿意管理起来。例如:

- 某学科、子学科或研究领域特有的"灰色"信息;
- 本地印制的资料(例如工作报告、管理文件、分析用的样本数据、本地撰写的全文文章等);
- 本单位的研究课题信息;
- 有关事项(研讨会、讲座等)的信息;
- 预订房间和设备的信息。

在各部门,这些信息的存放地点和方式各不相同。

本地信息对于多数人的日常活动仍然是很重要的。获取、组织和共享本地信息,并与其他资料加以集成,是复合图书馆建设的重要任务。

3.3.2　电子信息资源

电子信息资源是电子信息网络环境下,图书馆通过一定的方式,如购买、租用、自行开发、建立镜像、链接等方式,提供给用户使用的电子信息资源,这些电子信息资源既可存储在图书馆中,也可贮存在图书馆之外。电子资源不是以电子信息资源是否存储在馆内为标志,而是以其是否可以获取利用为标志,即资源可在馆内亦可在馆外。

资源是图书馆开展工作的基础。在今天的图书馆中,电子资源由于其无可比拟的特点,已成为图书馆文献资源的重要组成部分。电子资源建设在图书馆资源建设中处于十分重要的地位。电子资源建设与印本资源建设有很多不同之处,必须制订专门的电子资源建设政策,作为指导电子资源建设工作的指南和依据。电子资源建设政策涉及到图书馆有关评价、选择、购买、使用电子信息资源的一系列原则、标准和规定。电子资源建设政策是一个纲领性文件,指导图书馆电子资源建设工作,实现图书馆的使命和目标。

3.3.2.1　电子资源建设政策

国际图书馆界十分重视电子资源建设政策问题的研究。1996 年,美国查尔斯顿(Charleston)会议讨论了电子藏书和电子资源建设政策制定相关的一系列问题[137]，包括：电子资源的预算和经费，选择、存储、使用、电子资源的质量评估，保存和存档问题。大量有关电子资源建设政策的文献发表在图书情报专业期刊中。主要涉及到：①图书馆电子资源建设的理论；②电子资源用户使用情况调查分析；③电子资源共建共享；④电子资源长期保存；⑤电子资源的知识产权问题等等。20世纪末，美国很多大学图书馆都制定了本机构的电子资源建设政策。据耶鲁大学图书馆做的电子文献资源建设政策统计[138]，大约有 71 个协会联盟或者大学图书馆制定了电子文献资源建设政策，或电子资源选择政策。一些图书馆制订的图书馆战略发展计划将电子文献信息资源建设政策作为重要的一部分。其中成形的政策范例有美国国会图书馆制定的专门的电子资源建设政策、波士顿大学法律图书馆电子资源选择政策、奥克兰大学图书馆的电子馆藏建设政策、俄勒冈大学图书馆的在线资源建设政策和离线电子资源建设政策、马里兰大学图书馆电子出版物建设政策、俄亥俄公共图书馆网络电子资源选择政策、华盛顿大学图书馆的电子资源采访原则、亚利桑那大学图书馆的电子资源采选政策。加利福尼亚州立大学设立了信息资源电子获取（EAR）委员会，该委员会制定了《CSU 电子信息资源采访规则》和《CSU 电子信息资源核心收藏标准》，为电子文献资源建设提供依据。

1）电子资源建设政策模式

根据我们的考察，电子资源建设政策模式大致可以分为综合型、专门型、混合型、业务型四类。

综合型：电子资源建设政策比较普遍的模式就是综合模式。目前有很多图书馆电子资源建设政策的制定采用了该模式。它主要包括：政策的目的、范围、选择标准、各种载体和副本、许可使用、存档、责任和图书馆部门合作，应用和评价。该种模式的电子资源建设政策涉及到电子资源建设的各个方面，根据电子资源与印本资源的不同点而制定，具有很强的针对性，因而应用很广泛。

在这一模式中，具有代表性的电子资源建设政策有：亚利桑那健康科学图书馆电子资源建设政策[139]，NSU（东北州立大学）图书馆电子资源藏书建设政策[140]，国家农业图书馆电子资源选择政策[141]，马里兰大学巴尔的摩分院健康医学和人文科学图书馆（HS/HSL）数字资源藏书政策[142]，William H. Welch 医学院图书馆电子藏书政策[143]，此外还有 OPLIN——俄亥俄州公共图书馆信息网络的《电子资源选择政策》[144]，这些都是从广泛的领域构建图书馆的电子资源建设政策的。

专门型：该类政策是根据电子资源载体制定电子资源建设政策。其中包括：电子图书建设政策、电子期刊建设政策、Internet 资源建设政策。每项政策是针对某种特定载体，各种载体电子资源建设政策又涉及该项资源建设政策的各个方面。例如，波士顿大学除了有一般的电子资源藏书政策外，还专门制定了电子期刊藏书政策[145]。怀俄明大学图书馆和波特兰社区学院图书馆专门制定了因特网资源建设政策[146,147]，奥克兰大学图书馆分别针对电子期刊、电子图书、其他电子资源制定电子资源政策[148]。其中的电子期刊和电子图书的选择政策都包括：范围、存取、选择标准、副本等。马里兰大学帕克学院的电子期刊建设政策比奥克兰大学图书馆电子期刊选择政策多了价格、许可使用、存档等内容[149]。俄勒冈大学图书馆专门制定了脱机电子资源建设政策和随书刊的电子资源处理政策，都涉及到电子资源内容选择标准和存取的问题。

混合型：该种模式的电子资源建设政策是整合在图书馆藏书建设政策或者图书馆近年的战略计划中。Neill 公共图书馆藏书建设政策，其中成年人藏书说明部分，针对各种载体的资源建设政策做了规定，其中电子资源占很大一部分[150]。澳大利亚国家图书馆《电子资源建设战略行动计划：2002～2003》就是对电子资源建设进行规划，包括电子资源的采集、保存、获取和共享计划四部分，每一项计划都有可以实践的行动来支持，具有很强的可操作性[151]。ICOLC（图书馆联盟国际联合体）的《电子信息选择和购买现况展望和优选实践指南》对电子资源购买模式进行了分析，力图建立一种适合成员馆的多层次的电子资源建设政策模式，对于各馆电子资源建设有很强的指导性[152]。美国迈阿密州的埃德大学图书馆藏书政策，其主要内容是对电子资源的评估，这也是选择电子资源的标准之一。

业务型：根据电子资源在图书馆中的生命周期，业务流程来制定电子资源建设政策。这种模式的电子资源建设政策内容一般包括电子资源的选择、经费预算、技术、员工分配、许可使用、授权用户、编目、保存、剔除、存档。如墨尔本电子藏书政策[153]、Hartford 电子资源建设政策[154]，对电子资源从选择到保存，都制定了详细的条款，作为图书馆电子资源建设的依据。

2）国外电子资源建设内容

（1）向电子期刊的过渡。随着网络环境的改善以及电子期刊产品的不断推出，图书馆把电子期刊作为馆藏的最重要的内容之一来加以建设。特别是印本期刊价格的不断上涨，电子期刊正在成为图书馆馆藏中越来越核心的一部分。据英国学术与专业学会出版商联合会（Association of Learned and Professional Society Publishers）发布的报告，目前 90％的学术期刊的内容都是在线的，而 2003 年只有75％。仅加拿大的不列颠哥伦比亚大学（UBC）图书馆就提供 65 000 多种电子期刊。

UBC 制订的"向联机期刊过渡"的计划中提出，图书馆致力于扩展电子期刊馆藏，转向采购只出联机版的期刊，同时如果有可靠的、稳定的联机版存在时，就取消印刷本[155]。在第一阶段，该馆确认了 1 600 多种以印本和联机两种方式存在的期刊，从 2004 年 1 月开始不再订购这些印本期刊，共节省将近 60 万美元。省下来的钱使得图书馆可以适应目前订购的印本和电子期刊价格上涨的需要，维持与上一年购买的图书相同的数量水平,并且可以订购新的电子期刊。从 2005 年 1 月起,该馆提出不再订购馆藏中既有印本又有电子版的二级类目的期刊的印刷版。同时,积极参与研究学术出版的新的方法,包括 ARL SPARC (Scholarly Publishing and Academic Resources Coalition)、Berkeley Electronic Press、BioMedCentral、Public Knowledge Project、Public Library of Science (PLoS)。从 2007 年 1 月起,取消定购大约 175 种印本期刊,转向定购其电子版[156]。

（2）电子资源选择标准。电子资源的选择是电子藏书建设的主要任务,也是电子藏书建设政策的重点内容。电子资源的选择都遵循一定的标准,图书情报机构对电子资源的选择标准进行了详细的规定,主要包括以下几个方面:①满足用户需求;②主题相关性;③费用考虑:成本-效益,包括可获得性和更新、备份及未来升级费用;④信息包含的知识和信息质量;⑤生产者的权威性;⑥生产者维护的可信度;⑦信息的及时性、正确性和更新;⑧获取和网络利用能力,电子信息资源获取的身份认证;⑨信息的独特性和完整性;⑩增值和具有比其他格式的优越性;⑪技术的轻松和可获取性,图书馆现存或者未来的硬件和软件技术兼容;⑫法律问题包括许可使用需求和限制;⑬知识产权和合理使用问题;⑭存档问题——可利用性、费用、局限性、存储等;⑮文本的可用性和质量;⑯销售者提供可靠的用户支持,开展培训计划,并注重质量。其中有和传统文献资源相同的标准,如信息生产者的权威性和可靠性;同时也具备电子资源独特的选择标准,如信息的及时性,获取和网络利用能力。

（3）电子资源许可使用。主要是对电子资源使用的范围进行规定。包括电子资源的用户范围规定,通常是机构服务的主体。例如 UMB 大学电子资源建设政策许可使用的对象就是 UMB 的学生、教师和员工以及所有站内访问者(站内访问者主要是指 UMB 或者 UMMC 部门,校园网等设施覆盖的范围)。对通过何种方式获取本图书馆集成的电子资源进行了规定。同时还对合理使用进行了规范。要求图书馆的所有许可使用和协议都必须符合相关的法律。

多数图书馆的数据库和电子期刊均获得了服务提供商的许可。服务提供商通过检测试图联网的计算机的 IP 地址将获取限制为授权的用户。在大学校园内,计算机可自动访问数据库资源,但当用户在校园以外,就必须通过某种方法获得连接。在佛罗里达大学图书馆,提供了四种远程利用数据库的方法[157]:拨号（UF GatorLink)、学校图书馆代理服务器(EZproxy)、学校 VPN（虚拟保密网)、其他直接连接方式。

（4）电子资源建设任务及其和图书馆各部门的合作。根据图书馆的情况,需要将电子资源建设的任务分配到图书馆各个部门。业务型电子资源建设政策其实就是针对电子资源在图书馆的业务流程来制定的,同时规定了各个部门的职责和任务。对于非业务型的电子资源建设政策,对电子资源建设任务及其和图书馆各部门的合作专门进行了规定说明。

电子资源的评估、选择、采访、续订:通过和其他图书馆部门合作和协商,建设藏书。电子资源利用统计文件是一种重要的选择和剔旧工具。资源建设应该与系统和网络合作,确保合适的利用数据可以利用。

相关技术支持和维护:适当的时候进行书目处理和控制、存储,网络连接、界面维护。建立对资源利用情况的监视系统和网络、技术服务。

对馆员和最终用户开展培训:包括销售商向图书馆员工提供培训,高级员工面向用户的培训计划,例如开展发现路径(path-finders)和指南的教学服务、技术服务。

必要的公关和市场推广:通过 e-mail、图书馆快报、图书馆网页、个人联系等——资源建设部门和图书馆管理部门、获取服务、教育培训部门等适时开展合作。

(5)应用和评估。电子资源建设政策制定及其实施之后,需要对其进行评估。多数电子资源建设政策指出:"本政策会修改,正确反映出现和不断变化的电子信息环境。"对于本项内容,政策中并没有详细说明,但是,电子资源建设政策一旦制定,作为图书馆资源建设的纲领性文件,应该在实践中应用,同时应该对应用的成果展开评估,保证电子资源建设的正确方向。随着信息技术的进步,电子资源本身及其所处的信息环境会发生变化;同时随着人们信息素质的不断提高、社会资源的更加丰富,以及图书馆承担的使命的变化,图书馆电子资源建设政策需要不断更新。

3)对我国电子资源建设政策启示

(1)我国电子资源建设政策情况。在我国图书馆中,电子资源建设已经全面展开;其中,不少高校图书馆每年用于购买数字资源的经费甚至已达全年文献资源建设经费的三分之一[158]。但我国对电子资源建设政策的研究和制定还处于零散状态。

理论研究上,比较有代表性的是肖希明和袁琳的著作《中国图书馆藏书发展政策》(2002 年),考察国内外藏书建设政策,根据我国国情,以一种崭新的观点,提出建设我国藏书建设政策。专著以较大篇幅研究了电子出版物的采访政策、虚拟馆藏的建设、网络环境下合作藏书与资源共享政策。还有就是张久珍在《电子信息资源建设策略分析》一文中明确提出"要制订适宜的电子信息资源建设策略"[159]。同时很多研究复合图书馆馆藏资源建设和利用各种载体的电子资源的文章,都涉及到电子资源建设策略,主要从以下几个方面展开研究:①电子资源建设模式;②付费资源、自主开发资源和免费 Internet 资源开发利用;③合理规划各种类型资源之间的比例;④电子资源的选择标准和评价;⑤复合资源的有机整合利用;⑥开展合作建设电子资源等。这些内容,基本上已经覆盖了电子资源建设政策需要考虑的问题,有力地支持了电子资源政策的制定。

实践上,CALIS(中国高等教育文献保障系统)在全国数字资源共建共享方面起了领头羊的作用,近年来,积极通过集团采购的方式引进电子资源。2004 年,CALIS 制定了《高等学校图书馆数字资源计量指南(试行)》(2004);该文件规范了数字资源计量指标,是制定正式的数字资源建设政策的先导性文件。其他一些高校图书馆也在相关的规范中涉及到电子资源建设的问题。国家图书馆在数字资源建设中扮演十分重要的角色,他们提出的数字图书馆建设规划,有很多有关电子资源建设策略,是指导图书情报机构电子资源建设的指南。《国家图书馆数字资源建设(2003~2005 年规划)》,涉及很多数字资源建设的原则,既和时代接轨,也具有中国特色[160]。中国科学院国家科学图书馆,承担国家科学数字图书馆建设任务。在建设的过程中,结合实践研究我国数字图书馆标准规范总体框架与建设战略,制定了一系列数字图书馆的资源发展标准规范体系、技术框架体系[161],推动了图书馆电子资源的建设。

(2) 电子资源建设政策制定策略。结合国外电子资源建设政策经验,我国电子资源建设政策制定应该从以下几个方面着手:

① 领导者要充分重视电子资源建设政策制定的必要性,成立馆藏建设政策制定委员会。馆长或者副馆长是主要的负责人,委员会的成员应该来自于图书馆各个部门。电子资源建设是一个复杂的过程,涉及到多个部门,其政策的制定自然要求各个部门能够将图书馆的实际、电子资源发展状况和用户需求结合起来,根据图书馆的发展需要制定合理的政策。

② 背景调查、分析和研究。电子资源建设政策委员会要对图书馆及其环境进行详细分析。目前电子资源市场产品品种繁多,质量良莠不齐;用户需求不断变化;信息技术不断进步。对于这些,都要有宏观的把握。要根据图书馆承担的使命、服务性质和任务确定电子馆藏范围、收藏程度、限制、优先权和复本数。就现阶段来说,很多图书馆在构建 VLE(虚拟学习环境),电子资源建设对于 VLE 的创建起着重要作用,该环境的构建对于资源的范围、收藏程度、优先权和复本数都有要求。再如,如果图书馆要建立 Infocommons[162],电子资源是其支撑资源之一。

③ 制定图书馆电子馆藏建设政策。在制定过程中,要遵循电子资源建设政策制定的指导性、系统性、层次性、可操作性、连续性、动态性、前瞻性原则。馆藏建设政策是一个开放体系,其内容随着时代的建设而不断丰富、更新和补充。电子资源建设政策内容涉及广泛,但要注意重点突出;同时要选择符合我国实际情况的电子资源建设政策模式。我国电子资源建设政策起步较晚,对于政策文件的制定缺少指导性文件。一般来说,混合模式比较符合我国国情。但是,即使采用混合模式的

电子资源政策,也必须将电子资源建设详细的内容包括进去,力争政策既是纲领文件,也是细则文件,对电子资源建设具有实际的指导意义。一些电子资源建设的领先单位已经在这方面迈出了第一步。

④ 提交给馆务委员会或上级领导部门审批,形成正式文件。电子资源建设政策一旦通过审批,形成正式的文件,就要在整个图书馆中落实。根据政策的规定,图书馆每个部门明确自己的责任和职责,同时要具有合作精神,与其他部门展开协作,以便该政策的贯彻实施。

⑤ 电子资源建设政策的不断修订和补充。电子资源建设政策要具有实效性。随着图书馆使命的变化,电子资源的数字环境的变化,电子资源建设政策需要不断修订和补充。一般来说,电子资源建设政策以3～5年为一个周期,到期就应该更新修改,保持它的合理性。

很明显,我们可以看到我们电子信息资源建设的差距,也启发我们认真建设电子信息资源。电子资源建设政策能够有力地支持我们顺应图书馆馆藏建设的发展趋势。

表 3.3   澳大利亚国家图书馆电子信息资源采集战略

战　　略	行　　动
1. 保证收集和保存澳大利亚最重要的电子资源,兼顾长期保存。方法是: 　• 采集澳大利亚物理的和联机电子资源,遵循现行的〈馆藏政策〉,辅以〈澳大利亚物理形式的电子出版物指南〉和〈澳大利亚联机出版物指南〉。 　• 与其他机构合作,建立澳大利亚电子信息资源国家馆藏。	对联机资源应用下列三层采集模式: **NLA保存**:指的是根据澳大利亚联机出版物采集的澳大利亚电子资源永久性的保存。 **分散保存**:指的是澳大利亚的电子资源由其他组织保存,如州图书馆、大学图书馆、出版商,遵循与国家图书馆的协议。国家图书馆将与这些机构磋商保存事项,保证长期存取,并使这些电子资源在国家书目数据库中有记录。 **通过网址链接**:指的是澳大利亚和海外的资料在国家图书馆目录中反映出来。这些资源并不由国家图书馆保存,只是提供链接,只要能通过网络获取。 参与国家图书馆网络保存联盟,探索对网络资源的获取和提供利用的方式,并研究与获取相关的问题。 研究采集和在动态数据库中保存重要的信息的方法。 将法定呈缴本拓展到采集澳大利亚的电子信息资源。 在联邦法定呈缴本立法延伸到电子信息前,与出版商合作对呈缴和存取达成一致。

（续表）

战　略	行　动
2. 保证海外电子资源的采集遵循现行的馆藏发展政策,满足研究人员的信息需要。	继续评审新的海外电子信息资源的可获得性以及与馆藏发展政策的相关性。 如果成本效益高,获取海外电子期刊取代印本期刊。
3. 采取积极措施,保证存取的持续性。存取的持续性是指保证联机资源的统一和长期可获取。涉及到保存、持续认证和方便存取等策略。	保证〈澳大利亚联机出版物国家馆藏档案〉和国家图书馆所建立的数字对象获取的持续性。 发表和推广标准和最优做法。 与其他负责信息资源认证的组织合作,保证出版商建立改进的、易于利用的认证过程。
4. 在采集和管理澳大利亚电子资源方面,继续与政府和其他有关部门合作。	与澳大利亚国家档案馆和国家信息经济办公室合作,影响政府部门采取最好的方法出版和管理电子资源,以实现持续存取。 建立各种电子资源和服务的全国性合作保存模式和指南,包括电子学位论文、电子期刊和印刷品电子版档案。

表 3.4　澳大利亚国家图书馆电子信息资源保存战略

战　略	行　动
1. 对国家图书馆自己的电子资源馆藏实行适当的保存策略,以便长期存取。	启动和推进处于危机的资料的保存,实施 2001-02 年制订的保存政策和行动计划。 加强用于管理图书馆数字馆藏的软件,对保存管理作出记载。
2. 领导澳大利亚图书馆和相关组织制定保存电子资源的政策和技术,参与国际间制订电子保存标准的研究。	共享信息和有用的工具,如有关特定载体保存的信息。 试验和推广国际上制订的、由 OCLC/RLG 保存元数据工作组推荐的《保存元数据集》。 普及和支持电子资源保存最优做法（如国家图书馆的《保护澳大利亚网络资源》和《RLG/OCLC 工作组关于可靠数字档案属性》）。 继续建设 PADI 学科门户,通过在信息和基础设施方面进一步的国际合作,探索开展服务的途径。 参与国家图书馆馆长会议数字图书馆工作组的工作,研究推进在各国家图书馆中将法定呈缴本延伸到电子资源,保存数字资源。 确立和应用与保存和提供利用联机信息资源的费用的成本模型。 根据与 UNESCO 的协议,制订电子遗产保存纲要,筹备部分地区的国际咨询会议,商讨数字遗产保存宪章草案。

表 3.5　澳大利亚国家图书馆电子信息资源共享战略

战　略	行　动
1. 将澳大利亚图书馆资源共享的概念扩展到包括电子资源,继续开展各种活动,促进描述、发现和传递电子信息资源的面向全国的书目和元数据服务的利用。	承担一项概念证明项目,试验将资源共享延伸到包括电子资源有关的业务与技术问题。该项目将考虑集中还是分散的元数据服务、数据建立和维护、链接检查和报告功能,以及可以提供的服务。 基于概念证明项目的成果,实施将资源共享服务延伸到包括电子信息资源。 向国家书目数据库报告国家图书馆电子信息资源的馆藏和链接,保证链接的维护与国家图书馆馆藏声明相一致。 推广电子信息资源指南,增加包括澳大利亚电子期刊记录的内容,改进国家书目数据库中电子资源的收录范围,提高主动服务的相关度。 向图书馆提供国家书目数据库中电子资源馆藏的 MARC 和非 MARC 记录,实现对澳大利亚电子化资料(如澳大利亚国家联机出版物馆藏)的获取,从而加强对澳大利亚各图书馆电子资源的利用。
2. 建立新的模式的联合目录和特定学科或载体的指南,如澳大利亚档案和手稿登记,改善对澳大利亚图书馆资源的获取。	将国家书目数据库记录的传递延伸到提供 MARC 和非 MARC 记录的电子资源。 通过自动化的程序和政策,将各种格式的记录(包括 XML 和电子表格)收录到 NBD 中,扩展国家书目数据库资源的收录范围,使出版商和图书馆供应商的记录直接提供给 NBD。
3. 针对某一载体或特定学科,提供更深入、更广泛的资源获取。	扩展《澳大利亚档案馆和手稿登记》范围,实现对电子查找手段的利用。 继续支持澳大利亚学科门户的协调,促进通用标准专业知识的共享和应用。 通过自动通报更新和改进电子资源的范围,特别是联机展览和网络利用指南,从而改进澳大利亚图书馆门户数据的范围和时效性。 探索建立对澳大利亚报纸索引提供联机获取的基础设施。
4. 与其他图书馆协作,对全文电子资源实行集团采购,最终目标是向所有澳大利亚人提供对这些资源的获取,而不论其所在地域。	继续支持 CASL 联合体,扩展可提供的电子资源数量,特别是面向公共图书馆。 继续研究与 CAUL 合作,建立澳大利亚电子资源全国许可模式的可行性。

3.3.2.2　数据资源服务

国外一些大学图书馆不仅提供文献服务,而且还重视提供数据资源服务。普林斯顿(Princeton)大学图书馆"数据与统计服务"(Data and Statistical Services)是图书馆社会科学咨询中心的一部分。该部分馆藏搜集了 24 000 多件机读文档,主要是社会科学,也有自然科学和人文科学[163]。密歇根大学还提供"数值与空间数据服务",提供用户在教学科研过程中对空间数据、数值数据和统计数据的利用[164]。

Manitoba 大学图书馆的"数据图书馆服务"(Data Library Services)的工作是确认、购买和处理电子数据资源,订购的资源有 Data Liberation Initiative(加拿大统计)和 ICPSR[165]。

加拿大的 McGill 大学 1997 年建立了电子数据资源服务(EDRS)。EDRS 通过收集、管理、提供利用机读形式的研究数据,支持用户的教学科研活动。其长远目标是实施和维护具有开放可获取性的分布式基础设施,提供灵活的服务满足教学科研的需求。提出的目标是:

- 建设、获取、管理和保存电子数据资源的核心馆藏,支持学校的研究和教学活动;
- 提供全校范围内的对电子数据资源的获取;
- 与院系和实验室联络,实现跨平台的有效获取和利用;
- 对电子数据资源的用户提供支持。

图书馆通过建立核心的数据馆藏和相关资源,支撑学校的教学科研活动。电子数据资源馆藏与印本馆藏相互补充。数据馆藏包括数值、空间研究数据资料。数据资料包括定量的研究数据,包括微观数据、集合数据和时间序列数据库。

3.3.2.3　因特网资源

因特网资源十分丰富,如果能正确地甄别和评价,就会成为图书馆馆藏资源的重要补充。肯塔基大学图书馆(University of Kentucky Libraries)将因特网资源按照学科加以整理,形成"网络资源主题目录——因特网资源指南"[166]。路易斯安那州立大学(Louisiana State University)图书馆把因特网搜索引擎作为一种重要的研究工具提供给用户。在它的网页上,向用户推荐多种"综合性搜索引擎"、不同学科的"搜索引擎"、"检索技巧"、"搜索引擎比较图表"。

学科搜索引擎中有关"自然科学"的搜索引擎有 7 种[167]:CiteSeer、SciQuest、FirstGov for Science、Physics Web、SciNet Science Search、Scirus、SciSeek。

3.3.2.4　开放获取资源

从资源的角度,开放获取的资源主要是两种类型:开放获取期刊和机构仓储以及学科知识库。

　　开放获取期刊是一种"作者付费、读者免费"的新的期刊出版模式。由于开放获取期刊出版的时效性强、可以得到更广泛地阅读和引用,开放获取期刊的影响也越来越大。根据 Open-access journals(http://www.doaj.org)提供的数字,截至2009 年 3 月 30 日,该目录收录免费的、全文的、高质量的科技和学术期刊 3 965种,其中 1 421 种可检索到文章,目前已收录 265 647 篇文章。目标是囊括所有的学科和语言[168](见图 3.1)。根据开放获取资源搜索引擎 Open J-Gate(http://www.openj-gate.com/)的统计,该搜索引擎目前(2008 年 7 月 16 日)收录的开放获取期刊为 4 808 种。

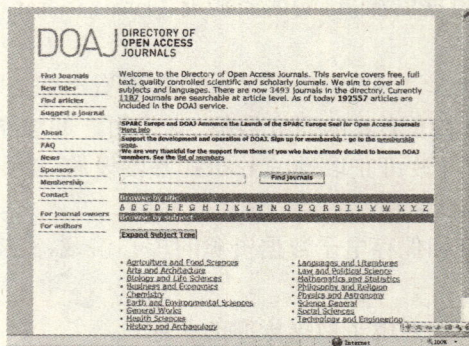

图 3.1　DOAJ 界面

　　arXiv.org 预印本资源库(arXiv.org e-Print archive)创建于 1991 年,是物理学和相关学科、数学、计算机科学和认知科学领域预印本的全自动的电子保管与传播服务器。这项服务以前是 Los Alamos 国家实验室提供的,2001 年转给康乃尔大学。

　　DSpace (http://www.dspace.org)是一个为获取、传播和保存麻省理工学院(MIT)知识成果而建立的数字资源库。这是由 MIT 图书馆和惠普公司共同建立的项目,提供对 MIT 教师和研究人员需要保存的数字作品的稳定的、长期的保存。

　　DSpace 可实现:

　　• 对用户:DSpace 通过网络提供对 DSpace 内容的获取;

　　• 对作者:DSpace 提供对各种载体的数字化传播和长期保存的优势,包括文本、音频、视频、图像、数据库等。作者可以将数字作品存贮在馆藏中,由 MIT 工作人员负责维护;

　　• 对机构:DSpace 通过一个界面提供利用该机构所有的研究成果的机会。

　　DSpace 是一个开放源代码软件平台,使机构:

　　• 利用提交流程模块获取和描述数字作品;

- 利用网络通过检索系统传播一个机构的数字作品；
- 长期保存数字作品。

DSpace 的目标：

- 建立电子系统，获取、保存和交流 MIT 教师和研究人员的知识成果；
- 支持其他机构采用或联合。

DSpace 的愿景：

系统的联合将提供利用全世界主要研究机构共同的知识资源。

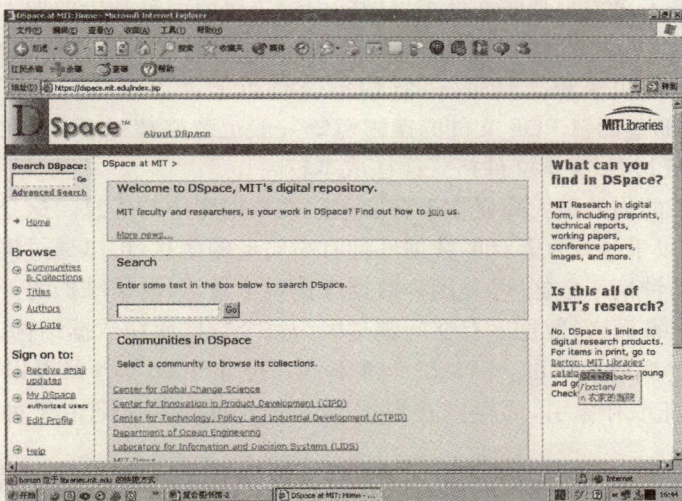

图 3.2　DSpace 界面

3.3.2.5　隐形网络资源(Invisible Web)

研究表明，搜索引擎的搜索能力是有限的。国外有人考察了 11 种搜索引擎，发现最好的是 Northern Light(www. northernlight. com)，对所考察的页面的覆盖率为 16％；最差的是 EuroSeek(www. euroseek. com)，覆盖率只有 2.2％；11 种搜索引擎的覆盖率大约 42％[169]。

另外一个问题是隐藏的链接。搜索引擎不能标引其无法直接获取的页面。如果网站有密码保护，或者数据是由数据库动态生成的(这是一种用得越来越多的网站设计方法)，那么，搜索引擎就不能检索到这些相关的资源。

所谓隐形网络就是普通的搜索引擎由于技术限制或故意选择的未能对网页进行标引的文本、文件或其他网络上的常常是高质量、权威的信息。有时也称为"深度网络"(deep web)或"黑色资料"(dark matter)[170]。

这个定义故意很宽泛，因为普通搜索引擎总是在不断地增加新的特性，改进服务。今天是隐形的,明天可能一下子就变成显形的。

　　搜索引擎没有搜索到网页有两个方面的原因,一是技术原因,二是非技术原因。

　　一些文件格式仍然为搜索引擎所忽视,如 Flash、压缩文件(zip、tar 等)。标引这类文件存在的问题是它们不是由 HTML 文本所构成的。从技术上讲,这些文件格式是可以标引的。例如,AlltheWeb.com 近来开始标引 Flash 文件的文本部分,Google 可以跟踪嵌入到 Flash 文件中的链接。

　　搜索引擎不愿意为某些文件类型做标引的主要原因是基于商业上的考虑。比如,用户对这些文件类型的需求比 HTML 要低。同时这些文件格式也难于标引,需要更多的计算机资源。例如,一个 PDF 文件可能由上百甚至上千个页面所组成,所以即使那些标引 PDF 文件的搜索引擎一般也忽略超过 100K 比特左右的文献。标引非 HTML 文本文件格式往往成本较高。

　　搜索引擎面临的最大障碍在于获取存贮在数据库中的信息。这是一个很大的问题,因为数以千计或百万计的数据库拥有高质量的信息,可以通过网络获取。网络内容创建者钟情于数据库,是因为数据库提供了灵活、易于维护的开发环境。

　　对搜索引擎而言,数据库存在问题是因为每个数据库在数据结构、检索工具和性能的设计上都与简单的 HTML 文件不同。搜索引擎爬行器可以很容易地对 HTML 文件抓取和标引,而存贮在数据库中的内容的获取则由于种种原因困难得多。

　　隐形网络有四种类型:不透明的网络(The"Opaque"Web)、隐秘网络(The Private Web)、专有网络(The Proprietary Web)和真正的隐形网络(The Truly Invisible Web)。

　　不透明网络是由那些可以被搜索引擎所标引但并没有被标引的文件所组成。不透明网络的数量很大,对检索者提出了特有的挑战。因为如果你知道查找方法,许多真正隐形网站中的深层内容是可以获取的,但不透明网络上的资料则很难查找。

　　不透明网络最大一部分是由搜索引擎可以爬行和标引而实际上并没有爬行和标引的文件所组成。其原因是由于爬行深度、爬行频率、每次提问可接受的最大文献量、断开的 URL 数量等造成的。

　　隐秘网络是由技术上可标引但被故意不让搜索引擎搜索出来的网页所构成。网络管理员可以采取三种方式将网页排除在搜索引擎之外。第一种是口令保护。搜索引擎蜘蛛(spider)无法越过需要用户名和口令的网页。第二种是使用 robots.txt 文件,使搜索引擎无法获取网页。第三种是使用"noindex"(不标引)网站标记(metatag),以阻止蜘蛛读取网页的标题部分并标引全文。

搜索引擎在很大程度上不能获取专有网络的页面,是因为这些页面只有那些同意特定的条款以换取浏览页面的人才能获取。只有那些愿意注册浏览的用户才能利用专有网页。注册在很多情况下是免费的,但很显然搜索引擎不能满足即使是最简单的注册程序的需要。还有一类专有内容是收费的,不管是按页收费还是某种预订方式。

一些网站或网页是真正隐形的,指的是由于技术原因,搜索引擎不能爬行或标引网站的资料。这些网页使用的是目前的网络爬行器无法处理的文件格式,如Flash、Shockwave、压缩文件、可执行程序等。搜索引擎目前不标引这些类型的文件有两个原因,一是,文件没有或基本没有文本上下文关系,所以很难分类或与其他文本文件进行相关性比较。二是,搜索引擎有意省略,本可以进行标引,但并没有标引。此外,动态生成的网页以及关系数据库中的信息也都是真正隐形的。

隐形网络占网络空间很大一部分,提供了非常宝贵的资源,是严谨的检索者所不容忽视的。尽管搜索引擎技术仍在改进,隐形网络基本上在今后的一段时间是我们所难以处理的问题。信息专业人员应像对待传统的检索工具一样对待这些类型的资源,要知道有些什么样的资源并能随时提供。对检索者而言,获取隐形网络的最好的办法是建立个人资源书签,将他们作为个人"参考馆藏"来对待,需要时加以利用,而不是依赖搜索引擎。

3.4　面向集成与无缝存取

如果图书馆的核心业务是组织信息,使用户容易获取信息的话,那么,可以说,复合图书馆的角色并没有改变,复合图书馆仍然为此提供相关的工具。建立网络门户、组织网络资源并使其增值,对复合图书馆而言是核心任务,包括定制、版权管理、信息重组等等。复合图书馆应在内容确认、资源的传播方面起积极作用,以适应不同用户的需要,更加强调以用户为中心,而不是以馆藏为中心。

应实现不同数据库之间的互操作,而不仅仅是跨库检索,或实现分布式基于Z39.50 的目录。应实现用户从文献到文献之间的移动,从思想到思想的移动,从不同的馆藏之间无缝移动。电子期刊库中引文检索的益处显而易见。传统的引文检索一直是非常有效的检索机制,但过于复杂。而现在只须点击便可看到结果,使得引文检索轻而易举。

复合图书馆的核心概念是集成与无缝存取,即对印本资源和电子资源的"一站式"利用。这意味着所有的资源和服务都必须相互配合,拥有同样的地位和待遇。

复合图书馆利用数字技术形成新的以用户为中心的信息资源存取范式,不管这些资源在哪,以什么方式传递,也不管用户在什么地方。无缝存取目的在于使用户意识不到物理的和数字资源的差别,但这种差别对图书馆具有重要的管理上的和资源上的意义。资源在选择和确认上的差别以及经费分配、采访、获取、存贮、保存和传递,要求在一个组织实体内建立一个统一的机构。

3.4.1　开放链接(OpenURL)

我们都有这样的经历:当你找到了一种数据库,发现一篇文章的引文正是你需要的。通常你不得不再次检索这一期刊得到这篇引文的全文。有了开放链接,你现在只需要点击特定的图标,如 SFX,就会弹出一个新的窗口,链接到你所需要的全文。如果没有全文,再点击,就指向期刊的图书馆目录记录。

美国国家信息标准化组织(NISO)AX 标准委员会已经完成了开放链接标准草案,并且在 2004 年 1 月 26 日到 3 月 10 日公布出来供投票和评议。2005 年 5 月 2日,NISO 宣布"适用于情景相关网络应用的 OpenURL 框架"(NISO Z39.88-2004)被正式批准成为一项新的美国国家标准。

NISO AX 标准委员会工作的基础是 Herbert Van de Sompel(Los Alamos 国家实验室)和 Oren Beit-Arie(Ex Libris 公司)等三人提出的 OpenURL 句法(详细的建议见 http://www.sfxit.com/OpenURL)。委员会考察了这一建议,并对必要的地方进行了修改。它是信息资源与提供本地化服务的链接服务器之间的互操作协议。

开放链接标准的概念基础是链接将用户指向相应的资源。链接服务器(如 Ex Libris 公司的 SFX™ 服务器)确定用户所在的环境。当链接服务器将开放链接作为输入加以接收时,服务器就作用于开放链接,向用户提供遵从图书馆馆藏和政策的服务[171]。

开放链接标准使得检索到一篇文章的引文的用户通过实施拓展的链接服务立即获得"最适宜的"引用内容。最适宜的引用内容的选择根据用户和组织的偏好,如引文的位置、费用、与信息提供商的协议以及类似的考虑。这一选择不需要用户的参与。它的实现是因为开放链接的元数据从源引文传给解析器(链接服务器),解析器存贮偏好信息并链接到相应的资料。

现在许多信息提供商都能创建和应用开放链接。利用开放链接标准应用到数据库服务中的是 Ex Libris 公司拥有许可权的链接技术 SFX(http://www.sfxit.com)[172]。

SFX 是一种数据库管理工具,是建立超链接的动态连接系统。它利用 OpenURL 协议,将某一数据库的用户引向图书馆中或诸多信息提供者联机提供的相关信息源。SFX 使图书馆为用户在索引和数据库中建立相应的信息联系,提供将数据库中的引文与该文的全文相链接(如果有的话),并与其他有用的资源和服务进行链接,如目录。

　　SFX 的原理是:当点击具有开放链接特性的数据库中的 SFX 图标,数据库就会以特殊的标准化的 URL 形式向服务器提供信息,这样就可以确定为引文提供哪些链接。如果图书馆订购了拥有该文章的电子期刊,就会在菜单中首先出现全文文章的链接。SFX 服务器"知道"用户需要获取那篇文章,因此提供对该文章的链接。在菜单显示中还有图书馆目录链接的选项。当图书馆没有订购电子期刊时就会出现这一选项。

　　SFX 是查找图书馆中是否拥有一篇文章的联机全文的一种快捷方式,是一种导航和资源发现工具,将加快研究过程,提高研究效率。SFX 可实现从一个数据库无缝地直接连接到图书馆的馆藏资源,如联机全文文章、印本期刊、图书或其他图书馆资料的题名。

　　SFX 可以定制,带有本馆的标志,如 Get it @ Duke(DUKE 大学图书馆)、**SFX⊙**(Florida 州立大学图书馆)、Find It ⑤ McGill(加拿大 McGill 大学图书馆)、⊙UBC eLink(加拿大的不列颠哥伦比亚大学图书馆,称为 eLink)。有时提供数据库的厂商使用默认的图标⊙SFX。有时,厂商(如 OVID)会使用自己的图标。

　　现在有很多数据库都可提供这种功能。这些数据库带有特有的标志,如⑤。其使用非常简单:在具有 SFX 功能的数据库中进行检索。注意检索结果的引文或文献记录的旁边出现 SFX 或定制的标志。点击这个标志,就会弹出一个新的窗口,出现基于该引文的 SFX 菜单。点击 SFX 菜单中的全文链接,第三个带有所需文章的全文的窗口就会弹出。

　　SFX 菜单可能包括:
- 直接链接到文章的全文;
- 链接到文章的文摘;
- 链接到期刊的某一期的目次;
- 链接到图书馆目录(印本或电子馆藏);
- 链接到馆际互借需求单。

　　SFX 所提供的链接是动态的,并且对文章是情景敏感的(context sensitive)。也就是说,不同的引文会出现不同的选项。

　　SFX 的原理很像我们现在为索引和文摘数据库建立的"链接到全文"的功能。然而,SFX 要更好一些,因为它在一个页面上提供了所有的可能,以便用户不必从一个数据库到另一个数据库跳来跳去,查询全文的链接。在这一菜单上,还将提供对图书馆目录和馆际互借的链接。

　　SFX 另外一个很有用的特点是"文章查找"(Article Finder)。如果用户已经从某一篇期刊文章的参考书目中获得了引文,想建立 SFX 菜单,就可以利用 Article

Finder。输入尽可能多的信息,点击"Find It",就可查到所需要的文章。这可以知道图书馆是否可以获取某一篇文章的全文。如 British Columbia 大学的 eLink 允许用户利用这一快速查看检索工具,称为 eLink Citation Linker,核实是否一篇文章可联机获取。它可以使用户从某一索引或电子期刊以外查找已知参考文献。它的主要作用在于查看一篇文章是否有全文。

目前,已有众多数据库拥有 SFX 性能。

3.4.2　跨库检索(federate searching)

跨库检索是以多个分布式异构数据源为对象的检索系统和技术。它通过统一的检索界面,用户一次输入,就可以一次并发地对多个网络数据库同时进行检索,并将各个网络数据库的检索结果归并,一次提交给用户,在实体资源分散的情况下实现了"虚拟的资源整合"。

以学者门户项目[173]为例。2000 年,美国研究图书馆协会(ARL)建立了学者门户工作组,以探索怎样才能更好地在网上建立协作式的研究图书馆。2002 年 5 月,美国研究图书馆协会(ARL)宣布发起由 ARL 成员馆和 Fretwell-Downing 公司 (FD)合作的"学者门户项目"(Scholars Portal Project)。项目的目标是为学术界拥有网络资源检索点提供软件工具,找到高质量的信息资源,并最大限度地将信息和相关服务直接传递到用户的桌面。

项目最初的重点是以 FD 公司的 ZPORTAL 和若干相关产品作为基础,利用 ZPORTAL 对各学科领域和多个机构许可并公开的资源进行跨库检索。门户将聚合和集成检索结果,并支持将内容传递给用户。

未来的阶段将向门户增加其他的服务,改进用户对信息资源的获取和利用。例如,在本地联机学习环境下,对课程的检索工具进行集成,并与 24/7 数字参考咨询相连,向参考馆员提出咨询。

3.4.3　跨目录检索

跨目录检索(Cross Catalog Search)是一种资源发现工具,能够检索一个学校或一个地区所有的异构目录。这一系统的目标是向研究人员提供一个学校或地区范围内有关某一主题都有哪些资源,包括资源的数量。

哈佛大学图书馆正在引进跨目录检索作为一种演示系统[174]。

InfoHawk 是 Iowa 大学图书馆信息门户,提供对图书馆目录、期刊索引和文摘、电子期刊和图书、参考资料以及更多的网络资源的获取。

美国国家农业图书馆(NLM)设有馆藏目录和文章引文数据库,馆藏目录包括图书、期刊、视听资料和其他资源。引文数据库包括期刊文章、图书章节、短报告和预印本。可以分别检索,也可以实现一次检索。

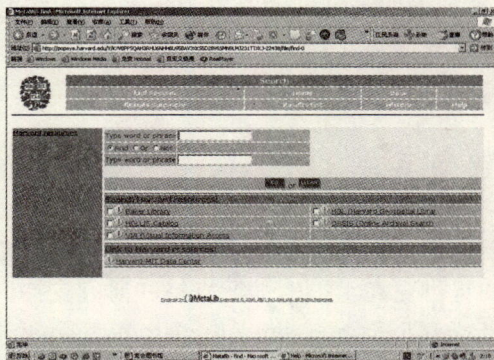

图 3.3　哈佛大学跨目录检索系统

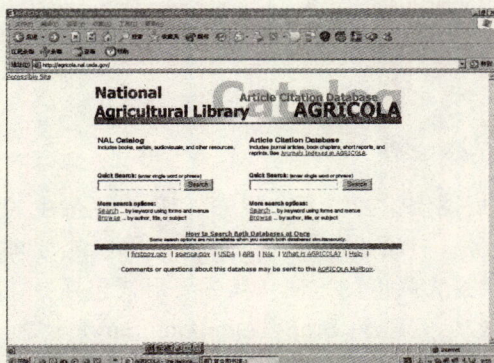

图 3.4　美国国家农业图书馆馆藏检索界面

美国东南研究图书馆协会(ASERL)现在已提供组合目录(Combined Catalog)KUDZU。这一系统连接东南 14 个研究图书馆的联机目录,向 18 万名师生提供对 2 300 万件资源的利用[175]。该系统实现用户利用一个检索界面浏览所有成员馆的目录,并将实现向拥有该资源的图书馆提交馆际互借请求单。

研究图书馆中心是北美大学、学院和独立的研究图书馆联合体,拥有 200 多个成员机构[176]。该中心拥有一个新的集成检索页面 Catalog Search[177],将该中心的目录、数字馆藏和检索工具以一种易于使用的方式结合在一起,大大地缩短了用户从查询资料到实际获取资料所需要的时间。

为适应用户对非文献的各种资源的集成检索的需要,中国科学院国家科学图书馆近来还开发了跨界集成检索(cross domain searching)。跨界检索服务系统提供对科学数据、教学课件、仪器设备、学术会议、科研机构、科学家、工具、名词术语等非文献型资源的集成检索服务。检索对象为相关领域内权威的、可开放访问的网络资源,并链接全文获取服务。目前,包括 8 类资源 62 个数据库。用户一次输入检索词,同时实现对同类资源多个数据库的检索,结果以统一方式呈现[178]。

3.5　构建用户服务系统

关于未来图书馆和复合图书馆,人们越来越认同:图书馆需要更加以服务为中心,为更加分散的用户提供更高水平的学习支持和研究支持。用户忠诚依赖于用户的满意(Customer loyaltyis contingent on customer satisfaction)。图书馆应更加重视品牌形象(Brand image)。而图书馆最重要的品牌是它所提供的完备的服务。应为用户创造"宾至如归"的感觉(Patrons should be made to feel at home in the library)。在今天的现实中,学生们期望他们在图书馆中的经历能与沃尔玛(Wal-Mart)或麦当劳(McDonald)相当:快捷(quick)、轻松(easy)、方便(convinent)。

3.5.1　一站式服务(One-Stop Service)

一站式服务将集成图书馆的资源和服务,使用户用最少的步骤,就能获得他所需要的多种分散的服务。一站式服务大大节省了用户的时间,提高了查询和利用的效率,给用户提供了最大限度的方便。其主要形式包括:

3.5.1.1　一站式电话服务(First Stop Telephone Service)

多伦多大学图书馆向用户只提供一个号码:(416) 978-8450,提供对学校主馆和整个图书馆系统的许多服务的利用。包括:续借、预约、目录信息、远程利用图书馆数据库的信息、一般信息或指向、引向其他的图书馆或学校的服务、购买机时、支付罚款。

南澳大利亚大学图书馆正在致力于"一站式服务"(one stop shop),利用一个网络界面可以获取:目录、信息资源、引文数据库(链接到馆藏)、学科导航、联机培训教程、电子教学指定参考源、表单式的文献传递请求、与信息专业人员的电子邮件联系、进行更深入的主题检索、利用公告牌宣传检索策略。

3.5.1.2　整合请求表单

Vanderbilt 大学 Jean and Alexander Heard 图书馆在主页上有一个栏目,称为"请求表单",把用户经常用到的各种表单集中在一起,供用户选择填写。包括:校外储存库图书(Annex request)、馆际互借(Interlibrary Loan)、荐购(Purchase Suggestion)、教学指定参考资料(Course Reserves)、教师用书专递(Faculty Book

Delivery)、馆外生物医学库检索(Biomedical Storage Retrieval)、续借。

Waterloo大学图书馆在主页上集中提供的表单有：馆际互借(Interlibrary Loan)、电子目次服务(CISTI Source)、用户自我注册(Self Registration)、提出教学参考书(Place on Reserve)、荐购(Suggest a Purchase)。

3.5.2　电子教学参考资料(Electronic Reserves)

电子教学参考资料最早于2002年1月在美国的Gorgas图书馆开始实施，2002年秋天扩大到Bruno、McLure和Rodgers图书馆[179]。通过这种服务，图书馆员扫描教师为指定参考资料列出的期刊文章和图书的章节。学生可以通过网络检索图书馆目录，随时随地获取这些资料。E-reserves保证了学生无论是否在校内，都可以不受限制地同时获取每一份资料。

3.5.3　研究咨询(research consultation)

布朗(Brown)大学图书馆正在向本校师生提供个性化、一对一的研究咨询，包括社会与行为科学、人文科学、自然科学和医学的所有学科领域。业务熟练的图书馆研究咨询人员帮助用户确定论文和课题所需要的信息资源、怎样获取这些资源以及怎样评价它们。

杜克大学 (Duke University) 图书馆还提供研究指导(research guide)[180]，内容包括：选择课题、查找背景资料、确定题目、选择资源、查找资料、评价资源、引用文献。

乔治·华盛顿(George Washingtun)大学图书馆的"研究帮助"(research help)包括四部分：参考咨询(ask a librarian)；研究帮助预约(make a research assistance appointment)；各学科研究指南(research guides on specific topics)；参考源(reference sources)。

哈佛大学图书馆员自己编制了对选择的研究指南和其他信息的链接。包括：

- 查找哈佛大学资源(Finding Materials at Harvard)。介绍如何利用哈佛图书馆及馆藏。

- 一般研究指导(General Research Guides)。包括指导利用馆藏目录，查找期刊文章和其他类型的资料，利用EndNote软件、评价和引用资料、跟踪各领域研究进展。

- 专题研究指导(Subject Research Guides)。链接到各专题的研究指南。

- 特定资源指南(Guides to Individual Resources)。利用各种数据库和电子资源的技巧。

- 哈佛各学科图书馆(Harvard Libraries by Subject)。按照学科建立的各图书馆目录,以便找到符合研究兴趣的最适宜的图书馆。

佐治亚理工学院图书馆则提供有偿研究服务。该研究服务向个人、企业、政府和校友提供定制的、有偿的研究服务[181]。利用数百种印本资源和联机数据库,提供在各个学科领域的研究帮助,特别是科技、知识产权和竞争情报。还提供最新信息报道服务(current awareness service),向用户提供相关主题的最新信息。服务是及时、具有成本效益和保密的,提供从个人发明到企业研发各个方面的帮助,满足用户的需求。涉及的学科领域有:

表 3.6　佐治亚理工学院有偿研究服务提供领域

航空	农业	生物与医学	环境科学与技术
化学	公司信息	教育	工业与市场营销信息
工程	交通	纺织、造纸	专利

纽约公共图书馆(NYPL)的研究服务称为"NYPL Express",服务项目从查找散乱各处的事实到编撰有分量的研究报告,利用印本和电子资源为用户的研究需要提供解决方案[182]。NYPL Express 提供的服务项目有:

表 3.7　纽约公共图书馆 NYPL Express 服务项目

书目资料	市场研究
行业信息、趋势与展望	专利
竞争情报	国际贸易信息
财经数据	公司概况、新闻、财经、排行榜
立法历史	政府信息
讣告	国内外报纸文章
国家资料、新闻、财经、排行榜	事实查证
人口统计资料	历史统计资料
地图	有关艺术、历史或文学的信息
图片研究	家谱研究

表 3.8　纽约公共图书馆 NYPL Express 服务项目收费情况

服务	价格	完成时间	服务	价格	完成时间
标准	$15.00	3～4 个工作日	标准	$75.00 每小时	最少 2 周
次日	$25.00	第二个工作日结束	急迫	$90.00 每小时	最少 3 个工作日
急迫	$35.00	一般为当天	特快	$125.00 每小时	2 个工作日之内
特快	$50.00	3 小时之内			

加拿大国家图书馆档案馆对于长篇或有深度的超出服务范围的研究项目,提供居住在首都地区的自由职业研究者名单。他们都善于检索研究所经常利用的信息源,愿意有偿地检索该馆的馆藏。

3.5.4　通用借阅

通用借阅(general borrowing)是美国阿拉巴马州若干个大学图书馆提供的新服务。任何一个参加馆的用户都可以从其他图书馆借阅资料,无论是到馆(须带照片的 ID),还是通过本馆的目录提出请求都可以。

ALLIES 代表"阿拉巴马图书馆交换服务",是若干个图书馆参加的通用借阅。目前有 5 个成员。其作用是:如果你在图书馆的目录中没有找到所需要的图书,你就可以点击"其他图书馆"图标,查找 ALLES 其他成员的图书馆目录。如果你在另外一个图书馆找到所需要的图书,你就可以使用"预约/取消/索取"图标,要求将那本书送到本地。当书到了之后,就将在图书馆中为你预留。这意味着用户可以获取 5 个图书馆全部的藏书。如果你到了其他的学校,你还可以从该校图书馆借出该书。只需将书拿到借书处,出示本校带照片的 ID。

3.5.5　教师互惠借书计划

教师互惠借书计划(Reciprocal Faculty Borrowing Program)实现参加机构的教师拥有当地获取北美一些最重要的研究图书馆馆藏的特权。

为促进学术研究和交流,若干大学图书馆(均为研究图书馆协会的成员)建立了一项计划,提供对更广泛的学术资源的获取。在"研究图书馆 OCLC 咨询委员会"(RLAC)的支持下,这些图书馆签订了一项协议,将图书馆的这一特权延伸到其他研究型大学的教师。该计划适用于参加机构主校园的教师。主体机构决定谁有权享有教师互惠借书计划卡。借出的图书馆决定该计划卡是否可用于到馆或借阅。请注意,这是一个"特权"计划。参加机构根据判断,可暂停本校教师或另一个参加机构的教师的特权。该项目目前已有上百个图书馆参加。

3.5.6　区别服务

不同的用户群具有不同的需求,因而图书馆的服务也应对不同的用户群提供不同的服务。这样一种服务体现了服务的差别性,体现了服务的个性化。国外很多图书馆都在图书馆网页上显著提示不同的用户群可以利用的适用于他的图书馆服务。只要点击相应用户群的图标,就立即呈现该类用户所需要的资源和服务。

在 UBC 图书馆,将服务划分为不同的对象(Special Groups):残疾人、教师、研究生、校友、校外用户。

在加州大学柏克利分校图书馆,将用户分为七种群体:课堂教员、教师、研究生、本科生、残疾读者、访问学者、来访者。

美国国会图书馆针对下列用户提供特别的服务:研究人员(Researchers)、法律研究工作者(Law Researchers)、图书馆员和档案馆员(Librarians & Archivists)、教师(Teachers)、儿童和家庭(Kids & Families)、出版社(Publishers)、残疾人(Persons with Disabilities)、盲人(Blind Persons)、新用户(Newcomers)。

3.5.7　为残疾读者服务

在国外很多图书馆的主页上都可以发现为残疾人服务的内容(Services for Users with Disabilities),体现了用户平等拥有利用图书馆的权力的思想。例如,在 Alabama 大学图书馆,每一个服务点都提供专门针对残疾人的服务和设施。总体上,可以把为残疾人的服务分成如下几个方面:

1) 物理获取

建筑入口:所有的图书馆都有专门供残疾用户使用的坡道和停车场。

电梯和洗手间:图书馆的电梯和洗手间都是坐轮椅可以使用的。

设备:所有的图书馆都提供坐轮椅可以利用的公共工作站。所有图书馆都设有轮椅高度的专用电话。

应急:当发生紧急情况,具有特殊需求的用户可以寻求图书馆工作人员的帮助。在紧急情况下,用户可阅读遍布馆内的紧急出口示意图。

2) 设施和设备

图书馆都装备有适应残疾用户需要的工作站,包括大屏幕显示器、扫描仪、光学字符识别软件、盲文激光打印机,以及其他各种相应的软件。此外,还有印刷品色度放大器、图像放大器等。绝大多数设备用于阅读和打印与研究相关的资料。

3) 服务

研究帮助:用户需要较多的研究帮助(包括使用电子信息资源的帮助)和利用专用的技术设备的培训,可以请求图书馆中"专门服务协调员"提供帮助。如可能,可事先提出需要较多的研究帮助的请求。

一般参考咨询请求:在每个图书馆的咨询台,不必预约,就可以提出一般性参考咨询请求。

检索资料:残疾用户可以与其他普通用户一样检索所需要的资料。为提供快捷的服务,残疾用户可事先打电话预约。

电话和电子参考源:听力有障碍的图书馆用户可以在每个服务点利用专用的电话帮助。也可以通过电子邮件发送咨询请求。

此外,还可以根据残疾用户的特殊需要提供各种特殊的服务。

在加拿大的 British Columbia 大学图书馆,残疾用户有权使用图书馆提供的"强化服务"(Enhanced Services),要求提供书刊检索或其他帮助[183]。对不同残疾人进一步提供不同的服务。

对视力有残疾或阅读印刷品有障碍的用户,可以邀请图书馆员提供特殊的帮助,图书馆提供阅读器服务。

对于耳聋或重听的用户,有公共 TDD 电话。图书馆还提供录像带和其他的服务。

对于肢体残疾的用户,提供专用的停车场,并有详细的介绍说明图书馆所提供的基本服务。

3.5.8　自助(self service)

自助是一种新的服务趋向,其理论基础是用户对"非中介性"的需求。所谓非中介性,就是由于不想等候以及隐私等原因,用户不经过图书馆员的中介和帮助,直接获取图书馆的资源和服务。包括馆内自我服务(自动借书机等)、联机自我服务和个性化定制(MyLibrary)等。根据亚利桑那(Arizona)大学图书馆的预测:在5 年之内,75%的外借业务将由机器来完成[184]。

自动借书机:MIT 图书馆、东北大学图书馆和 Alabama 大学图书馆等都设有自动借书机(3M Self-Check System)。当流通台人多或用户觉得更方便以及保护自己的隐私的时候,该借书系统给用户提供了自己借书的选择机会。

在 Arizona 州立大学(ASU)图书馆,提供的联机自助服务有[185]:建立自己的图书馆账号、直接文献服务登记表、电子邮件通知、图书馆快递/文献传递服务、教师指定参考书提交表、馆际互借、预约图书、续借图书、向图书馆推荐采购图书、查看自己的借书记录。

Tennessee 大学图书馆的"自助"服务包括[186]:怎样利用图书馆;参观图书馆;图书馆专题系列;学科指南;参考书架;数据库查询技巧与辅导;教学参考书;查询指南。

普林斯顿(Princeton)大学图书馆提供的自助服务(24/7 Library Self-service)有:网上参考咨询;预约已被借出的图书;联机续借图书;通过馆际互借借书或索要文章;要求从各院系图书馆传递资料;从布朗、哥伦比亚、康乃尔、达特茅斯、宾大、或耶鲁通过 Borrow Direct 借书;对尚未上架的新书,要求快速加工;建议图书馆采购书、刊、录像带等;利用 Trace Request 表报告遗失的图书(以便图书馆采购另外一个副本);核查自己的借阅记录。

MyLibrary 是一种用户驱动的、定制的信息服务,确定想显示的内容,提供对网络资源的利用。用户只要填写必要的情况介绍,MyLibrary 就可以为用户创建一个可移动的网页,列出图书馆所能提供的信息资源。MyLibrary 的技术基础是关系数据库、网络服务器和提供两者中介的一套脚本程序。

不同的图书馆所提供的 MyLibrary 略有不同,但总体框架大同小异。

在美国的 Auburn 大学图书馆,所提供的 MyLibrary@Auburn 的特点是[187]:

• 内容丰富。支持 MyLibrary 的数据库拥有与信息丰富的内容的链接。它所提供的是在学术环境下从事研究所真正需要的内容。信息的类型包括全文数据库、书目数据库、各种电子文本、便捷参考资料和最为重要的直接与图书馆员的服务链接。

• 可移动性。因为你为自己创建了 MyLibrary 用户名和密码,你就可以在任何有网络浏览器的地方登陆 MyLibrary。

• 可定制。选择定制选项,就可以选择你想显示的项目,更重要的是,哪些项目是你不想显示的。

• 动态性。特定学科的信息乃至全世界的信息有助于保持 MyLibrary 的时效性。由于 MyLibrary 维护容易,因此其内容可不断地保持更新。

• 能动性。由于网络环境在不断地变化,MyLibrary 允许图书馆员定期地发送信息。当然,只有用户选择了这一功能才能获得这项服务。

• 重点突出。多数时候,MyLibrary 允许用户只列出想要的信息。因此,用户无须担心"噪音"干扰。同时,网页上内容的数量也不受限制。

• 不依赖平台。要想利用 MyLibrary,用户只需要浏览器。浏览器必须支持cookies。如果从机构以外利用,出于安全,浏览器还必须支持相关的安全协议。

• 保密性。MyLibrary 的配置是严格保密的。就像医生和患者的关系以及律师和客户的关系一样,图书馆员和用户的关系也处在严格的保密状态下。

康乃尔大学图书馆的 MyLibrary 系统称为 MyLibrary@Cornell。这是康乃尔大学图书馆开发的个人电子服务系统,可定制反映用户自己的兴趣和研究需要[188]。包括五部分:

表 3.9　康乃尔大学图书馆的 MyLibrary

MyLinks	选择 MyLinks 收集、组织、和维护与网络资源的链接
MyUpdates	选择 MyUpdates 服务可以定期通报满足用户指定的标准的新书、新刊、电子媒体和其他资源
MyContents	选择 MyContents 服务,当新刊到馆时可以传递期刊的目次。通过电子邮件或其他用户指定的方式(包括 EndNote 和 Reference Manager)接收所选择的期刊目次。最新的形式是提供全文链接
MyCatalog	选择 MyCatalog 服务,可以定制所使用的康乃尔大学图书馆目录。保存检索偏好,保存个人检索结果,保存特定的记录
MyDocument Delivery	选择 MyDocumentDelivery 服务,可以从馆藏中获得 PDF 格式的文章、图书章节和其他资料

Illinois 大学 Chicago 分校图书馆的 MyLibrary@UIC 是一个可定制的图书馆网络门户，使图书馆用户建立自己个性化的图书馆网页[189]。通过建立 MyLibrary@UIC 账户，用户就将能够访问个性化的网页，该网页只含有个人研究和兴趣需要的资源。用户还可以在网页上将经常使用的资源制作"书签"，这样就可以从任何一台联网的计算机利用这些资源。此外，MyLibrary@UIC 还向用户提供与本人的学科相关的更新资料和指南，并且用户可以很容易地与图书馆进行联系。由于有了这些特征，大大提高了用户利用图书馆开展科学研究的效能和质量。

UIC 所提供的 MyLibrary 包括的项目也很丰富（见表 10）。

表 3.10　MyLibrary@UIC 项目

项目	项目内容	可否定制
更新	图书馆员提供的与用户学科相关的通报	否
服务	链接到图书馆所提供的服务，如续借、馆际互借和技术帮助	是
快速检索	允许用户通过 My Library 界面检索 Internet，检索其他的网站，如搜索引擎和词典	是
查找文章	拥有索引和数据库，找到某一主题的期刊和期刊文章	是
电子期刊	电子期刊按刊名排列	是
其他资源	研究指南，其他参考源，精选的高质量的网络资源	是
我的链接	用户选择的网站	是
其他	主要是娱乐性网站，如拼字游戏、天气、旅行和电影海报	是
图书馆目录	用于查找本馆的资料、其他 Illinois 图书馆的资料等等	是
芝加哥信息	为芝加哥市民设立的网站	是
综合性参考源	综合性信息网站，如词典、年鉴和名录	是

Texas A&M 大学图书馆的 MyLibrary 称为 My Portal，可使用户定制图书馆的一部分网站，适应自己的需要[190]。其特点是：用户检索环境的个性化；保存最喜欢的电子期刊、电子图书、数据库或网站；获取本人的用户信息；自动填写图书馆的各种表格，当续借、借出或咨询时节省时间和精力。

Texas A&M 大学图书馆的 My Portal 包括：登陆到 My Portal、更新我的档案、My Library 记录、我的需求登记表、我的期刊与数据库、我的链接、远程获取、我的信息素质能力。

3.5.9　无线网络

无线以太网技术（Wireless Ethernet technology）是当今数据通信领域发展最快的领域之一，对现有的有线网络提供多方面的补充。无线以太网络仍无法与有线以太交换基础设施的速度相媲美。但无线以太网络拥有自己的优势。无线局域网通常是一个建筑物或校园内有线局域网的延伸。无线局域网提供有线局域网的绝大多数功能,但没有物理上的限制和物理安装线路的费用。数据包被转换为无线电波或红外(IR)光脉冲,发送到其他的无线装置上。

图 3.5　Albert 大学图书馆正在试验 PDA

无线网络有两种形式,一种是无线校园,用户可以与有线网络用户一样,通过笔记本电脑利用图书馆的一切资源和服务以及学校其他的网络服务。另一种是 PDA(个人数字助理)。Albert 大学图书馆正在试验 PDA[191]。现在,在 Albert 大学,PDA 的用户可以实现直接从图书馆的计算机终端向 PDA 传送数据库的检索结果。PDA 红外(IR)发射站位于参考咨询台旁边的公共计算机终端,允许用户以文本文件形式保存数据库或目录的检索结果,并利用红外技术发送出去。

这一试验性项目将探索在图书馆内建立发射站的作用,并试验其可行性。此外,通过 PDA 还可阅读图书馆新闻,获得有关开馆时间、讲座、服务、更新消息等。

其他提供 PDA 服务的图书馆有:Georgia 大学图书馆、Georgia 医学院 Greenblatt 图书馆、Charles J. Keffer 图书馆、匹茨堡 Mercy 健康系统图书馆、Ruth Lilly 医学图书馆、UNC 健康科学图书馆、Virginia 大学健康科学图书馆。

3.5.10　用户教育

图书馆的服务不仅要向用户提供各种资源和服务,而且要教会用户利用这些资源和服务,提高用户信息素质是图书馆的重要使命。佐治亚(Georgia)大学图书馆将用户需要掌握的利用图书馆资源和服务的知识和技能制作成课件,供用户自

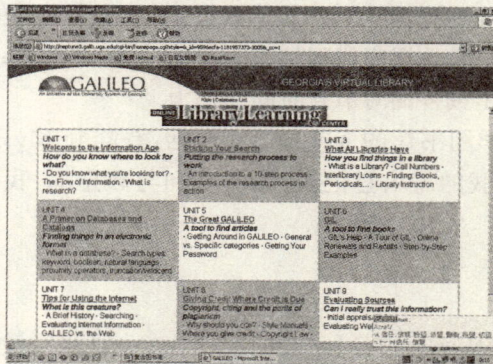

图 3.6　佐治亚大学图书馆用户教育网页

己学习[192]：

McGill 大学图书馆则推出了介绍图书馆和图书馆目录的动画：Know Your Library System[193]。

3.5.11 与用户沟通

国外的图书馆特别重视为用户提供多种不同的方式，建立与用户沟通的渠道。例如加拿大国家图书馆为用户提供多种方式，建立与用户沟通的渠道，见表3.11[194]。

表 3.11　加拿大国家图书馆用户沟通渠道

电子邮件	一种电子表单，允许用户向图书馆提交问题
实时问答	利用这种方式通过网络与参考咨询人员实时对话
电话	(613) 996-5115;1-866-578-7777（在加拿大和美国境内免费）
残疾人专用电话 TTY	(613) 992-6969;1-866-299-1699（在加拿大境内免费）
传真	(613) 943-1112
普通邮件	Reference and Information Services National Library of Canada 395 Wellington Street Ottawa ON K1A 0N4 Canada
到馆内	利用位于 395 Wellington Street 的咨询台

3.5.12 不断改进服务

用户对图书馆服务的期望只能是越来越高，图书馆也必须不断改进服务以适应用户的需要。以阿拉巴马大学图书馆为例，美国大学图书馆所提供的新的服务主要有[195]：

- 实时参考咨询：这一服务使得用户可以与图书馆员通过网络实时进行交流。用户可以与图书馆员进行"聊天"（实时问答），可以是关于任何咨询问题以及图书馆的服务与资源方面，无须打电话或到图书馆。
- 改进的借阅。阿拉巴马州的五个大学图书馆建立了"阿拉巴马图书馆交换服务（ALLIES)通用借阅（UB)。其中任何一个图书馆的用户都可以提出自己的联机请求，直接从其他四个图书馆借阅资料。这项新的服务无须提交传统的馆际互借申请单，并且在 24 小时之内处理申请。通过"通用借阅"申请的资料直接发送到申请者所在的图书馆，利用本馆流通系统将该资料借出。
- 改进的馆际互借。研究图书馆中正在适应的新的软件允许用户联机提出馆际互借请求,不必到馆际互借办公室提交书面请求。软件还可使用户随时随地监控请求的状态。软件的使用还减少了处理时间,使多数请求的处理和接收更加快捷。

　　• 电子教学参考资料。基于网络的用户教育的拓展。

　　此外,Louisville 大学的 Ekstrom 图书馆和 Kornhauser 健康科学图书馆现在都提供笔记本电脑外借,可在馆内使用 4 个小时。这些电脑都装有微软办公软件和无线网络连接功能。不少图书馆为适应一些用户的行为特点和习惯,延长某些阅览室的开放时间,甚至 24 小时开放。阿拉巴马大学图书馆在 2002 年 11 月开始试验开馆到凌晨 2 点钟。芝加哥大学图书馆开辟一阅览室作为 24 小时学习空间(24 Hour Study Space)。MIT 图书馆、华盛顿大学 Gelman 图书馆开设 24 小时阅览室。

3.5.13　图书馆服务调查与评价

　　什么是好的图书馆? 这一问题在几十年前就提出了,其中最早、最有影响的是 1973 年 Orr 发表的一篇文章"图书馆好坏的衡量"[196]。他提出需要解决的是两个问题:图书馆好不好? 图书馆好坏到什么程度? 自那时起,关于图书馆成效评价的研究一直没有停止过。

　　国际标准化组织(ISO)1998 年发布了图书馆绩效指标的一套标准 ISO 11620(2008 年 8 月第二版)[197]。1995 年,英国高等教育资助委员会提出一份报告,大学图书馆的绩效评价应参照 5 个方面[198]:①结合度:图书馆与学校的使命、目标和任务的结合程度;②用户满意度;③文献传递:是否实现了提出的目标,文献传递数量高不高? ④效能:产出与资源投入之比;⑤经济:单位成本。英国学者 P. Brophy 提出图书馆服务有若干主要属性。这些属性是每个用户期望图书馆服务所拥有的,而不是要求有的。它们的存在对用户满意度没有多少影响,但没有它们就会立即招致抱怨和不满。这些属性包括:①馆藏目录;②藏书组织有序;③学习研究空间;④有学识的工作人员。同时,他还提出了其他的一些属性(特色、与标准的一致性、可靠性、持久性、新颖性、服务能力、美观性、可感知性、残疾人可利用性,等等[199])。

　　华盛顿大学自 1992 年以来每三年一次进行广泛的大规模的师生用户调查。调查除了用户需求和图书馆服务重点外,侧重在图书馆的利用和用户的满意度方面[200]。华盛顿大学图书馆用户调查按用户类型分为"教师问卷"(Faculty Survey Questions)、研究生问卷(Graduate/Professional Student Survey Questions)、本科生问卷(Undergraduate Survey Questions)和科研工程技术人员问卷(Research Scientists and Engineers Survey Questions)等四类[201]。每项调查结束后,即在网上公布各项调查的结果。

　　从国外图书馆调查的项目看,有的只是要求提供简单的评论,如犹他(Utah)大学图书馆的表单只有三项:姓名、电子邮件、建议[202]。有的只是对图书馆的某一项服务调查用户意见,如德克萨斯理工大学图书馆只调查用户对其联机目录的看法[203]。更多的图书馆调查的内容是综合性的,如多伦多大学图书馆的用户调查[204]。

　　堪萨斯大学图书馆将调查表常年挂在网上,随时听取用户的反映,并且将每两周的调查结果公布在网上,任何人都可以随时查看[205]。

　　俄勒冈(Oregon)大学图书馆的用户调查是很有特点的,内容设计也很到位[206]。调查表包括“评分”和“评论与建议”两部分。其中评分部分包括 8 个小问题,每一个问题要求用户作出:“A(优秀)”、“B(良好)”、“C(一般)”、“D(中下)”、“E(差)”、“F(不肯定)”选择。此外,每个问题后面还跟着“其他评论”,用户可以选择作出语言陈述。在 8 个问题之后,针对有些用户得到所提意见的反馈,还增加了“如果你想对你的评论作出答复,请提供你的名字、电子邮件地址和/或电话号码”的说明和提交按钮。同样,在“评论和建议”栏下,也提供了相同的选择。

　　与此同时,在同一页面上还将用户对每一问题的评分结果以及参与评分的人数以及用户提出的所有的问题以及图书馆有关人员对问题的答复如实地放在网上,增强了调查的透明度和可信赖性,也澄清了用户的疑问,解决了用户的问题。

第4章　复合环境下的文献资源建设策略

我们正处在复合图书馆建设阶段。复合图书馆的最重要特征之一就是印本资源、电子资源、网络资源等各种资源的复合。解决复合的文献资源建设问题，是复合图书馆建设的基础，是复合图书馆面临的最重要的挑战。复合图书馆文献资源建设要解决的关键问题是：管理多种格式和形式的信息资源，将传统文献和电子文献整合为无缝、高效的新型信息检索、查找和发现服务。

4.1　加强复合图书馆资源建设的动因分析

4.1.1　文献信息资源结构的变化——重要推动力量

复合图书馆是目前图书馆的基本形态。但发展趋势表明，复合图书馆的数字资源比例在不断提高。据 ARL2003 年的报告显示，电子资源的采购已经占了图书馆资源预算经费的很大一部分，在调查的成员馆中电子资源预算经费占所有图书馆资源预算经费平均为 25.02%，排名第一的 GUELPH 大学图书馆的电子资源预算经费占所有图书馆资源预算经费的 59.50%[207]。

很多图书馆都采取了积极的应对措施逐步加大数字资源的建设力度。很多图书馆在对一些特定形式的资源采购实行了 e-only 的政策。Drexel 大学图书馆制订的电子藏书建设策略[208~210]，确立的目标是尽量减少印本期刊的数量，增加电子期刊的数量。从 1998 年到 2007 年不到 10 年的时间里，该馆远程获取的资源（数据库、电子期刊、电子书）增加了一倍多。2000 年，IMLS 引领拨款（IMLS Leadership Grant）资助该馆进行电子期刊环境演化的研究[211]。2005 年是 Maryland 大学图书馆期刊向 e-only 迈进计划第二年，该馆也制定了期刊发展的详细计划[212]。

电子图书在美国图书中得到广泛利用[213]。根据美国主要研究小组（Primary Research Group）2002 年对 80 个大学、公共和专业图书馆进行的调查，结果显示，42% 的图书馆订购了 Netlibrary 的电子图书，大学图书馆订购率则达到了 62%。最近的统计表明，美国大学图书馆电子图书的经费投入占印本图书投入的 11%，预计到 2011 年将达到 20%。与此同时，2006 年各图书馆购买的印本图书的经费增加了 6.6%，平均每馆投入 81 079 美元[214]。由于图书馆多年以来以收藏印刷文献为基础，积累了大量的印刷型文献，在总的数量上超过了电子版文献的总量。所以图书馆两种类型载体并存,这种现状在一定时期内将会长期存在。协调两种载体资源,是复合图书馆长期的任务。

4.1.2　用户的需求——最根本的动力

复合资源建设最重要的是解决印本与电子、本地与远程、本馆与网上信息资源的相互依存关系。这种依存关系的基础是用户的需要。信息用户对信息服务的内容、形式、质量、获取方式均发生了很大的变化。需求内容由专一的学术研究扩展到社会生活的各个方面;不仅需要文字形式的信息,而且还需要图像、声音等;同时,他们更加注重利用各种信息技术有效地获取信息,希望获取信息的确切内容,而不仅仅是相关的文献线索。用户的需求具有时效性和全面性。特别是对于课题研究、科研立项的用户来说,检索的目的是了解本课题的研究进展和最新动态,以此作为立项依据,因而他们更偏重于对"新"的要求,需要电子期刊的时效性,即反映最新的科研水平。要求广泛查阅某一课题的相关文献,达到系统了解本学科状态的目的,在校研究生、研究型用户多具此特点。

在 Erin T. Smith 的对 Georgia 大学师生利用不同载体的文献研究中发现[215],用户每周利用图书馆订购的印本资源为 25%,电子资源为 32%,而个人订购的印本资源为 29%,电子资源为 10%,其他资源为 4%。个人订购的印本资源是 Georgia 大学内学术研究的不可分割的一般部分。全职教授是所调查群体中利用个人订购的印本资源最多的,达到了 32%,这和他们以前形成的那种研究习惯有密切的关系。在文献资源建设过程中,我们不能忽视这些因素。在现阶段,印本资源和电子资源各自的优势支持了用户学习和研究。

4.1.3　图书馆资源建设环境——不可缺少的力量

4.1.3.1　计算机技术和通讯技术的发展,促进了文献资源的整合利用

随着电子计算机和通讯技术在图书馆的应用,各种数据高密度的存储和远距离传输使图书馆事业发生了深刻的变化,图书馆网络化也进入了一个新的阶段。文献信息资源网络建设是文献情报工作现代化和实现文献资源共建共享的必由之路。以计算机信息网络技术为依托的文献信息资源网络是国内文献资源保障体系的最佳模式,它将最终解决国内文献资源建设各自为战的局面。

电子信息资源整合技术的发展,可以将不同的类型的电子资源,不同地方的电子资源通过跨库连接,实现资源的无缝获取。如 SFX,就可以将各种形式的电子资源进行整合,包括电子期刊、图书馆在线书目系统、馆际互借系统、文摘和引文数据库、目录、专利数据库、百科全书等,实现不同 WEB 学术信息资源的动态链接。一些著名的数据库提供商如 ISI、CSA、OVID、UMI、EBSCO、Elsevier、High-Wire 等

已在其数据库中内置 SFX,美国及一些欧洲的图书馆也已是 SFX 用户。

数字纸张技术是以数字技术搭建的符合传统纸张特性的技术平台,使同一信息的数字形态能与纸张形态一一对应,在数字形态与纸张形态双轨并行的状态下实现平滑过渡。作为核心技术,应用范围极其广泛,可用于将所有信息基于纸张为载体的应用数字化。这种技术可以轻易地实现数字与印本资源的相互转化。目前国内有很多数字技术,如 Adobe 数字化技术,书生全息数字化技术,清华紫光文通数字化技术,汉王数字化技术。这些技术的产品也很多,如上述数字化技术的电子产品,都可以通过一定的终端设备纸张化。

4.1.3.2 其他外部因素

1) 商业性机构对图书馆传统信息资源提供服务产生冲击

目前很多商业性机构涉足文献信息资源服务,威胁了传统图书馆服务。Google Scholar 以全新模式向用户提供网上所有可获得的学术文章,主要提供一些公开的出版物或科研机构学术文章摘要的链接。Google Scholar 从海量的学术出版物、专业学会及资料库中搜索文章摘要[216]。搜索过程还伴随着分析,可以对同一出处的信息进行归纳,极大地方便了用户撰写学术论文和毕业论文。Google Print(Google Book Search)可以检索图书,提供书目和摘要,Google 会向用户提供各种图书零售商的联系地址链接。目前多家出版商和图书馆加入 Google Print。有人预言,如果进展顺利,Google Print 将会像现今的 Google 主宰网络信息一样主宰图书信息[217]。为此,图书馆必须采取应对措施,加强文献信息资源,特别是复合资源的建设,才能留住广大用户。

2) 信息资源出版也发生了巨大变化

近几年来,不少出版商和销售商大刀阔斧地进行改革。大型地并购、合并经常发生。BIOSIS Preview 数据库(简称 BP)是由美国生物科学信息服务社(BIOSIS)生产的世界上最大的有关生命科学的文摘和索引数据库。2004 年,该数据库被美国汤姆森科技信息集团(Thomson Scientific)收购。2004 年上半年,Kluwer Academic Publishers 正式与 Springer 出版集团合并。这些出版商的变动,给资源的定购产生一定的影响。选购合适的资源一定要掌握出版商的即时信息,以免带来不必要的损失。

新的学术资源发布方式开放获取(Open Access)的出现,使得图书馆和广大用户可以获取很多高质量免费的全文期刊。在传统的方式下,作者创作,通过学术交流形成文稿,交付出版商出版,发行商发行或者数据库商电子化,图书馆购买,到最后的用户使用。而在开放获取情况下,作者付费,出版商出版,图书馆整合这些资源到馆藏中,用户可以方便地利用。对图书馆而言,可以节省大量的人力物力,将更多的力量用于资源整合和进一步提高图书馆的服务质量上。同时对图书馆的电子资源建设带来新的挑战。如何利用开放获取资源完善和补充图书馆已有电子资源,如何引导用户适应和利用这种新的资源获取方式,这些都将是需要解决的新问题。

4.2　复合图书馆文献信息资源建设策略

4.2.1　面向用户的文献资源建设策略

4.2.1.1　开展用户调查,协调各种载体的信息资源

　　用户的需求是文献信息资源建设的根本出发点。图书馆要采取多种措施保证用户对印本资源和电子资源的需求。不同学科背景和不同年龄的人对电子资源和印本资源的需求是不一样的。在 Smith 对 Georgia 大学师生的研究中发现[218],用户每周利用图书馆订购的印本资源为 25%,电子资源为 32%,而个人订购的印本资源为 29%,电子资源为 10%,其他资源为 4%。个人订购的印本资源是 Georgia 大学内学术研究的不可分割的一般部分。全职教授是所调查群体中利用个人订购的印本资源最多的,达到了 32%,这和他们以前形成的那种研究习惯有密切的关系。

4.2.1.2　分清用户层次,采取合理的资源调配手段

　　根据用户层次协调电子文献资源和印刷型藏书比例。

　　1)专业型层次的用户

　　专业型层次用户是指从事各种专业工作的读者,他们不仅需要阅读有关专业的参考文献,还要阅读一些外语、计算机等方面的图书,以便提高自己的综合素质。他们需要系统阅读整本书或有目的地阅读重点章节,故对印刷型图书的需求远大于电子图书。所以图书馆在采购图书时应以印刷型图书为主,并提高印刷型图书的藏书质量。服务于这一群体的图书馆,既需要购买电子图书和电子期刊,特别是对口专业的电子资源,也需要重视印本资源的保障。Siebenberg 等的研究进一步证明这一结论。在 Owen 科学和工程图书馆,同一学科的印本期刊的利用远远高于电子期刊;而且即使出现了电子期刊,印本期刊的利用率仍在不断增高[219]。

　　2)研究型层次的用户

　　研究型层次的用户,是指担负研究任务的用户。图书馆对他们的服务应以满足用户科研需要为目标,建立较完善的电子资源保障体系。这部分用户以学生、教师和研究人员为主,他们有完善的硬件设施——计算机设备和上网条件,以及一定的计算机素养。他们资源的获取一般希望通过网络获取。因而,图书馆在满足这些研究型用户的需求时,应该以网络型电子资源为主。根据 ARL2004 年对其成员

馆调查研究显示,2002～2003 年间,电子资源的消费平均增长了 32. 34%,比 2001～2002 年度增加了 8 个百分点。可见电子资源在大学的学生、教师及其他研究者中有很大的市场。Melbourne 大学图书馆提出他们今后三年内,电子资源战略转向基于网站的获取,可以获取校内教学和研究学科领域内的主要的搜索引擎和文摘工具。而选取的这些文摘和索引工具应该有全文传递作为后备,通过整合期刊定购、全文编辑、商业文献传递等多种方式实现[220]。

3) 业余型层次的用户

业余型层次的用户是指以满足个人兴趣需求为目的的用户,他们的层次千差万别,所需要的资源大多数集中在社会科学、科普、文学等方面。满足他们的需求应以印本资源为主。同时也应该适当地辅助一些电子资源。因为这类电子图书生动形象,节省空间,借阅方便,为他们节省了大量的时间。同时一些研究表明,这些用户还是对电子信息资源利用持积极的态度。Sathe 等通过对 15 种高利用率的印本及其相对应的电子版期刊利用情况调查[221],发现图书馆同事、学校学生和一些居民比较喜欢利用电子期刊,电子期刊以其易于获取,易于检索深受这部分人群的喜爱。而 Macknight 研究电子图书在公共图书馆的利用发现,很多用户尽管知道电子图书优于纸本图书,但是还是偏向于使用印本资源。

4.2.2　面向资源类型的文献资源建设策略

4.2.2.1　工具书类文献信息资源

工具书类文献信息资源主要是供读者查找某一方面或者某些特定的问题。电子版工具书出版周期短,更新容易,信息存贮密度高,可用计算机进行显示、打印,易于拷贝;可借助电讯线路进行远距离、高速度传递。其内容呈一种动态的、多维的结构模式,能进行多因素、多角度和任意扩大、缩小范围的检索。电子工具书主要有:光碟、联机和网络版文摘、索引、书目数据库,光碟、联机和网络版百科全书、年鉴、手册、指南。对用户来说,工具书是进行学习和研究必不可少的工具,有特别重要的意义。通过对 Tennessee 大学、Drexel 大学、Pittsburgh 大学用户进行调查,发现用户获取的所需信息资源,大约 70% 的搜索来自文摘和索引数据库[222],这部分资源,图书馆不可能不收藏。电子工具书具有较高的接受程度和适应性,用户可以从多种途径查找自己需要解决的问题,这种优势是印刷型工具书无法相比的,因而,会有更大的市场。不少大学为了加强 e-book 的建设和决策,成立了 e-book 工作组。e-Book 工作组的主要任务就是加强 e-reference 的出版,专门制定了许可使用协议和大学价格模式[223]。这种 e-book 出版趋势符合 Dorner 的预言——大部分的参考工具书和大量的在线数据库联合。很多图书馆在能获取在线版本参考工具书时,就取消了这些工具书的印本定购。但是还有很多地方保留有两者载体形式的工具书[224]。这种方式值得借鉴。我国图书馆资源建设的过程中，不断引进国外著名的文摘索引数据库，如法律特色数据库 LexisNexis，化学领域的SciFinder 和生物学领域的 BP（BIOSIS Previews）。同时还引进了一些百科全书、手册。目前，国内还出版了一些相对成熟的中文电子工具书产品，有：《康熙字典》、《中国大百科全书》、《汉语大词典》、《文渊阁四库全书》、《四部丛刊》、《二十五史》、《全唐诗》等，在中文电子工具书领域有了长足的发展。

4.2.2.2　教材、教学参考类文献信息资源

这部分文献信息资源主要供学生和教师教学参考用，读者对这类文献信息资源需要系统阅读，有时需要反复阅读因而借阅期限长，数量大，往往供不应求，而且毁损得比较厉害。电子版教材、教学参考文献信息资源可以较好地解决这一问题。同时，在一些开展了继续教育和远程教育的学校，学生只要获得特定方式的允许，就可以利用学校的教材、教学参考书。英国的 Armstrong 的研究进一步表明[225]，图书馆员根据借阅统计资料，可以清楚地区分不同学科，不同用户群体对教材、教学参考资料不同的需求。本科生是较好的目标用户群体，因而图书馆的高等学校教学参考书系统建立得比较早。对于开展了继续教育、远程教育的高校来说，特别需要加强教学参考文献数据库的建设，通过购买的方式或者数字化的方式获得所需的教材、教学参考文献信息资源。在国内，CALIS 起步较早，通过与北大方正合作，对高校的公共基础课、专业基础课和一部分精选专业课的教学参考书提供上网服务，可以满足教育事业发展的需要，有效地解决各校教参复本量少的问题。教参数据库建库时间最早的是中国人民大学图书馆，始于 1996 年；北京大学图书馆1999 年开始建库。这种方式有效协调印本教材、教学参考资源复本问题，同时也适应了用户学习方式的变化。

4.2.2.3　学术研究文献信息资源

学术研究文献主要包括学术期刊和学术专著。这些文献信息资源的建设是文献信息资源的核心。一般来说，对这类文献信息资源，图书馆都会在保持印本的基础上，同时采购其电子版，但也有例外。现在很多出版社的期刊、专著转向 E-only模式，很多图书馆也采取了相应的措施。前文提到的 Drexel 大学图书馆和Maryland 大学图书馆都在进行 E-only 期刊的计划，争取在近 5～10 年内实现期刊的全电子化。但目前对多数图书馆而言，对核心学术期刊宜采取双重保障模式，但是要以电子型学术期刊为主，印本学术期刊为辅，逐渐向 E-only 转换。

在 20 世纪以前，学术专著是出版业的重要领域，特别是在北美[226]。今天，尽管人们可以利用大量的电子图书（e-book），但是研究结果显示，在高校和继续教育方面，学术专著并没有显示出优势。只有一部分，很少的一部分，例如健康和工程方面的专著，受到一些专业图书馆的青睐。对于属于图书馆核心采集的学术专著，

应以电子图书为主,但不能盲目从事,需要专家筛选,作为重点藏书。这些图书是需要长期保存的,是图书馆藏书的精华,反映图书馆的藏书特色,是需要继续收藏的图书。图书馆需要以采购电子出版物为主,但仍需要采购印刷型图书,以满足不同读者的需要。

4.2.2.4　时事、文学与通俗读物类文献信息资源

这些图书一般是为用户学习、提高和丰富业余文化生活而收集,大多数是提供欣赏的,新陈代谢频繁,没有保存价值,不需要采购电子图书。可以根据需要适量购买一些印刷本资源,同时通过收集网络免费资源满足,如时事新闻和专业动态,可以通过提供一些新闻发布网站和学术网站导航引导用户的利用。目前因特网上有很多免费的电子图书,包括很多文学和通俗读物。如"黄金书屋[227]"和"在线书库[228]"就有中国四大古典名著,可以免费下载阅读。

很多研究表明,电子文献信息资源的即时和个性化服务,吸引了大量热爱读书的用户。加利福尼亚州立大学图书馆 2002 年的调查结果表明,电子图书的用户比较偏向于印本图书,电子图书的利用率不是很高,阅读的学科领域主要集中在计算机科学、技术、商业、医学和文学[229]。现在的情形也许已经发生了变化。

图书馆在选取电子文献信息资源时,要根据本机构的目标任务来确定是否购买电子文献信息资源,以及购买后所需的一系列硬件软件支持设备、维护工作等。电子文献信息资源和印刷型文献信息资源各有利弊,并具有互补性。用户层次不同,出版物的类型不同,带来印刷型文献信息资源和电子文献信息资源需求各有侧重。这就要求图书馆的采访人员在收集文献信息资源时具有超前意识,并根据图书馆的性质、用户层次和出版选题等因素来考虑电子文献信息资源和印刷型文献信息资源的采购,制定出科学合理的藏书比例和采购原则,满足各类读者的需求。

4.2.3　面向管理的文献资源建设策略

面向管理的文献信息资源建设策略主要从图书馆文献信息资源建设流程出发,考察复合图书馆文献信息资源建设过程中涉及到的管理问题,提出相应的建设策略。

4.2.3.1　文献信息资源的预算

经费问题无疑是影响图书馆文献信息资源建设至关重要的因素。尤其是在经费有限的情况下,如何合理分配经费,进行合理预算,直接关系到能否建立起科学合理的文献信息资源体系。因此,文献信息资源建设应该建立合理预算,明确各种资源的使用经费。

复合图书馆资源建设涉及的是复合资源,主体是电子资源和印本资源。很多研究表明,总体上,用户目前还是比较倾向于使用印本资源。因此,对多数图书馆

而言,印本资源仍是现阶段复合图书馆的馆藏主流,也需要为此投入大部分的信息资源购置费。但电子出版物由于其信息存储量大,便于检索和传递等特点,在复合图书馆的发展过程中起着越来越重要的作用。随着电子出版物技术的改进及用户对电子信息资源的熟悉,电子信息资源的使用率将会越来越高,对科研、专业图书馆将变得更为重要。Sheila S 通过在线讨论组调查访问有关资源建设和书目专家,揭示了一些有关文献资源建设发展的方向和策略。早在 2001 年,参与调查者在谈到有关电子资源和印本资源的协调时,有人说,如果目前印本/电子资源是平衡的,也许以 70％/30％比较合适,在近两三年内,有可能达到 60％/40％。多数人都同意,在未来 2～3 年,可预见电子资源在图书馆中的比例可达到 30％～70％[230]。事实证明,电子资源的比例在今天的图书馆已经达到了很高的比例。因此电子出版物购置经费的比例应逐年上升。

4.2.3.2　文献信息资源管理信息系统的管理

复合图书馆文献信息资源管理信息系统包括各种载体文献信息资源的采集子系统、组织子系统和获取、保存子系统。该系统完成复合图书馆文献信息资源的管理。

文献信息资源采集子系统主要是通过多种方式获取信息资源。传统图书馆的馆藏获得方式单一,主要是购入,还有少量的馆藏通过赠送和交换获得。复合图书馆的馆藏获得方式主要有:购入方式、自主建设方式(如利用馆藏文献自建数据库)、开发方式(如基于因特网组织的虚拟馆藏)。购入方式又分为所有权的购买和基于使用权的购买。何种信息资源,采用何种购入方式最好,图书馆员需要根据各种采访标准作出判断和选择。

复合图书馆的采集对象除了传统的印刷型文献信息资源之外,还有电子出版物和网络信息资源等。每种载体的信息资源各具特色,在复合图书馆的信息资源体系中具有不可替代性。印本资源的采集经过多年的发展,已经成形,比较复杂的是电子信息资源的采集。一方面,获取途径比较复杂;另一方面,它同时还要考虑现有的印本基础。很多图书馆制定了复合环境下图书馆电子资源采集标准。William H. Welch Medical Library 文献资源建设政策中明确提出"通过多重渠道收集资源,因特网/万维网是首选"[231]。如 Maryland 大学的健康科学和人文服务图书馆对电子期刊的采集的基本原则是,评审委员会要评审和印本期刊需求相关的电子期刊的需求,采集的标准和印本期刊的一样[232]。这些采集标准都值得我们借鉴。

组织子系统主要是对采访的各种载体形式的内容进行揭示、组织。特别是注重文献资源的多层次提示与加工,比如把分散在不同信息载体上的信息按专题的形式组织起来,提供服务[233]。

　　复合图书馆的主要任务就是整合印本资源和电子资源,能够为用户提供一站式的服务。获取子系统就是实现这一功能,向用户提供所需的文献信息资源。目前比较流行的有实时参考咨询、原文传递和传统的文献借阅服务。

　　目前,一些国家已经研究出复合图书馆资源管理信息系统。如前面提到的AGORA开发的HLMS,能对印本资源和数字资源进行整合、管理。澳大利亚国家图书馆开发了InformationAustralia,是一个门户系统,用户通过该门户,可以一步完成对纸本和电子信息资源的检索。国内图书馆采取跨库检索技术和嵌入电子图书MARC的OPAC,实现了复合图书馆文献信息资源管理系统部分功能,有待进一步发展。

4.2.3.3　文献信息资源建设业务管理

　　文献信息资源建设涉及人力物力和其他资源的管理。对图书馆的资源实行供应链管理,开展图书馆资源计划(LRP),提高资源的配置效率,实现图书馆一切为了读者的目标[234]。目前,国内部分图书馆引进人力资源管理,在图书馆内实行竞聘上岗,以岗定人,改变了多年前"以人定岗"的局面,从根本上力图改变图书馆是"劳保"单位的面貌。同时鼓励员工进修和学习提高,可以到国内图书馆事业发达的单位学习,甚至到国外进修。

4.2.3.4　文献信息资源共建共享

　　复合图书馆文献信息资源的共建共享具有特殊的意义。复合图书馆的文献资源共建共享工作主要是集团采购电子资源、联合编目、共建特色数据库、共享已有资源。美国的OhioLink在Ohio州成功地实现了全州范围内文献信息资源的共建共享。主要表现为:①实现全州范围内图书馆协调采购、合作建设馆藏;②依托网络实现馆际互借;③提供多样化的数据库检索、全文数据库、期刊论文的电子传递服务。我国的CALIS在高校范围内的资源共建共享方面做了大量的工作,包括联机联合编目,通过集团采购大量的网络和光碟数据库,组织建设特色数据库,组织开展联合的网络参考咨询等,带动了全国高校图书馆资源的规范化和高水平建设。

4.2.3.5　文献信息资源建设评估

　　任何一项工作都离不开评估,没有评估就可能迷失前进的方向。由于复合图书馆形态和信息资源的特点,"馆藏"的内涵和外延与传统图书馆的馆藏相比都发生了巨大变化。因此,对复合图书馆信息资源建设的评价标准就有所不同。很多学者提出了新的评价标准,如肖希明对网络环境下馆藏的评价标准概括为[235]:对图书馆信息资源保障能力的评价,图书馆信息资源的质量的评价、图书馆信息资源共享的评价,对图书馆信息资源利用率的评价。很多图书馆联盟提出的标准值得借鉴。中英格兰大学信息研究中心(University of Central England, Centre for Information Research)电子资源测评项目(E-measures Project),建立了一套标准的绩效测评方法,可以评测电子资源的绩效。图书馆联盟国际联盟（ICOLC)制定了基于网络的信息资源使用统计测评指标[236]。该指标详细说明了对使用统计数据采集和报告的一系列最低要求。这些标准适合复合图书馆电子资源比重不断增加趋势的要求,同时对于评估采购的电子资源和免费获取的网络资源有很好的指导作用。

另一种记录,报告网络电子资源使用情况的标准是 2002 年 3 月推出的COUNTER(Counting Online Usage of Networked Electronic Resources),它作为规范电子资源利用统计数据的采集、报告和传递的标准,为图书馆和出版商提供了一致性、可信赖的依据来评价和比较电子资源的价值和使用情况。

总之,文献信息资源是图书馆为用户服务的基础。做好复合图书馆文献信息资源建设,必须注意两点:一是要组织大量的电子信息资源,为用户提供"一站式"服务。二是要把各种形式的馆藏资源有机地整合起来,为读者提供一个高质量、方便使用的文献信息资源保障体系。

第5章　复合图书馆用户服务模式

复合图书馆的主要特征从表明上看是资源的复合,更重要的意义在于通过整合不同类型、不同载体的资源,为用户提供适应不同类型用户不同需求特点的文献信息服务体系。无论是传统图书馆,还是复合图书馆,始终不变的是为用户服务的宗旨。在复合图书馆环境下,用户服务具有一些新的特点,也提出了更高的要求。

5.1　复合图书馆用户服务理念的变化

复合图书馆提供什么样的服务很大程度上取决于确立什么样的服务理念。服务理念影响服务的全过程,影响服务模式的建立。在由传统图书馆向复合式图书馆的转变过程中,图书馆的用户服务理念已经发生了根本变化,可用表5.1简明表示出来。

表5.1　图书馆服务理念的演变

图书馆形态	服务理念						
传统图书馆	封闭型	公益性	被动型	通用型	浅层次	劳动密集型	机关型
复合图书馆	开放型	有偿与无偿相结合	主动型	个性化	多样性	知识密集型	服务型

5.1.1　传统图书馆的服务理念

1) 封闭型

由于传统图书馆受不同时期社会政治和经济发展的制约,在发展过程中与社会的接触是有限的,可谓自我封闭的内向型。形成了"小而全"、"大而全"、"备而不用"、"万事不求人"的自我封闭的图书馆服务模式。每个图书馆都试图建立自己的比较完善的服务体系。例如:严格限定服务对象和范围,不同类型图书馆、同一类型的不同图书馆都规定本馆的资源和服务只能面向本馆的读者。用户只能被限制在本馆的藏书和服务范围内。如果本馆满足不了,也只能通过图书馆有限地获取其他图书馆的资源和服务。

2) 公益性

我国图书馆的公益性,是随着近代图书馆的产生而形成的。国家图书馆的前身京师图书馆于 1912 年正式开放,免费向公众服务。新中国成立后,兴建了大量的图书馆,所有经费由国家提供,图书馆完全是公益性的。图书馆总体上还要坚持公益性的原则,这是图书馆发展的基础和基本保障。但公益性并不等于国家无限制的投入,不等于不讲成本效益,不等于可以不通过自身能力的提升创造价值。在传统图书馆中,人浮于事、效率低下、不思进取等问题普遍存在。

3) 被动服务

传统图书馆的服务一般是等读者上门,所有的服务基本是以图书馆为中心,可谓是围绕图书馆馆舍展开的。图书馆的指导思想是尽可能把藏书收全,服务设施齐全,有比较舒适的环境。主要服务方式是:馆内阅览、书刊外借、文献复制、参考咨询等。由于机制、经费、人员、设备的限制,服务工作有许多局限性,同时也束缚了服务人员的思想,缺乏主动服务的精神。

4) 通用的服务

传统的图书馆面向比较固定的读者群,主要对到馆的读者服务,图书馆以不变应万变,提供固定的一套服务模式,应对不同用户的不同需求。无论你是院士,还是大学新生,都接受同样的服务内容和服务方式。完全是一种卖方市场,由图书馆主宰用户的需求,用户的需求必须适应图书馆所提供的服务。

5) 浅层次文献型服务

传统图书馆以收藏、加工、保存图书、期刊、资料等纸张为载体的文献信息为主。主要是,向读者提供原始文献,文献流通方式是一本图书、一种期刊、一份报纸。其次,为读者提供馆藏专题文献,馆藏专题文献又是以一次文献、二次文献的信息单元为主。对文献信息的深加工做的很少,一切业务工作都是围绕文献开展的。

6) 劳动密集型

图书馆工作人员对文献的加工,主要是对整体文献的加工和处理,也可称为"粗加工",例如:图书以整本图书为著录单元,期刊以一种刊物为著录单位。衡量一个图书馆服务工作的效果,往往是以图书的流通量作为唯一的标准。每一个图书馆以收藏和占有文献的数量,作为划分图书馆级别的标准。为此,需要大量的简单操作性的人力,耗费了大量的精力和时间,工作性质上以劳动密集型为主。

7) 机关型机构

图书馆往往隶属于不同的行政机关。图书馆的办馆方向、业务发展、采访方针、读者对象、人员和经费均由上级机关确定,图书馆必须对上级机关负责,而不是对用户负责。用户在办馆过程中几乎没有任何参与的权利。因此,图书馆就成了行政办事机关,往往与社会的需求、用户的期望相脱节。

5.1.2　复合图书馆的服务理念

复合环境下的图书馆服务必须有新的服务理念作为支撑,其主要特点是:

1) 开放型服务

图书馆必须突破围墙,跳出固定场所,主动融入用户和社区中,摆脱传统文献处理的限制,面向网络环境,在信息的采集、加工、组织、服务方面,以新的方式组织、控制、选择、传播信息,建立辐射型的开放服务系统。

2) 有偿服务与无偿服务相结合

复合图书馆仍必须强调公益性。但复合图书馆由于资源、设施、技术、人员、机制等方面能力的提升,图书馆应更多地提供增值的服务,在做好基础服务的同时,充分地运用图书馆的综合资源优势,提供智力性的知识服务,开展情报分析研究,面向一线用户需求,贴近用户的深层次需要,开展信息和知识的挖掘和发现,充分展示文献情报服务的优势和能力,从中也得到用户的认可和支持,包括经费的支持,确立图书馆高层次知识服务的形象。

3) 主动型服务

面对社会的信息需求,图书馆的服务必须走出图书馆,主动出击,面向社会,面向需求,上门服务。中国科学院国家科学图书馆提出的明确的服务目标是:"资源到所,服务到人","融入一线,嵌入过程",为此,组建了专门的部门(学科咨询服务部),组建了专职的学科馆员队伍(总分馆 39 人)。责任到所,服务到所,创新到所,考核到所。

4) 个性化服务

从理论上来说,没有两个用户的需求是完全相同的。不同的群体、不同的个体、不同的动机、不同的时期,用户需求都可能不同。所以,图书馆要满足用户的需求,就必须因应而变,个性化地动态地适应用户的需求和需求的变化。个性化体现了市场细分和买方市场的法则,需要图书馆作出重大的调整和改变。

5) 多样型服务

现代图书馆以用户为中心,需要什么就提供什么,摆脱传统的服务方式,摒弃单个、重复、被动、琐碎的手工服务。把服务模式从"简单服务型"转变为"知识服务型",根据用户不同需求,提供多种不同的服务,如代查、代检、代译、代借、代复制、联机检索、光碟检索、联机目录查询、课题跟踪、情报分析等,以用户的需求为中心,定制服务,适应不同用户的多方面需要。

6) 知识密集型劳动

信息社会需要信息的深层次加工,图书馆开始从以文献单元为主的加工,深入到以知识单元为主的加工;图书馆的服务工作将从借借还还的服务,转移到多层次信息服务和知识服务,投入更多的人力,从事信息的组织、知识的挖掘,直接融入用户的科研和学习过程,成为用户不可缺少的合作伙伴。

7) 服务型机构

图书馆本来就是服务型机构,但实际上更像行政机关,办事拖沓,态度傲慢。服务的意识不强,服务的水平不高,服务的效率低下。复合图书馆的服务,要求图书馆员必须俯下身来,真正树立服务的思想,一切从用户的需求出发,想用户之所想,急用户之所急,以用户为中心,而不是以图书馆为中心,为用户创建方便、快捷、有效的服务。

5.2　基于用户的复合图书馆多元化集成服务模式

5.2.1　复合图书馆集成用户服务的体系结构与服务模式

5.2.1.1　集成用户服务的体系结构

传统图书馆向复合图书馆转变的一个明显特征就是工作重心从收藏向获取转移,从文献描述向文献传递转移,从提供文献线索和原文向提供分析加工后的增值信息产品转移。网络环境下,随着人们对信息的及时性和可接受性要求的提高,用户不再满足于检索出来的文献线索和一大堆原始文献,而是希望提供经过分析加工后的综合性的、甚至包含知识内容的增值信息产品。这种服务超出了传统图书馆的服务能力。用户不仅要求检索文献线索、获取原始文献,还希望能对大量的文献进行综合加工、深度分析,延伸图书馆的服务链条。

集成信息服务,是指对于某一特定领域或某一特定用户的信息需求,把信息资源保障体系诸要素有机地链接成一个整体,使用户得到面向主题的信息服务。用户利用集成信息服务时,用户端面对着的是"一步到位"式的计算机界面,而后台则是整体化的信息资源保障和服务体系,这个体系包括技术和机制两个方面,前者负责信息的采集、加工、分析与提供的技术支持,后者则是有效地调动人力、物力、财力,开展信息资源的建设管理、质量管理、作业管理和知识产权管理。集成信息服务的体系结构如图 5.1 所示。

5.2.1.2　集成用户服务的含义

复合图书馆的集成信息服务有三个层次的含义:一是信息资源的集成。复合图书馆的馆藏既包括本地馆藏,又包括虚拟馆藏,应把两者紧密结合成一个有机的整体。二是信息内容的集成。复合图书馆在检索文摘数据库而获得原始文献的基础上对信息内容进行加工、综合,为读者提供增值信息产品,甚至包括图像理解、语音识别、视频情节理解等。三是信息技术的集成。复合图书馆应提供一整套工具,

集成信息服务

集成信息服务应用系统

信息采集加工　信息提供　信息分析

应用集成

功能集成 → 信息采集加工　信息提供服务

信息集成 → 数据库　数据仓库　运行中产生的　外部环境信息　在线与离线信

网络集成 → 开放网络　内部网络　内外部网络协　信息技术支持

信息资源利用管理规范

制度建设　资源质量　信息作业　知识产权

制度集成

技术管理制度集成 → 数据标准　信息技术结构　信息技术转移　信息技术支持

组织管理制度集成 → 信息流程管理　信息资源共建共享管理　作业人员管理　用户管理

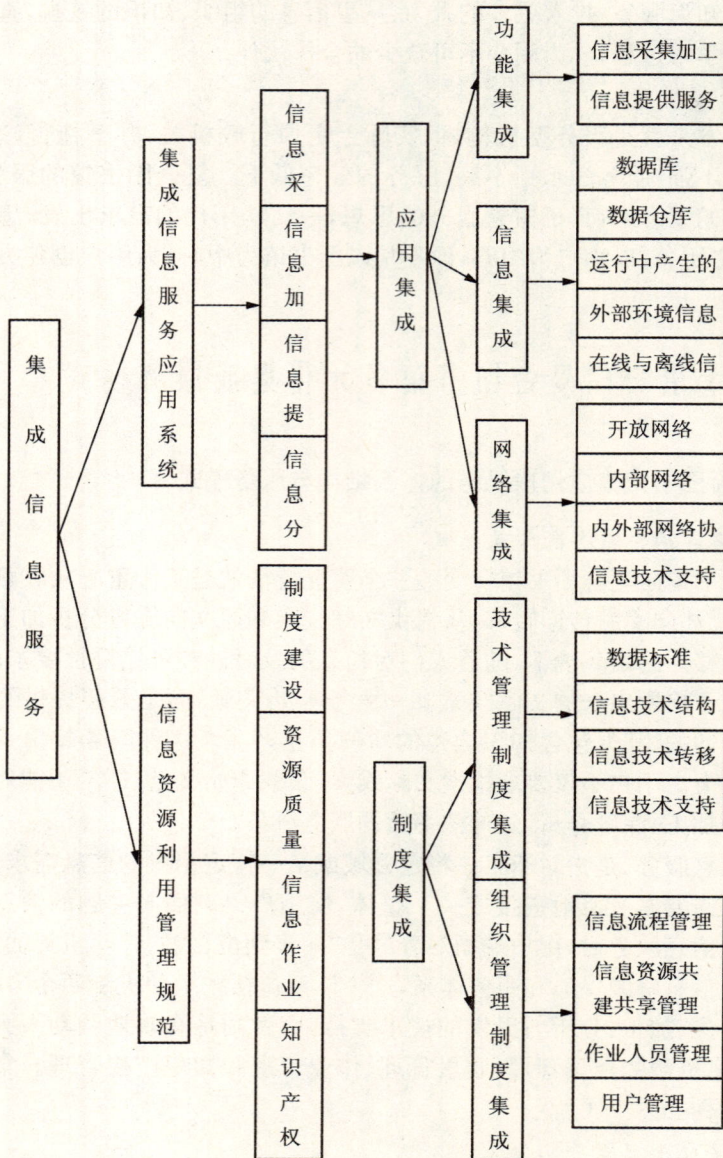

图 5.1　集成信息服务体系结构

实现检索、采集、分析、加工和提供的无缝连接,实现各种服务方式之间的有机结合。集成信息服务的一般模式见图 5.2。

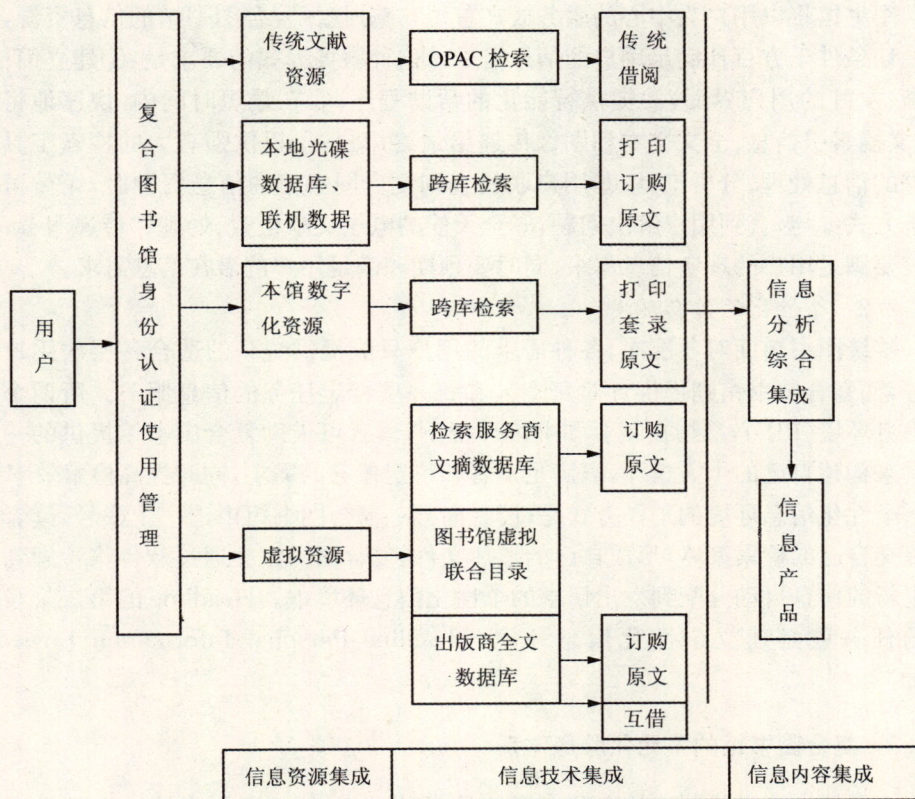

图 5.2　复合图书馆集成用户服务的一般模式

5.2.2　复合图书馆以用户为中心的服务模式

复合图书馆以用户为中心的服务模式包含两层含义：一是按用户需求提供信息服务，即"用户驱动"的信息服务，二是按照用户或用户群的特点来组织信息资源，创建个性化的信息环境。

5.2.2.1　"用户驱动"的服务模式

传统图书馆以印刷型文献为中心，所提供的服务为以馆藏为中心。重藏轻用是以馆藏为中心的服务模式的最基本特征，图书馆的一切工作和服务都是围绕馆藏开展的。尽管也提倡"读者第一"、"用户至上"的服务原则，但馆藏资源和技术条件的限制使这一原则没有得到切实有效的履行。

复合图书馆以分布式的数字化信息为馆藏资源，藏用结合、以用为主是复合图书馆服务模式的基本特征。服务理念的改变，馆藏范围的扩展，技术条件的成熟，要求图书馆将以用户为中心的服务放在首位,充分挖掘复合图书馆的信息资源,创造一切条件千方百计满足用户的信息需求。这种服务模式的要求是:①建立简洁、清晰、友好的用户界面;②提供智能化的帮助程序;③在最短时间内,快速地将书目、文摘索引信息、全文文本和图像传递给最终用户;④提供强有力的检索工具和先进的信息处理、分析工具;⑤用户联机查询复合图书馆的信息资源时,馆员可以电子方式参与,直到用户解决问题;⑥全天候的电子文献检索、处理和传递服务;⑦不仅要满足用户的现实信息需求,同时要预期和满足用户的潜在信息需求。

5.2.2.2　个性化的信息环境

传统图书馆面对各层次、各种需求的用户只能提供统一的适合各层次用户的服务,而复合图书馆则提供针对每个人和每一项特定任务的信息服务。所谓个性化信息环境(PIE),是指在复合图书馆环境下,读者可借助复合图书馆提供的一套工具来构建自己的个人馆藏,以满足读者和特定任务的需求,同时提高检索效率。

个性化信息环境的工作方式是,读者向某一复合图书馆申请一个账号,读者可以提交自己的检索策略,形成自己的描述文件,复合图书馆会通过软件将检索到的或更新的信息自动分配到发出请求的个性化信息环境中。Headline 的第二阶段解决的任务就是建立个性化信息环境(Headline Personal Information Environment)[237]。

5.2.3　复合图书馆的多元化服务体系

信息技术特别是网络技术和多媒体技术的进步,使复合图书馆一方面发展了传统图书馆的服务方式,另一方面又推出了许多基于网络环境的新的服务手段,大大拓宽了图书馆信息服务的范围,形成集多种服务方式于一体的多元化服务体系。复合图书馆的读者服务既是对传统图书馆的继承,又是对传统图书馆信息服务的扩展,更是在传统图书馆基础上的发展和创新。

表 5.2 为复合图书馆与传统图书馆服务方式的对比,由此可以看出一个显著变化:图书馆服务的重点从传统图书馆以文献借阅为主的服务方式所体现的"物的传递"转变为复合图书馆对读者进行知识援助和信息素质培养所体现的"知识的传递"。

表 5.2　复合图书馆与传统图书馆服务方式的对比

图书馆类型	服务形式						
传统图书馆	借阅服务、馆际互借	复制服务	用户教育	到馆学习	参考咨询	展览服务	印本资源建设
复合图书馆	联机互借、文献传递	下载、套录、打印	网上用户教育	远程学习服务	数字参考服务	虚拟展览	网上虚拟资源建设

5.3　复合图书馆的用户教育模式——网上用户教育

用户教育一直是图书馆服务的一个重要组成部分,是图书馆有效开展其他服务项目的基础。在近百年的发展过程中,经历了从传统教育到计算机辅助教育、从基本技能教育到信息能力培养的演变。近几年来,随着 Internet 和 Web 技术的发展,电子信息和网络资源的迅速增加,在向图书馆用户教育提出新的挑战的同时,也为图书馆用户教育提供了新的发展机会。越来越多的图书馆开始将用户教育融入图书馆 Web 站点服务,网上用户教育得到了迅速的发展。网上用户教育发展的初期,主要是以 e-mail 和 listserv 两种方式进行,用户需要进行登记和订购才能获得网上用户教育的内容,使用起来非常不方便,并且在互动性和多媒体应用方面也受到很大的限制。随着复合图书馆的发展和用户教育需求的不断提高,网上用户教育与网络有效地结合,充分利用了网络的各种技术特点,全面展示出网上用户教育的各种优势。

5.3.1　网上用户教育与传统用户教育的比较

我们在此用表格的形式首先对网上用户教育与传统的课堂用户教育进行一番比较,以分析两者之间的区别(见表 5.3)。

表 5.3　课堂用户教育与网上用户教育的区别

比较角度　　　　教育类型	课堂用户教育	网上用户教育
教授方式	各种技能水平的用户接受同样的教育	单个用户通过超链接与计算机进行互动
教育资料	可以很容易地适应特定班级的要求	必须以一种典型的方法编写,以适应大多数用户的需要
成本分析	少数辅导人员为大量用户服务	需要大量的初始时间投入和持续维护
所需时间	辅导时间取决于课程安排	辅导时间取决于用户
评估	在大型课堂中较少有反馈; 个人化的反馈; 反馈是滞后的,以考试的形式体现	自我测试的程序化环境; 反馈通常是标准化的; 即时反馈成为可能

由上表可以看出,网上用户教育的优势主要体现在以下几个方面:

(1) 网上用户教育的最大优势就在于它的互动性和多媒体特性,这不仅增加了用户学习的兴趣和动力,而且可以非常直观地对一些难以用书面和口头方式进行表达的内容进行演示,并且还可以迅速获得用户的反馈意见;

　　(2) 网上用户教育的内容可以很方便地进行即时的更新、添加或删除。当出现了新的检索工具或数据库中添加了新的数据时,网上用户教育就可以同步反映这些变化;

　　(3) 网上用户教育使我们不仅可以对某一特定信息源或工具的使用方法提供指导,而且能够就信息源或工具的选择、本地和远程信息源或工具的集成利用等提供建议和帮助;

　　(4) 用户可以在需要的时候再次或多次利用网上用户教育资料,以获得更多的帮助;

　　(5) 网上用户教育不受时间、地点的限制,这在远程教育日益发展、远距离用户迅速增加的今天,具有重大的现实意义;

　　(6) 组织良好的网上用户教育可以集成多个专家的意见和建议,等于有几个信息专家在同时对用户进行指导;

　　(7) 网上用户教育可以降低教育的成本,特别是在需要接受教育的用户数量达到一定的规模时,这方面的优势尤其明显。

　　任何事物都具有两面性,我们在组织和提供网上用户教育时,不仅要清楚其所具有的优势,还必须分析其内在的局限性,只有这样,才能够做到扬长避短,最大限度发挥网上用户教育的作用。总的来说,网上用户教育的局限主要表现在:

　　(1) 网上用户教育的对象主要局限于那些能够上网的用户,这就不可避免地限制了网上用户教育的对象范围;

　　(2) 网上用户教育虽然能够通过 e-mail 等方式获得迅速的反馈意见,但却缺乏与用户的直接接触,而后一种方法往往也是不可缺少的;

　　(3) 有些用户对计算机和网络比较陌生,需要一些手把手式的辅导,而在网上用户教育环境中,这些需要专门辅导的用户是不太可能接触到网上用户教育资料的;

　　(4) 由于技术环境和信息环境的变化非常迅速,所以网上用户教育资料的组织和维护比传统用户教育需要更多的时间和精力。

5.3.2　网上用户教育的内容方式

　　不同的图书馆 Web 站点所开展的用户教育的内容和范围各不一样,表现方式也千差万别;并且同一个图书馆 Web 站点往往会同时开展几个用户教育计划,分散在不同的服务项目中。我们将网上用户教育计划初步划分为五个类型,即图书馆基本知识教育、综合能力教育、面向学科的信息教育、特定数据库使用辅导、Internet 教育。

　　(1) 网上用户教育中的图书馆基本知识教育部分,相当于对新用户所开展的入馆教育。一般分布在图书馆简介、图书馆导航图、读者指南、图书馆联系方式等的网页上,内容主要包括图书馆历史与现状、图书馆的开馆时间、图书馆的地理位置与馆内布局、图书馆的有关政策和各种规章制度、图书馆服务介绍、各项服务的联系人和 e-mail、图书馆馆藏信息资源介绍、图书馆馆藏的组织方法及其使用等,不仅包括物理图书馆,而且包括数字图书馆,其目标是要使用户对图书馆有一个基本认识,能够熟练利用物理图书馆和数字图书馆(复合图书馆)。

(2) 网上用户教育中的综合能力教育部分,相当于我们平常所开设的文献检索课,但又不完全相同。综合能力教育主要有两个目标,一是使用户能够对各种信息源进行有效的检索,二是使用户学会对不同的信息源进行评价,从中选择适当的信息源。综合能力教育一般作为单独的课程设计出现在独立的网页上,采取模块式的组织方法。一门完整的综合能力教育课程一般应包括以下八个教学模块:图书馆馆藏与服务、信息导论、数据库检索、信息源的查找、Internet 信息的利用、信息源的评价、信息道德、信息检索策略的形成。

(3) 面向学科的信息教育则相当于专业文献检索课,目的是针对特定学科或课程进行信息查找方面的辅导,这种辅导一般应由图书馆人员与专业人员合作完成。主要包括六个方面的内容:①对如何进行专业研究提供指导,②提供进行专业研究所需要的可能信息源,③指出所选择信息源在图书馆的具体位置,④提供各种专业研究辅导工具的具体信息,⑤提供不同信息源间的连接,⑥为 Internet 上的专业信息提供连接。

(4) 特定数据库的使用辅导是针对某个数据库所给出的详细指导,与数据库建立直接的连接。这些数据库包括图书馆的联机目录数据库、馆藏数据库、网上获得使用许可的商业数据库、自建的各种数据库等。一个完整的数据库使用辅导一般由八个部分组成:数据库简介(如何访问数据库)、主菜单(了解连接和断开连接的过程)、基本检索技巧(介绍检索式的具体构建方法)、检索结果的显示、检索策略的进一步细化、显示格式、保存与打印。

(5) Internet 教育是网上用户教育的重点,也是用户最感兴趣的一个内容。但目前图书馆 Web 站点所开展的 Internet 教育大多是采取直接连接现成教育资料的方式,其中连接最多的是 Microsoft 的 Web 教程,这往往使用户教育缺乏针对性,并且用户使用起来也存在许多不便之处,如这种连接有时会无法连通等。因此,图书馆 Web 站点应尽量根据目标用户群的实际情况设计自己的教育内容。完整的 Internet 教育课程应包括如下的内容:Internet 介绍(定义及发展过程)、Internet 工作原理、电子邮件及其使用、电子讨论组、远程登陆及其使用、FTP 及其使用、主要搜索引擎及其使用、主要主题网关介绍、Internet 信息资源的评价方法和标准等。

5.3.3　网上用户教育的组织设计

一旦决定了要开展网上用户教育,那我们要做的第一件事就是要广泛征集各种新的思想和建议,充分利用已有的用户教育方面的经验,仔细检查各种可能对用户造成困难的因素,将这些因素列出一个清单。然后对各种思想和建议进行分析,选择出一种或两种最好的想法,就下列问题给出明确的答案:①哪些人拥有这方面的经验或能力? ②所选定的数据库、文件等位于何处? ③用户教育计划的主要对象是谁? 为什么? ④哪些人可能为这一教育计划提供帮助? ⑤目标用户是否具有一些明显的特点? 具有哪些特点? ⑥用户会从教育计划中获得哪些益处? ⑦这些益处能否得到评价或测度? 回答了上述问题之后,下一步就要确定资金问题。对各种想法和建议所需的资金进行预算,剔除那些耗费资金太大或没有资金可能的想法,尽量缩减所需要的资金。资金问题落实以后,下一步就要制定一个工作计划。工作计划应包括各种决策、资金分配、人员落实、责任分工、工作进度、各种标准等。最后,根据工作计划的安排进入到实际组织和设计阶段,这一阶段关系到网上用户教育计划的最终结果,涉及的问题非常多,下面我们主要从用户学习动力、课程模块组织和互动程度三个方面,分析和探讨网上用户教育的具体组织和设计。

1) 网上用户教育的设计应能够激发学习者的兴趣和学习动力

学习者的学习兴趣和动力来自内部和外部两个方面。外部动力包括课程作业、多媒体应用和反馈机制三个因素。课程作业对于激发学习者对图书馆用户教育的兴趣非常重要,因此,网上用户教育的每一个模块最好都设计一个或几个要求用户自己完成的作业题,也可以集中设计一个专门的作业模块。例如 California 大学洛杉矶分校图书馆的名为"Hoax? Scholarly Research? Personal Option? You Decide!"的用户教育计划就设计了一个联机练习,让用户评价 Web 网页和回答一些问题。

虽然许多人都认为,只要使用最新的技术和充分利用多媒体就足以将用户吸引到网上用户教育网页,但事实并不尽然。Brandon Hall 认为,网上培训中对多媒体的使用程度应取决于培训计划的设计需要,而不是一味地追求使用最新技术。例如,各种图片和插图对于说明各种问题和保持用户的注意力和兴趣有很大的作用;然而,多媒体的使用会使成本增加,下载速度减慢、增加用户的等待时间、并要求用户有高质量的终端机。因此在多媒体的使用方面要坚持少而精的原则,不要过多地使用图片文件。

为用户提供外部学习动力的第三种方法是,在课程模块中为用户所遇到的实际问题提供即时的反馈。这种方法会促进和鼓励用户继续学习,达到加强教育效果的目的。我们可以设计各种按钮和表格,让用户从所给出的几个可能的答案中进行选择,然后使用所编写的 CGI Script 判断其正确与否。

　　让用户具有内在学习动力的方法,可以使用户能够主动参与到学习的全过程,这可以通过要求用户将所学到的新知识应用到现实问题中的方法来实现。例如,Florida 大学图书馆 Web 站点的联机目录辅导计划 WebLUIS Tutorial,可以让用户在不离开辅导网页的情况下,打开一个 Web 帧,对联机目录进行实时检索;California 州立大学图书馆 Web 站点关于如何界定研究课题的一个辅导模块中,有许多表格框可以让用户键入有关研究课题的问题、重要的词汇、和一些更细致的问题,引导用户完成对一个示范课题的限制和界定过程;James Madison 大学图书馆 Web 站点的“Go for The Good”综合能力教育课程中,有一个关于信息道德问题的教育模块,这个模块中包含了一系列的实例,学习者必须从中选择适当的道德行为。在上述的几个辅导计划中,用户都必须要充分理解和掌握各种理论,才能够将所学到的知识应用到实际问题中。这种主动学习(active learning)不仅能够提高用户的内在学习兴趣和动力,而且也有助于用户巩固所学到的理论和技能。

　　2) 网上用户教育课程的模块组织

　　大多数网上用户教育课程通常由几个小的模块组成,每个模块负责教授某种特定的图书馆理论和技能。这样,传统的辅导方法就可以直接用来将图书馆教育转化为 Web 形式。图书馆员首先确定用户教育的目标和大纲,然后,按照循序渐进的逻辑过程设计辅导内容,使用户可以逐步掌握达到目标要求所需要的各种技能。一些必要的辅导资料可以按照图书馆员所确定的顺序联机提供给学习者,在辅导过程中可以经常给用户提一些问题,也可以设计一个最终的测试。这种传统的辅导系统设计模型对于简单的、结构良好的网上学习非常有效,但是这一模型的前提是所有用户都具有相同的能力水平和学习目标,是利用 Web 形式来对所有用户进行传统的课堂式教育。正如主动学习正在改进所有的辅导过程一样,对超文本的合理使用也能够改进网上用户教育,使其在一定程度上达到一种认知模式。

　　如果我们的网上用户教育设计,使用户可以对学习路径有一定程度的选择自由,就会满足不同能力水平和不同学习目标的用户要求。例如,设计一个单独的帧,使其包含一个具有连接功能的课程目次表,这个表不仅会使学习者对学习资料始终有一个总的印象,而且允许学习者选择自己的学习顺序和自己所需要的学习内容。如果学习者在没有完成学习时就想离开,那他可以在随后的任何时间利用这个具有连接功能的目次页,返回到所要学习的内容,从而避免了一些不必要的重复。模块中的各种导航工具,如按钮、图标和文本链接等,使学习者可以对资料进行评价,可以在需要的时候在模块内部和不同模块之间进行移动。如果愿意的话,还可以获得一些附加的解释和说明。这种灵活性可以使用户获得有针对性的辅导,既可以鼓励初学者,又不至于使熟练用户感到厌烦,从而保持学习者的兴趣和内在的学习动力。模块组织方法将辅导信息分成几个不同的部分,每个模块又可以再进行细分,然后再加上一些总结和评论,这样有助于学习者对资料的逐步吸收消化,使学习者可以按照自己的思维方式组织资料。这种方法还有利于对各种实际问题进行解答,有利于学习者的反馈。在网上用户教育的组织和设计中,还要合理地利用各种箭头符号、色彩、图标、重点显示、空白等,帮助学习者关注重要的内容和弄清资料的组织。

3) 网上用户教育的互动设计

学习过程中的互动有利于增加学习者的学习动力,为学习者提供各种技能实践的机会,以及评估学习者的学习效果。对于简单的知识可以采用死记硬背的学习方法,但对于复杂的知识,就要求学习者将所学到的知识应用到具体的实际问题中,以加深学习的效果。当学习者看到自己所学到的知识得到具体应用时,他们就会增加学习的积极性,并且能够将所学知识与自己以前的经历相联系。前面所讨论的在网上用户教育设计中,利用诸如帧、表格和按钮等设置来在教学模块中进行知识应用的例子,就说明了这个问题。采用实践模拟的方法也能够为学习者提供应用所学知识的经历,图片和动画的使用可以补充那些用文字无法说明的问题,或者让用户展示自己对所学知识的理解程度。例如,在 Louisville 大学图书馆 Web 站点的用户教育计划的一个模块中,就利用图解的方法来生动地说明布尔逻辑算子的组合操作过程。在另外一个模块中,利用动画手段要求学习者将所给定图书放置到适当的主题框中;Penn 州立大学图书馆 Web 站点的索书号辅导计划则要求学习者将图书按照正确的顺序放到虚拟的书架上。随着网上用户教育计划的不断增加,类似这样的设计方法将会得到普遍应用。

要掌握复杂的知识就要求学习者能够参与到新知识的产生过程中,参与对所学知识的自我评价、分析和应用。Washington 州立大学图书馆 Web 站点的“图书馆研究活动(Library Research Activities)”用户教育计划就是一个这方面的典型例子。这一计划的目的是向用户讲授如何构建一个成功的检索策略,通过一系列的问题和提示,引导学习者经过复杂的思考过程,将所学到的知识应用到自己的具体课题中。这里的课题是由学习者自己选定而不是由图书馆员预先设置,要求学习者在给定的表格框中填写上选定的课题、简短的课题描述、所想解决的问题以及可能的检索款目等,然后采用提问和提示相结合的方法指导学习者一步步构建出一个成功的检索策略。学习者的全部答案将被编辑成一个单独的网页,以便于分析、阅读和打印。

总之,复合图书馆的各种因素,如超文本环境、帧、CGI-script 以及其他一些更新的技术,使得图书馆员能够超出简单展示信息的传统做法,设计出学习者所欣赏的、能够展现学习者对所学理论和技能掌握程度的、使学习者能够在虚拟现实中进行学习的网上用户教育课程。

5.4　复合图书馆的参考服务模式——虚拟参考咨询

数字参考服务(Digital Reference Service，DRS)，又称虚拟参考服务(Virtual Reference Service)或在线参考服务(Online Reference Service)、电子参考服务等(Electronic Reference Service)，是一种基于计算机网络的帮助服务机制。通过它,用户可以以电子的方式提出各种问题,请求网上的"信息专家"给予回答,而信息专家的回答也以电子的方式反馈至用户。因此 DRS 具有两个明显的特征:首先,区别于传统图书馆参考服务中用户与参考馆员直接面对面的或电话式的信息传递方式,DRS 中用户的提问和专家的回答采用了当今主流的网络信息交流工具;其次,区别于一般网络信息搜寻过程,DRS 是以多主题领域的信息专家直接响应用户的各种提问,是一种人工协调的提问—回答服务。专家对用户提问的回答可以是直接、事实性、知识性的最终答案,也可以是印刷版、数字化的源信息的指示线索,或者是两者的有机结合。目前,虽然国外数字参考服务具体名称、形式、内容和服务对象并不规范,但总体上在很多方面都是一致的。

5.4.1　数字参考服务的主要形式

1) FAQ 服务

FAQ(Frequently Ask Question)服务即常见问题解答,是复合图书馆最基本和最简单的数字参考服务,是将用户经常咨询到的一些问题和答案进行分类,并编辑成网页,在图书馆的主页上建立链接入口。一个界面友好、检索方便、答案全面的 FAQ,不仅是图书馆的使用指南,而且也是开展数字参考服务非常有价值的参考源。

2) 电子邮件参考服务

基于电子邮件的参考服务是当前国内图书馆最流行的数字参考服务。一般来说,在图书馆主页或参考咨询服务的网页上都设有"参考咨询服务信箱"的链接入口,用户通过链接将需要解决的问题以电子邮件的方式传送给图书馆的咨询馆员;而咨询馆员在收到邮件后,按咨询内容分门别类,分发给相应的咨询专家,专家则在一定的时间内将答案通过电子邮件方式传送回用户。部分图书馆还要求用户下载或填写相应的电子表格提交单,内容主要包括用户身份、联系方式、咨询内容、检索要求、时间限制等等。

3) BBS 讨论区

电子公告系统(Bulletin Board System,即 BBS)早在 20 世纪 80 年代初就应用

于图书馆,在 BBS 上任何人都可以通过发贴的方式就有关问题向其他人请求帮助,还可同其他人进行交流和沟通。一般来说,图书馆的 BBS 是宣传和教育的园地,也是图书馆信息公告的场所,同样也是图书馆数字参考服务的重要区域。如水木清华的"图书馆专版",中国科学院研究生院的"科苑星空"的"e 图淘宝"。

4) 实时数字参考服务

随着数字参考服务开展的深入,用户不仅希望缩短专家解答问题的时间,还希望能与参考馆员进行在线的实时信息交流,实时数字参考服务已成为数字参考服务的一种趋势。其中,借助聊天工具软件开展实时数字参考服务是当前图书馆最简单、实用和方便的一种形式,使用较多的工具软件有:AOL Messenger、MSN Messenger、ICQ、OICQ、UC 等等,这些工具软件能提供实时的文字交流和语音交流功能,部分软件如 UC 还能提供实时的视频对话功能,基本上能满足一些简单的参考咨询需求;而且由于免费、普及和易用的特点,成为一些图书馆开展实时数字参考服务的重要手段。由于聊天工具软件不具备网页推送、同步浏览、日志归档、提问转移等数字参考服务中的高级功能,许多图书馆开展数字参考服务更多地借助一些商业化的实时咨询软件来建立参考咨询平台。国外著名的咨询软件有:由美国 Library System and Service LLC 公司开发的 VRT(Virtual Reference Toolkit)实时咨询软件;由洛杉矶公共图书馆联盟(Metropolitan Cooperative Library System)开发的 24/7 Reference 软件等。自 2006 年 10 月 30 日起,中国科学院国家科学图书馆联合全院的力量提供了"9-9"(上午 9 点到晚上 9 点)每天 12 小时的网络实时参考咨询,更好地适应了科研用户 8 小时内外的科研需要。

5) 合作数字参考服务

合作数字参考服务代表了数字参考服务的未来,它是由图书馆之间按一定的方式组织起来,为网络用户提供的一种数字参考服务。网络的便利给图书馆之间开展合作数字参考服务提供方便之门,面对一些复杂的咨询问题,有必要加强图书馆之间的协作和合作,解答用户的难题。在国外,图书馆往往以联盟的形式结成一个合作整体,为用户提供地区性的、全国性的数字参考服务。比较著名的有:1997 年英国公共图书馆网络联盟的 Ask A Librarian;2000 年美国国会图书馆和 OCLC 联合开发的合作数字参考服务 CDRS(现为 QuestionPoint)等。

5.4.2 数字参考服务的现状

近些年,国内外有多人对数字参考服务的开展情况进行调查,反映了数字参考服务迅速发展的事实。由于图书馆数字参考服务发展非常快,这些数字也在发生很大的变化。2002 年,美国有人着手对参与到数字图书馆计划中的一些公共馆、高校馆的现实服务状况进行调查、资料收集与分析工作。调查的内容主要围绕两个方面:一是在所有的参评馆中,已开展数字参考服务的馆究竟占多少比例? 二是这些全新数字服务究竟有何特征? 专家们之所以将学术性图书馆作为此次调查的重点,主要是因为在一般人的印象中,此类型的图书馆都开展数字参考服务,可为深入研究提供较为全面的样本。同时,学术馆的网址较之一般的学术组织的网址更易获得,为数据的收集提供了便利。

具体来说,这次调查从 931 所学术图书馆中,随机抽取了 150 所图书馆进行研究。在所有参评的图书馆中,有 146 家(约占 97.3%)的网址可被找到,而其中有 67 家开展了数字参考服务(约占 44.7%)[238]。

2004 年,国内有人对我国高校图书馆的数字参考咨询服务现状进行了网上调查,共浏览了 150 个高校图书馆的主页,调查结果见表 5.4 和表 5.5[239]。

表 5.4　图书馆有无 DRS 服务的数量

图书馆有无 DRS 服务	图书馆数量	比例
无法登录	60	40%
无 DRS 服务	20	13.3%
有虚拟咨询台但无法连接	5	3.3%
有 DRS 服务	65	43.3%

表 5.5　图书馆 DRS 服务的方式与数量

图书馆 DRS 服务方式	图书馆数量	比例(占参加测试图书馆)
FAQ	46(其中可检索 14 家)	30.7%
Email	30	20%
实时服务	18	12%
读者留言或 BBS	47	31.3%
在线参考工具	6	4%
网络化合作参考咨询	6	4%

5.4.3　合作数字参考服务

1) 合作数字参考服务的含义

合作数字参考服务(CDRS)是若干图书馆及相关机构联合的形式,为地域分布的用户提供专业的参考服务。这个服务利用最新的技术并以最好的形式提供最好的答案。它不仅有效地利用了本馆的专家资源,而且还利用了更多图书馆的专家资源。CDRS 给图书馆为最终用户的服务提供更多的选择,图书馆可将用户的问题发送到 CDRS 中心,CDRS 通过遍布合作单位甚至是全世界的专家及成员,为用户提供最好的答案。

2）合作数字参考服务的运作

各种合作数字参考服务的运作模式大致相同。以 QuestionPoint 为例:任何类型的图书馆都可向 QuestionPoint 中心提出申请,并可在线填写申请表格;经过中心相关管理部门的一致同意后,就可加入 QuestionPoint。一旦成为 QuestionPoint 成员后,图书馆和他们的本地用户将是主要的受益者。终端用户可通过他们的本地图书馆提出咨询问题,那些不能回答的问题将被送到 QuestionPoint。

为了有效规定成员与 QuestionPoint 之间的权利与义务,QuestionPoint 制定了成员服务层次协议(SLA)。该协议是规定本地图书馆和 QuestionPoint 之间关系性质的条款,这一条款会写进参与的图书馆档案中。SLA 中规定了各种不同类型的参与形式,参与的图书馆可根据自身的力量和局限性来选择。例如,一个图书馆可同时愿意向 QuestionPoint 提问和回答 QuestionPoint 发送的问题,或者只是愿意向 QuestionPoint 提问题而不想回答分配的问题,或者只在特定的时间段里向 QuestionPoint 提问和回答 QuestionPoint 的问题;还可选择作为 QuestionPoint 运行过程中所需的知识库的编辑而享受一定权利的成员身份。除了规定合作图书馆之间的角色和任务之外,SLA 最终还确定一个图书馆要成为 QuestionPoint 不同类型成员的费用。

QuestionPoint 工作流程是:一个终端用户通过 QuestionPoint 的一个成员机构来提交问题,这个成员机构将提问发送到在线的提问管理软件进行处理。提问管理器接着查询 QuestionPoint 的一个关于成员机构档案的数据库,查找最适合回答这个问题的成员馆。匹配将会基于以下的一些数据:服务的时间(包括时区)、主题特色、馆藏的范围及服务的用户类型等等。这个匹配在几毫秒内就完成。一旦决定哪个机构最适合于回答某个问题,提问管理器就会确定路径并进行分配,并将提问送至该机构。当这个提问被回答之后,通过提问管理器将答案送到原来的那个图书馆,同时提问管理器结束这一事件的监控并完成其他的管理任务。所有的寄送答案的处理也只在几毫秒内完成。

5.4.4　开展数字参考服务要注意的问题

要成功地开展数字参考服务,特别是 e-mail 形式的参考服务,必须注意以下几个方面的问题:

(1) 数字参考服务对用户提出了更高的要求。从表面来看,在参考服务的全过程中,服务人员做了全部或大部分工作,用户获得了全部的收益。但是,在图书馆 Web 站点为用户提供详尽的 Web 表格的情况下,用户实际上也就参与了参考接洽的全过程,用户需要花费相当的时间和精力,按照 Web 表格的要求来表述自己的信息需求。而当图书馆 Web 站点只是简单地提供一个参考咨询的 e-mail 地址时,用户所需要做的工作就会更多,他们要自己确定如何表述问题,确定为服务人员提供哪些方面的信息。

(2) 用户基础问题。要成功地开展数字参考服务,必须保证有一个雄厚的用户基础。这主要表现在三个方面:一是目标用户要有基本的上网条件,这是限制虚拟参考咨询开展的一个重要因素;二是用户要有基本的计算机知识,习惯经常使用计算机,国外的一项研究表明,用户使用计算机的水平和频率与他们使用图书馆Web 站点服务有着密切的联系;三是用户对虚拟参考咨询的认识,只有当用户真正认识到虚拟参考咨询的潜在价值时,这项服务才能够有效地开展,图书馆要利用各种途径向目标用户宣传所开展的服务项目,当然,使用过这项服务的用户的口头宣传也是一条重要途径。

(3) 服务人员的素质问题。数字参考服务是在用户与服务人员互不见面的情况下进行的,因此,用户对服务的评价主要取决于他们对答案的满意程度,这就要求服务人员要认真对待和处理每一个咨询请求,尽量给用户一个满意和详尽的答复。如果确实无法回答某个问题,或用户所咨询的问题超出了虚拟参考咨询的范围,也要向用户说明具体情况,或给他们提供一些建议,而不能搁置不理,这样会挫伤用户继续使用这一服务的积极性。

(4) 服务的评估问题。参考服务的评估历来是一件比较困难的工作,数字参考服务的评估则具有更大的难度,特别是当用户收到答案而没有相应的反馈时。目前,数字参考服务评估的主要方法是分析服务记录,e-mail 可以让服务人员很容易地自动记录下每次咨询请求的详细情况,并可以长期保存。但在利用这种方式时,应明确地告知用户,例如可以在 Web 表格中增加如下的提示:"您所发送的信息将被收集保存一年,以便于我们对这项服务进行评估"。

(5) 要从用户的角度设计数字参考服务。数字参考服务的设计要考虑到用户的需求,而不能仅从服务人员的角度进行设计。充分考虑到用户实际需要的服务设计才会受到用户的欢迎,也才会取得成功。

5.5　复合图书馆的定题服务模式

定题服务,又称 SDI 服务,即 Selective Dissemination of Information service。它是一种根据读者需求,定期不断地将符合读者需求的新的信息传送给读者的一种服务模式。五十年代定题服务的过程完全是手工方式,当时的图书情报人员定期地将本地收藏文献中有关某个学科领域的期刊会议文章挑选出来,有针对性地提供给研究人员。这种完全以手工操作的处理方式投入大而效率低。自六十年代数据库技术出现以来,定题服务中手工挑选文献的过程由计算机的检索功能代替,计算机根据用户的委托或专业情报人员确定的检索文档定期检索出所需文献并打印出来,但检索结果的分发仍需要人工进行。网络技术的发展使信息传播变得日益简便,定题服务的检索结果借助于 e-mail 可以直接传递到最终用户的桌面,用户也可以直接远程联网到文献服务系统,建立和修改个人的检索文档。目前,复合图书馆所开展的定题服务主要有两种方式,一是直接连接和订购其他机构的网上定题服务,主要是网上期刊目次通报服务;二是图书馆自己为目标用户群开展的定题服务。

5.5.1　网上期刊目次通报服务

网上期刊目次通报服务是目前复合图书馆使用最普遍的一种定题服务方式,大多数国外图书馆和一部分国内图书馆都连接或开发了一种或几种网上期刊目次通报服务。目前图书馆使用的网上期刊目次通报服务形式主要有三种:一是由专业书目信息服务机构提供的网上期刊目次通报服务,这类服务通常都是收费的。二是由出版社提供的网上期刊目次通报服务,这类服务是出版商的一种营销策略,因而都是免费的;现在很多数据库商都提供了 alert 服务,可以免费注册申请。三是由图书馆自己开发的网上期刊目次服务系统,这类服务对法定用户免费,对非法定用户则要收取一定的服务费用。

1) 专业书目信息服务机构提供的网上期刊目次通报服务

CARL 公司的 Uncover Reveal Alert 服务:Uncover 是 CARL 公司(Colorado Alliance of Research Libraries)的一个主要产品。其宗旨是提供期刊文献资料的各种信息产品和服务,其目标是为那些以期刊为手段获得信息的用户提供及时、全面而且效果显著的服务。订购 Uncover Reveal Alert 服务的用户,只要根据本人需要确定最多50种期刊名及25组检索策略,就可以每星期获得一批从1万7千余种期刊中过滤出的、最新出版的期刊目次信息(E-mail 方式直接传送到用户指定的电子信箱里)。Uncover Reveal Alert 服务的订购方式有三种:个人用户、团体用户和站点许可用户。个人用户(Individuals)以个人名义订购,建立个人的文档。每人每年的费用为25美元。团体用户(Table of contents Re-distribution)以团体方式订购,建立"集中文档",Uncover 每星期将集中文档检索出的信息以 e-mail 或 FTP 的方式发送给团体内成员,发送的人数不限。站点许可用户(Academic Site License)以站点许可的方式订购,平均每个用户的年费用要比个体用户低40%左右,这种方式适合于有大量用户群且关心不同研究领域的情况。

BIDS 的 AutoJournals 服务:BIDS(Bath Information & Data Services)是英国高等教育系统的三大书目信息服务中心之一,位于 Bath 大学,提供对几个重要书目数据库的存取服务。BIDS 的网上期刊目次通报服务 AutoJournals,可以让用户获得多达 50 种期刊的目次服务,需要这项服务的用户必须进行登记和注册。用户需要输入自己的 e-mail 地址,并选择一种信息传递方式;系统将给用户一个列表确认号码,选择自己所感兴趣的期刊,将所选期刊添加到列表中。选择完毕后,用户还可以检查和修改。AutoJournals 列表有一个有效时间,每过六个月需要更新一次。系统将在有效期前一个月用 e-mail 通知用户如何更新自己的期刊列表。用户必须及时进行更新,如果截止到有效期还没有更新,这个列表将被系统自动删除。

2) 出版社提供的网上期刊目次通报服务

Springer 的 LINK ALERT 服务:LINK ALERT 是 Springer 出版社为用户提供的一种期刊目次(文摘)通报服务,无论用户是否订购了印刷本的期刊,均可免费获得这种服务。每当用户所选择的期刊有新的一期出现,用户就会通过 e-mail 自动收到这一期的目次表;目次表与各自的文摘相连接,用户可以通过连接免费阅读所感兴趣文章的摘要。如果想要检索文章的全文,用户或用户所在机构必须事先订购这份期刊。

Elsevier 科学出版社的网上期刊目次通报服务:Elsevier 科学出版社为了支持自己的出版计划,提供了一系列的网上期刊目次、文摘通报服务,这些服务大都是免费的,但有一些服务只面向订购其期刊的机构。这些服务可划分为三种类型,即 ContentsSearch、ContentsDirect 和 其 他 通 报 服 务。ContentsSearch 是通过 Elsevier 出版社站点提供的一种期刊目次通报服务,主要提供 1995 年以后出版社出版的 1 100 多种科技期刊的目次,每周更新一次。ContentsDirect 是一种免费的 e-mail 通报服务,将 Elsevier 出版社的最新期刊和图书目次,在正式出版之前发送到用户的电子信箱中。

3) 国内图书馆外文期刊目次通报服务

国内图书馆开展的外文期刊目次通报服务,是建立在"联合西文期刊篇名目次库"基础上的。以每周更新的方式,从网上提供 EBSCO 公司 1999 年以来全部西文期刊的篇名目次数据。

5.5.2　网上定题服务的设计

网上期刊目次通报服务只是网上定题服务内容的一部分,复合图书馆定题服务的内容还应包括其他的文献类型,如图书、印前文献、科技报告、网上虚拟资源等。根据国内外图书馆 Web 站点定题服务的实践,我们对网上定题服务的框架进行了初步的设计。

(1) 网上定题服务的申请。用户要想申请图书馆 Web 站点的定题服务,必须按照图书馆 Web 站点的要求填写定题服务申请表。申请表的内容繁简不一,但至少要包括用户 e-mail 地址、检索式、个人虚拟书架号、定题服务的发送频率等几项内容,有的还要求用户填写一些个人信息,如中国科学院文献情报中心的网上定题服务申请表就有用户姓名、工作单位、职务或职称、工作性质(教学、科研、商务、行政管理、其他)、联系地址、邮政编码、电话、传真、E-Mail 地址、账号(必须四位以上)、密码(必须四位以上)共 11 项内容。

(2) 检索式的形成。图书馆 Web 站点每个数据库(包括 OPAC)的检索界面,都要为用户设置一个按钮,以方便用户将自己刚完成的检索式保存为网上定题服务检索式。这个按钮一般应设置在检索结果页面的顶部,使用户能够在浏览检索结果之后,再确定是否保存这一检索式。用户必须给每个检索式分配一个别名或代码,使系统能够辨别哪个检索式属于哪个用户。用户的一个 e-mail 地址可以包含多个检索式,但每个检索式必须拥有不同的别名(图书馆 Web 站点服务器不允许用户用自己 e-mail 地址中已有的别名建立另一个新的检索式),这就要求用户所分配的别名应能够反映检索式的本质特点;如果用一些模糊的别名(如检索式 1、检索式 2……)命名许多检索式,就极容易引起问题。

(3) 检索式的认可。图书馆 Web 站点在收到用户的定题服务申请以及每一个检索式之后,都应给用户发送一个 e-mail 表示认可。这样做有两个原因:一是使用户可以记录下申请的详细资料,二是可以测试用户所给 e-mail 地址是否有效,如果图书馆 Web 站点发给用户的 e-mail 被退回服务器,则包含在用户 e-mail 地址中的所有检索式都将会被删除,并且无法恢复。

(4) 检索式的管理。用户应该能够浏览自己 e-mail 地址中的所有检索式列表,图书馆 Web 站点应在每个数据库网页中连接这一功能。当用户浏览检索式列表时,图书馆 Web 站点应为用户提供以下三种操作功能:一是对已有检索式的编辑和修改操作,用户应能够修改检索式中的部分或全部内容,从而更新自己的检索式。二是删除某个或某几个检索式的操作,用户应能够删除所选定的检索式。三是删除所有检索式的操作,使用户可以删除与某个 e-mail 地址相关的所有检索式。一旦某个检索式被删除,用户以后就不会再收到符合这一检索式标准的信息服务。

(5) 个人虚拟书架的建立与使用。如果用户不想让定题服务的内容直接发送到自己的 e-mail 信箱,则可以通过图书馆 Web 站点为用户建立一个个人网上虚拟书架,将定题服务的内容按照用户所选定的频率定期存放到这个书架上。用户可以为每个检索式建立一个虚拟书架,也可以几个检索式共用同一个虚拟书架,但用户必须为所建立的每一个虚拟书架设定一个相对应的书架号。图书馆 Web 站点系统将自动更新虚拟书架中的内容,用户也可以更改自己的书架号、删除或添加其中的文献、清除书架中的全部内容等。图书馆 Web 站点可以在检索式列表中每个检索式的右侧设置一个"查看"连接按钮,用户要查看虚拟书架中的内容时,点击这个按钮即可。

5.6　复合图书馆的网上资源开发服务模式——网上虚拟资源建设

　　Internet 的迅速普及和 internet 上信息量的指数式增长,使得图书馆用户越来越多地利用网上信息资源来满足自己的信息需求。虽然用户能够自由地在网上"冲浪",也可以使用诸如 Yahoo、Excite、Webcrawer 等已有的搜索引擎查找网上信息,甚至利用浏览器功能建立自己的网址书签列表,但是浩瀚的网上信息资源和搜索引擎的固有缺陷,使得用户在查找和利用网上信息方面越来越感到力不从心。另外,网上信息作为传统信息的扩展和补充,也正日益受到图书馆界的重视。图书馆作为传统信息的采集、组织和提供者,理应在网上信息的采集、组织和提供方面作出自己的贡献。网上虚拟资源建设已成为图书馆学的一个重要研究领域,是复合图书馆服务中最富挑战性和诱惑力,也是最具发展潜力的一个服务项目。

5.6.1　复合图书馆网上虚拟资源建设的原因

　　复合图书馆之所以要进行网上虚拟资源建设,主要是基于以下几方面的考虑:
　　(1) 通过网上虚拟资源建设将图书馆传统的信息采集、组织和提供功能扩展到 Web 空间。
　　(2) 记录下经常被图书馆工作人员和用户访问的网址。
　　(3) 补充图书馆的现有信息资源,特别是数字化信息资源。目前,由于经费紧张等诸多众所周知的因素,图书馆在资源建设方面已陷于困境,internet 上丰富的免费信息资源无疑成为解决这一困难的最佳选择。
　　(4) 用以支持图书馆员培训和用户教育。
　　(5) 现有各种搜索引擎的检索方式和结果无法满足用户的实际信息需求。
　　(6) 网上信息资源不仅庞大,而且杂乱无章鱼目混珠,有许多的信息垃圾和无用信息混杂其中,给用户的使用造成很大的困难。
　　(7) 虽然已有许多机构和图书馆在网上资源的组织方面作了不少的工作,建立了许多的虚拟信息资源库,如 INFOMINE、EEVL、SOSIG、IPL 等,但这些虚拟资源库都是按照自己目标用户群的需要而建立的,各自有着不同的信息选择标准和选择重点,无法为别的图书馆照搬套用。各个图书馆的服务对象和服务范围与重点决定了每个图书馆 Web 站点都应进行自己的虚拟信息资源建设。
　　如果一个图书馆决定了要开展网上虚拟资源建设,那他们要做的第一件事就是要进行战略规划,确定一系列的开发战略问题。首先要计划如何将网上虚拟资源与图书馆的其他服务有机合成。图书馆可以采取许多方法提供对网上资源的访问,其中最常用的方法是在网页上按主题列出对外部资源的连接。但是否可以通过基于 Web 的 OPAC 提供对网上虚拟资源的存取呢? 这种 OPAC 升级有着巨大和深远的影响,同时也存在许多的困难,但图书馆应该考虑这种选择,因为图书馆对网上虚拟资源的编目确实意义重大。图书馆也应考虑如何将网上虚拟资源与参考服务最佳地集成,一是利用网上虚拟资源建设帮助图书馆员处理参考问题,二是将网上虚拟资源建设作为虚拟参考咨询的一种补充。其次要确定网上虚拟资源建设的任务、规模、层次和存取方式。图书馆虽然没有必要为自己的网上虚拟资源收藏制定正式的任务声明,但图书馆员应该考虑如何使虚拟资源收藏满足用户的需求和与图书馆的服务宗旨保持一致。从规模上讲,图书馆员应将传统的馆藏资源建设程序应用到网上虚拟资源建设,就网上虚拟资源建设的学科领域、每个学科领域的广度和深度以及网上虚拟资源的类型等问题做出决策。一个图书馆一般拥有多个网上虚拟资源收藏,例如,网上简单虚拟参考资源的建设无论在外观、组织还是在功能层次上,都与报纸、电子期刊等网上虚拟资源建设有着很大的区别。在存取方式方面,图书馆员应考虑到用户访问网上虚拟资源收藏所需的硬件、软件和连接方式等方面的要求;第三是要制定网上虚拟资源建设的专项预算,将开发和维护网上虚拟资源收藏的所有成本包括在内,这些成本主要有技术基础设施的开发和维护成本以及工作人员的时间成本,后者包括了工作人员的培训时间、实际开发时间和网上虚拟资源收藏的维护所需的时间。这些成本预算使图书馆能够确定是否有必要增加工作人员,或重新评估图书馆其他服务项目的轻重缓急。第四是要确定网上虚拟资源的评价方法,评价方法的确定对于网上虚拟资源建设至关重要,有助于确定适当的成本预算。第五是要确定网上虚拟资源收藏的目标用户和营销策略,应在网上虚拟资源收藏所连接的每一个资源和图书馆 Web 站点间建立连接,并将网上虚拟资源收藏的 URL 发送到适当的 internet 目录和搜索引擎。

5.6.2　网上虚拟资源建设的实施

在确定了一系列的战略性问题之后,就进入了网上虚拟资源建设的实际实施阶段,这主要包括网上虚拟资源的采集、组织和维护三个步骤:

5.6.2.1　网上虚拟资源的采集

网上虚拟资源的采集过程和方法与传统文献采集有所不同,涉及到图书馆的许多部门,一般来说,采集队伍应由来自参考服务部门、采访部门、技术部门和编目部门的人员组成。参考服务部负责收集和反应用户的网上信息需求,采访部门负责确定和分析网上信息资源与馆藏信息资源的统一协调问题,技术部门负责网上资源某些技术问题的分析,如可存取性方面的问题等,编目部门负责分析网上资源的组织性能,即网上虚拟资源的可用性分析。同时,也应鼓励和欢迎用户,特别是专家推荐有用的网上资源。总之,网上虚拟资源的采集是一个综合的集成过程,是网上虚拟资源建设质量的基础,在采集过程中应坚持两个基本原则,并从三个方面对网上资源进行严格认真的分析。

网上虚拟资源建设的第一个基本原则是:连接原始信息源。要在网上虚拟资源收藏中增加一种新的资源,首先应该确定和连接这一资源的原始网址,这样有利于用户访问到最及时和最权威的信息源,特别是当某些信息存在疑问时,这一原则就显得尤为重要。如果无法连接到原始信息源就很容易引起各种问题。无法连接到原始信息源所引起的另一个问题是,使用户无法发现和利用与信息源有关的一些重要的附加资源。仍以 PACS Review 为例,Houston 大学图书馆 Web 站点的菜单为每期 PACS Review 提供了自压缩 PKZIP 文件、提供了印刷版的订购信息、来稿须知以及最受欢迎的 10 篇文章等。另外,原始信息源网址在内容的组织和维护方面也要比其他网址好得多,这将减轻网上虚拟资源建设后期维护阶段的工作负担。

网上虚拟资源建设的第二个基本原则是:确定和连接可靠的镜像站点。在internet 术语中,镜像站点是指能够忠实复制某个原始信息源的另外一个站点。当网络用户与镜像站点的"电子距离"比原始站点更近时,镜像站点就可以为用户提供更有效的存取。最理想的做法是,图书馆 Web 站点的虚拟资源收藏应包括对原始资源站点和任何一个镜像站点的连接,以方便用户选择使用。如美国工程信息公司的"Ei Village"就有许多镜像,清华大学图书馆 Web 站点就有它的一个镜像站点,国内用户使用这一镜像可以进行高效低成本的存取,因此国内图书馆 Web 站点在采集这一网上资源时,必须连接清华大学这个镜像站点。

网上资源采集除了要遵循传统资源的采集标准(如相关度、语种、完整性等)外,还要在坚持上述两个基本原则的前提下,对所要采集的网上资源的可存取性和可用性进行分析,然后才能决定对某一网上资源的取舍。有许多技术因素能够影响对 Internet 资源的存取,这些因素构成了网上资源的可存取性,主要包括资源下载所需要的时间、组成网页 HTML 的有效性、能否适应目标用户使用的所有版本的浏览器软件、缺少图像或 Java 能力的用户能否访问这一资源、是否与辅助技术(如文本—语音屏幕阅读技术等)兼容以及资源的长期可获得能力等。网上资源的设计和结构则会影响到这一资源的可用性,缺乏思考的设计和资源结构给用户所造成的麻烦要远远超过它为用户所带来的价值,影响网上资源可用性的关键因素包括网上资源的内部导航性能、大型目录型资源的可检索性、可检索数据库站点是否同时提供了浏览功能、资源的帮助和辅导网页对非专业用户是否具有真正的作用以及所连接外部资源的有效性等。

5.6.2.2　网上虚拟资源的组织

　　网上资源的组织主要包括四项工作,即资源描述、资源标签、资源排序和资源导航。资源描述一般包括元数据、简介和评价三个内容,网上资源的元数据由资源名称/题目、资源的 URL、来源/作者、信息源机构、更新频率/最近更新时间、截止日期(有些网上资源只在一定时间段内相关或可以使用,如某些收费资源的免费试用期等)、资源的大小/卷期(这一项对于软件、声音、图片、电影等文件特别重要,不可省略)和目标用户八项组成;资源简介则是对资源规模、目标、目的等的简短介绍,各项资源的简介在字数上应大致相当,最好控制在 100 字以内;网上资源评价是由图书馆员对资源的质量、作用、适用范围等做出的简单结论。元数据、简介和评价构成了一条完整的网上资源著录款目。资源标签是描述一项资源的一些款目,相当于主题词、关键词和分类号等传统款目。一个标签系统(Labelling System)能够在不占用太多网页物理空间和用户认知空间的情况下交流信息,在网上资源收藏环境中,标签系统既反映了资源收藏的组织和导航系统,又描述了网上资源本身。好的资源标签应具有三个基本特点:①在整个系统中,指向同一资源的标签应前后一致;②资源标签应使用尽可能少的语言,准确地界定和反映资源;③标签应使用适合目标用户的语言,尽管控制词表(如各种分类表等)适合于图书馆员,但网上资源收藏的主要用户并不是图书馆员,因此,使用能够反映目标用户正规语言和利用方式的主题词,会更为有利。

　　资源排序是指将所采集的网上资源按照一定的顺序进行排列。由于目前大多数图书馆 Web 站点的网上虚拟资源收藏没有与 OPAC 集成,所以没有必要按照已有的图书馆组织体系进行排序,而是可以制定自己的排序体系。目前图书馆 Web 站点的虚拟资源收藏采取的主要排序方式有四种:①按学科专业排序,将所采集的网上资源排列在相应的学科名称下,各学科名下再按字顺排列。②按资源名称/题目的字顺排序,这在国外图书馆 Web 站点中最为常见。③按资源类型排序,将网上资源按电子图书、电子期刊、科技报告、标准、专利、学位论文、讨论组、公告板等类型排列,各类型下再按字顺排列。④混合排序,将资源按学科专业、资源类型和字顺进行混合排序,由于网上资源的独特性,有些资源很难准确划分其所属的学科专业和资源类型,因此,这种排序方法目前最为常用。

　　Web 站点通常都需要一些全球导航系统,以保证用户能够在主要的领域和站点的层式结构中快速移动转换,同时,它们也需要许多本地导航系统,来帮助用户有效利用站点内部的特定工具和资源。一个网上资源收藏应该拥有一个本地导航系统,以方便用户对资源收藏中其他部分的访问,并与全球导航系统进行互补。不同的用户进入网上资源收藏的途径不同,有的用户可能是直接访问网上资源收藏的某个网页,有的用户可能是从图书馆 Web 站点的某个连接进入网上资源收藏,而有的用户则可能是从其他站点的连接进入网上资源收藏。因此,网上资源收藏的每个网页都应该包含全球导航系统和本地导航系统,以在整个站点内提供一种大的环境和连续性,全球导航系统和本地导航系统最好出现在网上资源收藏每个网页的固定位置,以方便用户发现和使用。除了本地导航系统之外,网上资源收藏还应提供对资源的浏览和检索功能。浏览功能是指能够让用户根据自己的需求浏览网上资源收藏的全部或某一部分内容,主要的浏览方式有学科主题浏览和字顺浏览两种。在学科主题浏览中,用户只要点击某个主题,就可以浏览这个主题下的所有资源;在字顺浏览中,则有一个具有超链接功能的字母或字母段(如 A-C、D-F 等)表,用户只要点击所选定的字母或字母段,就可以浏览以相应字母打头的资源。检索功能是指能够让用户对网上资源收藏进行各种检索操作,是图书馆 Web 站点虚拟资源建设的一个主要发展方向,将在后面详细研究。

5.6.2.3　网上虚拟资源的维护

由于网上虚拟资源具有更新快、出现和消失都没有预先通知的特点,所以与传统资源相比,网上虚拟资源的维护就显得更为重要。图书馆应有专人负责网上虚拟资源的维护工作,这些图书馆员应具有对图书馆 Web 站点服务器的直接上载存取权,以满足资源收藏维护所要求的标准。网上虚拟资源收藏的规模也应取决于图书馆维护这一收藏的能力和所能够分配的时间。常规的维护工作主要是对各个连接进行周期性的检查,并对各个站点进行经常性的访问,以评价其内容。对于无法连接或失效的连接,一经发现应立即清除或进行纠正;对于内容已发生变化或已经过时的资源,则应通知采集人员做出新的采集决策。对网上虚拟资源收藏的利用情况进行统计和反馈是资源维护工作的另一个内容。统计数据一般来自图书馆 Web 站点服务器的日志文件,利用这些统计数据,我们可以知道访问资源收藏的用户成分和利用率较高的资源,从而调整采集政策以反映实际用户的需求。负责维护工作的图书馆员应积极寻求技术人员的支持,以全面利用来自服务器的各种数据和对这些数据做出合理的解释。由于 Internet 的互动特点,所以鼓励用户针对网上虚拟资源收藏提出意见、建议和表达自己的满意度,将是一件很容易的事情,这些反馈数据也能够用来调整网上虚拟资源收藏的政策和实践。

5.6.3　网上虚拟资源建设的发展方向

虽然几乎每个复合图书馆都热衷于网上虚拟资源建设,也确实取得了一定的成果,但这毕竟是一件前所未有的工作,问题和困难都还很多,大多数图书馆还处在摸索阶段。网上虚拟资源建设作为图书馆的一项事业只是刚刚起步,我们在此仅就其未来发展的方向做出几点预测:

　　1）合作网上虚拟资源建设

　　目前,进行网上虚拟资源建设的图书馆全都拥有自己的网上资源收藏,传统资源建设中小而全、大而全的弊病又在虚拟空间开始发作。这种单兵作战的网上虚拟资源建设策略,不仅在资源上造成了巨大的浪费,更重要的是为网上虚拟资源收藏的维护工作增添了不必要的负担。合作资源建设是图书馆所一直倡导的,网上虚拟资源建设的网络化环境使得合作进行网上虚拟资源建设成为现实。目前几个大型的网上学科门户(subject gateway)都是图书馆间合作的结果,如 INFOMINE 是由 California 大学和 Stanford 大学等多所院校的 30 多个图书馆员合作开发的、SOSIG 是由英国“经济与社会研究协会(ESRC)”与英国电子图书馆计划和欧洲委员会合作的结果、EEVL 则是 Heriot-Watt 大学与其他 6 所英国大学合作开发的。中国科学院国家科学图书馆也建立了多个学科(主题、热点)门户[240]。这些合作项目所积累的经验教训成为图书馆合作网上虚拟资源建设的重要基础。

　　2）网上虚拟资源建设的标准化

　　合作网上虚拟资源建设的一个重要前提就是标准化,要使合作方各个图书馆 Web 站点的虚拟资源收藏有统一的存取界面,使用统一的通信协议,在资源的采集、组织和导航方面都有标准可依。网上虚拟资源建设的标准化不仅有利于各馆资源的有机集成,还有利于网上资源的后期维护,应是网上虚拟资源建设今后的一个主要发展方向。

　　3）强化网上虚拟资源收藏的检索性能

　　目前,大多数图书馆的虚拟资源收藏仅提供了对资源的浏览功能,而缺乏对资源的检索功能。随着网上资源收藏规模的不断扩大,浏览功能已无法满足用户的需求,强化网上虚拟资源收藏的检索性能已势在必行。网上虚拟资源收藏的检索应提供关键词的布尔逻辑检索;可采用词组检索和词根检索;可以将检索词限定在特定的字段中,如题目、简介、关键词等;可以选择检索结果的显示格式;可以选择字母大小写辨认功能,这对于缩略语的检索非常有用。如果用户要检索“UN(联合国)”,则输入“UN”,点击辨认功能按钮即可;还应可以限定所要检索资源的类型、时间范围和地区等。

　　4）网上虚拟资源收藏的本地化

　　大多数网上资源的提供者并不保证对资源的长期保存和存取,有些网上资源甚至只是短时间内存在,这就为网上虚拟资源建设提出了一个严峻的挑战,因为对于图书馆和用户来说,某些网上资源具有长期的利用和保存价值,因此,实现网上虚拟资源收藏的部分本地化已成为图书馆今后的一项重要任务。图书馆应采取适当的方法,将有长期利用和保存价值的网上虚拟资源拷贝到图书馆的服务器上或打印成纸基文献保存,实现虚拟资源的本地化或现实化。网上虚拟资源的本地化对图书馆的技术和资金提出了更高的要求,因此,在今后相当长的一段时间内,这还只能是技术和资金雄厚的大型图书馆的一个努力方向。

5.7　复合图书馆的电子图书服务模式

随着数字技术和网络技术的发展和完善,电子出版业得到了迅猛的发展,电子图书作为一种全新的信息载体正在走入人类社会。图书馆作为传统图书文献(印刷版文献)的收藏者和服务者,如何将这一新型的文献载体集成到图书馆服务模式中去? 电子图书对图书馆又带来了哪些影响? 这些问题将是图书馆在未来几年中所面临的重要挑战之一,这些问题的研究对于图书馆服务在新形势下的发展具有深远的意义。本文首先对电子图书和电子图书阅读器进行了介绍,在此基础上探讨了图书馆电子图书的三种服务模式以及服务中所可能出现的一些问题,最后分析了电子图书对图书馆带来的正反两方面的影响。

5.7.1　电子图书与电子图书阅读器

5.7.1.1　电子图书及其特点

电子图书,是经过数字化的、以 Internet 网络为载体的图书。具体而言,电子图书是指借助数字化技术产生并在网络上运行,拥有二进制数字编码形式的,具有独创性并能以某种有形形式加以复制的图书。这里所说的数字化技术是指依靠计算机技术把由字符、图形、图像、声音等形式组成的信息输入计算机系统转换成二进制数字,利用通信技术加以传输,并在需要时把这些数字化了的信息再还原成字符、图形、图像、声音等形式的技术。电子图书与传统印刷型图书相比具有以下特殊性:

(1)电子图书具有高度灵活性。电子图书是一种数字化产品,借助数字技术的加工和编辑功能,不同的字符、图形、图像和声音在数字状态下可以任意组合、增删、修改、移动和重新排序;

(2)电子图书具有使用方便、容易普及的特性。网络技术的迅猛发展以及网络上信息的高速传输,使电子图书的复制更加迅捷、方便、廉价;

(3)电子图书具有较强的技术性。数字图书的传播和使用需要利用数字编码的存储技术、加工技术和传播技术。

5.7.1.2　电子图书阅读器

电子图书较强技术性的表现之一,就是电子图书的使用必须借助于一种阅读器。电子图书阅读器是一种用来阅读电子图书的电子设备,目前主要有三种类型:手提式阅读器、专门化阅读器和桌面式阅读器。

　　手提式阅读器是指那些可以阅读电子图书的手提电脑、掌上电脑等,这类设备阅读电子图书需要预装专门的软件,并且主要用来阅读日记、电子邮件读物等类型的文献。手提式阅读器的屏幕较小,并且在同一时间只能存储有限数量的电子图书。

　　专门化阅读器是专门设计用来阅读电子图书的设备,它们不具备手提式设备所拥有的多种功能。但这种阅读器的屏幕较大,能够同时存储 10 部小说。并且电子图书的购买可以直接由阅读器自身来进行,要购买的图书被电子图书公司联机存放在个性化的虚拟书架上,读者(购买者)可以从阅读器中删除或增加图书。

　　桌面阅读器是一种安装在 PC 机上的软件,通过这种软件将 PC 机转换成电子图书阅读器。这种软件使用特殊字体使人的眼睛更为舒适,并且能够对图书进行加密,以防止备份或印刷。这类阅读软件目前最常用的是 Glassbook 和 Microsoft Reader。

5.7.2　电子图书的服务模式

　　电子图书对图书馆的主要挑战就是如何将这种新的文本格式集成到传统图书馆服务模式中。电子图书的特点决定了它并不适用已有的采集和流通模式,但电子图书数量的剧增,又使得图书馆绝对不可以忽视对这一部分资源的管理和使用。

　　1) 电子图书阅读器流通模式

　　为用户提供电子图书服务的最初想法是从电子图书阅读器的流通问题开始的。这些阅读器装载了大量的文本,而这些文本又是按照常规编目,并包含在图书馆 OPAC 中的。如果某个用户想要阅读一本电子图书,那目录就会将这个用户引导到电子图书阅读器所在的地方,如咨询台、电子阅览室等。阅读器也可以借出馆外,但必须有一个借阅期限,就像图书馆的其他图书一样。用户无法自己将图书下载到阅读器上,也无法在自己的阅读器上阅读图书馆的电子图书。

　　对于将电子图书集成到图书馆服务中去,预载电子图书阅读器的流通只是一种短期的解决方案。因为阅读器的流通意味着图书馆不仅要提供电子图书,而且要同时提供阅读电子图书的设备,这就好像图书馆既要提供声像磁带,又要提供播放机一样。尽管如此,由于电子图书阅读器在市场上仍然很少,所以目前图书馆阅读器的流通仍是必要的。

　　2) 电子图书流通模式

　　从长远来看,图书馆将会只流通电子图书,用户要在自己的阅读器上阅读电子图书。因为电子图书是电子文件,图书馆用户将可以从图书馆目录中直接下载,这既可以在图书馆中进行,也可以通过图书馆的 Web 站点进行。

　　每一本借出的电子图书将被自动分配一个加密证书,这个证书除了包含借阅期限等信息外,也能够阻止电子图书被拷贝到其他阅读器上。借期一到,证书就会失效,电子图书将会自动从用户的阅读器中删除,图书馆目录随之也会自动生成这本电子图书的一个备份,以供再次借阅。这样图书馆就不需要发过期通知,不需要收过期罚款,用户也可以不到图书馆中来。

电子图书与流通体系的集成可以采取两种方法来管理:

(1) 系统设计者为现有的图书馆管理系统开发新的模块,将电子图书集成到采访和流通流程中去。在这种模式中,传统的图书供应商也必须将自己的服务扩展到电子图书领域。

(2) 专门为图书馆提供电子图书的新组织来代替图书馆管理电子图书。这些电子图书供应商将负责文本的采访和记录管理,提供可以插入图书馆传统 OPAC 的 MARC 记录,并支持图书馆现行采访系统与电子图书服务的集成,采取认证程序确保图书馆用户从图书馆内部或图书馆 Web 站点均可访问到电子图书。而实际上的电子图书文件是由电子图书供应商的服务器来管理和维护的,从而使图书馆可以摆脱一些技术方面的负担。然而这种模式也同时受到电子图书供应商的一些限制,那就是每一个电子图书的备份虽然可以重复借阅,但在同一时间只能借给一个读者。如果图书馆希望同时可以借阅两个备份,他们就必须为同一本书付两个备份的钱。因此这一模式还在继续发展完善之中。NetLibrary 就是一个提供这种服务的公司。

3) 电子图书的采访模式

电子图书使得图书馆有可能在很短的时间内为其用户提供任何一本书。目前图书馆用户只能马上借到图书馆所实际拥有的书,而一旦图书馆没有用户所需要的书,那就只有通过馆际互借的途径来解决,而这通常要花费几天的时间。而在电子图书的环境中,如果图书馆没有用户所需要的书,就可以在几分钟内为用户购到。图书馆员只要登录到供应商的站点,购买相关的图书,直接将其下载到图书馆目录中,然后就可以借给用户了。这一过程总共不过几分钟。

电子图书的即时存取性必将对图书馆的传统资源建设模式造成巨大影响。图书馆习惯于使用"即事"(just-in-case)模式采购图书,即图书是根据需要期望购买的,图书馆员选择那些他们认为读者需要或将会需要的图书。电子图书资源建设则使得"即时"(just-in-time)模式成为可能,即用户的需求可以在几分钟内得到满足。这就意味着图书馆可以更准确地购买那些用户需要的书。制定可行的电子图书采访政策将是一件费时费力的事情,最有可能的情况是,图书馆对于大部分电子图书将仍采用预购的方式(按照传统的选择标准),只有一小部分是用户需求的直接结果。

　　4) 电子图书服务中存在的问题

　　一是缺乏标准的软件格式。软件的格式标准目前相当混乱,基本是家家各搞一套,比如现在要看从网上书店 BN 付费下载的一本微软 MSReader 格式的书,就得同时下载并安装相应的软件。RocketBook、Adobe 的 Acrobat 也是如此,回到国内,超星数字图书馆的书只能用超星的 SSReader 读,从博库下载了书,还要再装软件。在电脑上这些都还好说,但换了集成化程度极高的掌上阅读器,这么多种格式,就很难办了。这就迫切需要制定一个统一的文本格式标准。

　　二是电子图书的版权问题。图书数字化以后,盗版将变得极其容易,而且基本上没有任何成本。一部大不列颠百科全书,加上影片和声音,充其量也就是一张单面 DVD 的容量。一本几百页厚的小说,复制起来更是易如反掌,几分钟之内,可以通过邮件同时发给成百上千的人。图书电子版权的法律保护,以及如何实施这些保护仍然是个有待解决的问题,在中国尤其如此。换个角度说,版权的法律保护问题解决不好,出版社对电子书就不会有太高的热情;即使有再便宜的设备,再多的读者,再美好的明天,如果不仅没有什么收益,反而因未经授权的电子文本的泛滥,令他们损失更多潜在的读者,出版社对电子书就仍然是敬而远之。

5.7.3　电子图书对图书馆的影响

5.7.3.1　电子图书对图书馆的正面影响

　　(1) 费用。电子图书将会为图书馆节省大量的费用。虽然现在电子图书的价格比印刷版低不了多少,但随着出版商在流通和成本方面费用的减少,这种情况肯定会改变。微软公司预言,电子图书的费用将会大大低于现在的图书。另外,对于图书馆来说,电子图书不需要装订、剔旧,不占用书架,也不需要另外购买相应的印刷版。当然,这些费用还要取决于图书馆所提供的电子图书存取方式,如果图书馆需要购买电子图书阅读器,那么这种费用在短期内将不会减少。因为,这将增加阅读器的管理、工作人员的培训以及与图书馆目录的集成等方面的费用。

　　(2) 用户的即时存取。电子图书使图书馆可以为远程用户提供馆藏的即时存取,图书馆目录将不仅告知用户图书馆内有哪些书可借,还将允许用户即时下载他们所想要购买的电子图书。这也意味着用户通过网络可以从任何地方,在任何时间借阅和归还图书。

　　(3) 扩大馆藏。电子图书资源建设也标志着图书馆可以在不增加藏书空间的基础上,扩大馆藏规模。电子图书的购买将只占用电脑的存储空间,而不需要额外的物理空间。

5.7.3.2　电子图书对图书馆的负面影响

　　(1) 技术与管理问题。电子图书与图书馆传统服务的集成是一种费时和资源密集型的程序,开发新的采访和流通模块是非常复杂和昂贵的,所有的工作人员都需要新的培训,也需要制定新的资源管理模式。

（2）人员缩减问题。如果电子图书成功运作的话,将会有越来越多的用户不再到图书馆,或不与工作人员接触,一大部分借阅服务将被自动化所代替,只通过图书馆目录进行。这种自动化将不可避免的引起图书馆人员的缩减。

（3）对变革的抵触。印刷版图书将会被电子版图书所替代,这一思想使许多人感到了威胁。印刷版图书是我们这个社会所熟悉的一部分,人们已经习惯于此。一部分工作人员和用户将会对电子图书的介入表现出抵触情绪。当越来越多的经费用来购买电子图书时,这种抵触就有可能成为一个大问题。

5.7.3.3　其他需要考虑的问题

（1）其他载体的问题。下一代电子图书阅读器将有可能支持声音和视频,随着胶卷和声频资料转换成数字形式（DVD and MPG）,图书馆就可以用数字形式出借这些声像资料。用户不再需要到图书馆中去借最新的声像资料,而可以通过图书馆的联机目录来访问。

（2）有偿服务问题。像所有的新型服务一样,图书馆也在探讨将电子图书发展成一种有偿服务。对此,图书馆领导首先要确定电子图书是一种增值服务,还是仅仅以一种新的形式开展同样的服务。如果电子图书果真如技术家们所预言的那样,那现在就开对电子图书服务收费的先例是很危险的事情。因为,随着电子图书成为图书馆服务的一个重要组成部分,以及电子图书数量的增加,这种服务必将是免费的。目前看似增值的服务也许不久就会成为图书馆的一项核心服务,而这种核心服务是否有偿将取决于图书馆现在的决策。

5.8　复合图书馆的网上合作模式

复合图书馆的网上合作是指图书馆充分借助现代计算机网络及通信技术所提供的快捷、低成本、范围广的信息传递优势,实现图书馆合作伙伴之间广义上的资源共享。与图书馆传统合作相比,图书馆网上合作实质上就是通过 Internet 这一信息高速公路传递合作图书馆之间的信息,实现快速合作。因而,这种网上合作有其特有的特点和模式。

5.8.1　图书馆网上合作与传统合作的比较

John Child 在其《虚拟企业合作战略》一书中,按照合作网络中成员由低到高的相互依赖程度,将合作网络分为五类:平等伙伴网络、单边协议、支配网络、虚拟企业和战略联盟。不论哪一种合作网络形式,凡是不利用互联网络展开的合作,本文都将其归为传统合作。因此,图书馆网上合作与传统合作相比,两者既有共同点,也有不同点。

5.8.1.1 图书馆网上合作与传统合作的共同点

1) 优势互补

存在合作关系的图书馆与图书馆之间不是市场买卖关系,也不是一个图书馆对另一个图书馆的施舍和照顾,而是各成员馆之间的一种利益互补关系。每个成员馆都有自己的特定优势,并根据这种优势在合作网络中确立起相应的地位。通过各成员馆之间的扬长避短,可以有效降低信息成本,产生双赢效应。同时,每个成员都能获得与其在合作中的地位和对合作的贡献相对应的收益。

2) 法律地位平等

由于合作图书馆各成员均是独立的实体,所以合作方的法律地位是平等的。它们之间相互的往来不是由行政层级关系所决定的,而是遵循互利原则,为彼此的优势互补和合作利益所驱动。这里,合作方的法律地位平等并不表示他们在合作中的管理地位平等;在支配型(卫星型)网络合作中,往往是该网络中的大图书馆居于中心或支配地位,负责管理、协调合作网络。

3) 动态合作

合作图书馆之间的合作存在时间,完全取决于合作的项目、服务和彼此之间的信任程度。一旦项目或服务完成,这种合作关系也宣告结束。但如果合作方相互信任程度很高,且有共同的合作远景,这种合作就可能会长久些。

5.8.1.2 两者的不同点

1) 信息传递方式不同

图书馆网上合作的最大特点就是充分利用计算机、通信、互联网等现代信息技术进行合作,信息能够得到及时交流和共享。而以往传统合作的信息传递主要通过邮件、电话、电报及面谈。相比之下,图书馆网上合作优势很明显,比如可以使合作图书馆快速获取用户需求信息、寻找合作伙伴、迅速展开合作、有效协同工作开展、增强图书馆柔性和快速反应能力等。从某种程度上讲,这是图书馆网上合作与传统合作的主要区别所在。

2) 服务开展方式不同

图书馆网上合作另一个特点,就是在服务开展上将广泛采用先进计算机和通信技术,支持虚拟服务和并行作业,改变传统合作的服务开展模式和顺序工作方式,提高服务效率。

3) 图书馆组织结构与管理方式不同

Internet 为图书馆快速合作提供了条件,但能否快速合作,还取决于各个图书馆是否具有敏捷性。图书馆要求其组织结构打破传统的多级分层组织管理体系,建立多个专业项目组,形成扁平化的插件式、兼容式网络组织机构。在管理方式上,传统的合作图书馆大多数是以自己的业务和服务项目为主,各图书馆内部有较固定的统一管理模式和人员组织模式。而网上合作的各个图书馆成员之间,在逻辑上是一个完整的图书馆实体,成员图书馆必须遵循一些共同的规章制度并接受统一管理。

5.8.1.3　图书馆网上合作的优势

图书馆网上合作的突出贡献在于合作过程中信息的高效运用与增值,与传统合作相比,其优势主要表现在以下几个方面:

1) 高效支持图书馆合作期间的信息共享与交流,提高图书馆合作的绩效

图书馆网上合作通过 Internet/Extranet/Intranet 网络互联,在数据转换技术、Web 数据库接口技术的支持下,可以及时访问合作成员馆所提供的信息资源库以及合作过程中产生的需要共享的信息数据,为图书馆合作伙伴高效合作提供支持。

另外,过去的经验表明,过多的无效使用者(如邮局、文件秘书、非合作成员)参与信息的传递环节,是造成图书馆合作过程信息延迟、交流不畅、理解误差、效率低下、成本高昂的重要原因之一。应用互联网络技术和集成信息系统技术,可以对图书馆合作的信息流程进行优化设计,减少甚至消除无效信息使用者,提高有效信息传递速度。

2) 降低图书馆合作总的交易、协调、管理成本

图书馆网上合作是合作各方之间发生的合同契约关系。现代契约理论认为,图书馆之间的契约存在着交易成本,包括契约签订前的项目的可行性评估、合作伙伴的寻找及对其评价信息的获取(服务能力、服务项目、信用及信誉度等)、合约签订过程的磋商交流、契约执行过程协调等费用。传统的图书馆合作采用邮件、电话、传真、电报、面谈等方式完成这些工作,需投入大量时间、费用和人力。

而利用计算机网络及现代通信技术手段,如 E-mail、电子会议室、图书馆信息门户系统、网上用户满意度调查、网上中介服务机构的专项服务等,就可以低成本、高效率、灵活快捷的方式辅助完成上述过程,达到降低交易、协调、管理成本,同时提高成员馆间合作效率的目的。

3) 拓展图书馆异地合作的范围

通过互联网使图书馆寻求与选择合作伙伴的范围从在一定地域范围的有限伙伴、有限资源内选择,扩大到了跨地区、跨国界范围的相对"剩余"资源内的选择,使合作成功的机会加大。

5.8.2　图书馆网上合作模式与生命周期

5.8.2.1　图书馆网上合作模式

借助 Internet,图书馆可以在内部业务和用户信息服务的各个层面上开展广泛的合作。就目前的情况分析,图书馆网上合作主要有五种模式,即虚拟合作参考咨询、联合数字资源建设、网上联合编目、网上文献传递和图书馆虚拟研究室。

1) 虚拟合作参考咨询

通过网络,合作成员馆的参考馆员们可以取长补短,发挥各自的学科和知识优势,共同解答用户的咨询问题,从而可以实现传统合作中根本不可能实现的人力资源共享。任何一个图书馆用户通过任何一个成员馆的主页提出的咨询单,都可以在规定的时间内得到满意的答复。

以虚拟合作参考咨询的"Ask a Librarian"为例。如果你有一个问题需要咨询,只需访问这个主页,然后填写一个简短的咨询单,说明所要咨询的问题内容和你的姓名与 e-mail 地址等。那么在两天之内你就会通过 e-mail 收到问题的答案。这一服务是 24 小时进行,并且是完全免费的。"Ask A Librarian"的咨询工作是由来自 40 多个图书馆的一线咨询人员完成的,各个图书馆轮流回答用户提出的问题。

2) 联合数字资源建设

图书馆通过网上合作进行的数字资源建设主要包括三个内容,一是馆藏资源数字化合作项目,二是联合订购网上数字化资源,三是网上联合虚拟数字资源建设。

馆藏资源数字化合作项目中的每个成员馆都依据各自的特点或地位承担一定的责任,并享有相应的利益。例如澳大利亚合作数字化项目(ACDP)是由悉尼大学图书馆、新南威尔士州图书馆、澳大利亚国家图书馆和 Monash 大学图书馆联合完成的。悉尼大学图书馆负责总体的管理、协调和学术规范;新南威尔士州图书馆负责技术和设计标准;国家图书馆负责网络和设计标准;Monash 负责数字图像的转换。同时所有成员馆都参与一般的内容、准备、设计问题。

联合订购是目前大学图书馆订购网络信息资源所普遍使用的一种方法。对于出版商而言,联合订购能够增加他们对市场的占有率,并且通过限制直接交易对象的数量,有助于出版商控制自己的成本。对于图书馆而言,联合订购可以解决单个图书馆所无法承担的财政支出。在过去几年中,国外,特别是美国的图书馆联合体之间,在网上资源联合订购方面的交流与合作迅速增加。

网上虚拟资源建设是指对网上免费学术资源的搜集、整序和导航。以前,各个图书馆都单独开展这一业务,但受人力和专业水平等因素的限制,发展不快。通过网上合作,各个成员馆根据自己的学科优势,各自承担相应部分的资源建设,然后在同一个网页上集成,形成统一的资源收藏。如 CALIS 各个成员馆联合进行的学科资源导航,就非常有成效。

3)网上文献传递

网络文献传递服务是发展很快的一种文献服务形式,主要是文献信息服务部门根据用户的特定文献信息需求,通过 E-mail、传真(FAX)、邮寄和联机下载等方式将原文传递给用户。例如 CARL 公司的 Uncover 服务系统,可提供 1988 年至今的 700 万篇期刊论文,进行传输服务,而且每年增加5 000篇。国内著名的文献传递系统如 NSTL 的文献传递系统、CALIS 的文献传递系统、中国科学院国家科学图书馆的文献传递系统。中国科学院国家科学图书馆 2002 年建设,2003 年 3 月运行,建设时间短,发展速度快,实现了全院的资源共享。2003 年只有 74 个成员馆,到 2006 年底则发展为 124 个,100％覆盖全院的研究所。2006 年提供的文献传递为36 787篇,满足率达到 85.28％。2008 年服务量达到 11 万篇,满足率达到 95％。

网上文献传递的另一种方式是代检、代查。一些实力雄厚的大馆订购的国内外数据库比较多,利用网络合作的优势,可以为其他合作馆提供代检和代查的服务,通过 E-mail 传送检索请求和检索结果,并收取适当的服务费。如清华大学图书馆就为全国几十个图书馆开展了 SCI、EI、CA、ISTP 等数据库的检索服务,效果很好。

4)网上联合编目

图书馆收藏量越来越多,给编目工作带来相当大的压力,图书馆工作人员越来越希望能够借助他人的编目成果来完成自己的工作。真正的网上联合编目就是要做到每一本书只被原始分编一次,然后借助 Internet,提供给各个成员馆以套录的方式来共享资源。在书目网络系统里,要是有一个成员馆输入了某一本书的数据,那么所有参加馆就只需要利用这条记录做些与本馆有关的工作,而不必重新制作。

例如,CALIS 联机合作编目系统除了为全国高校教学科研人员提供书、刊等文献资源的网络公共查询之外,获益最大的还是编目人员。他们可以在客户端界面上,同时利用查询、转录等功能,从多途径进行数据的编辑和套录工作,提高了编目处理的速度,节省了人力、物力和时间,不仅做到了一次编目多次使用,而且达到了资源共享的目的。中国科学院也建立了联机联合编目系统。

5)图书馆虚拟研究室

Internet 为图书馆之间的合作研究提供了一个平台,图书馆员可以通过 e-mail、BBS 或在线讨论等方式就共同感兴趣的理论和业务问题展开讨论,形成图书馆之间的网上虚拟研究室。

5.8.2.2　图书馆网上合作周期

　　图书馆网上合作模式与图书馆传统合作模式都存在这样一个周期过程——合作的形成与解体。但图书馆网上合作是一种具有信息时代特征的新合作模式,因此,这种新合作模式的生命周期有其独特的特点。我们将图书馆网上合作的生命周期分为四个阶段:机遇识别阶段、伙伴形成阶段、合作运行阶段和合作结束阶段。

　　1) 机遇识别阶段

　　图书馆通过互联网和其他多种渠道获得的信息作为识别阶段的输入量,包括用户的信息需求、其他图书馆的服务能力、信息服务业发展趋势分析等。经过分析预测,识别合作机遇,对合作机遇进行评价,选出通过图书馆网上合作方式能带来可观效益的合作机遇。同时,依据合作机遇,定义合作项目需求特征、合作过程,形成合作意向书,明确对服务项目、信息类型、服务能力、服务质量和服务提供方式等合作意向需求。

　　2) 伙伴形成阶段

　　包括三个步骤:

　　(1) 伙伴识别。依据合作机会识别阶段所产生的合作项目需求特征,通过网上搜索,访问相关站点及其他方式寻找潜在合作伙伴,并定向发布合作意向书;

　　(2) 伙伴选择。通过互联网响应网上潜在伙伴发出的反馈信息,进一步获取潜在伙伴的信息,如:与潜在伙伴进行交流,第三方的参考意见,网上用户满意度调查,图书馆的信息资源库查询,从优势服务能力与信息资源、信任度、网上协作能力、合作投入强度等方面对潜在合作伙伴进行综合评价,确定一组合作伙伴;

　　(3) 签订合作协议:对伙伴组成的价值链综合评价,最后签订合作协议,包括合作形式、合作项目、合作费用等内容。

　　3) 合作运行阶段

　　依据合作协议组织运作。一般来说,从合作共同体形成至解体的过程中,一般由最早发现合作机遇的图书馆作为盟主,可以是其中的任何一个成员,它必须具备通过网络实现合作过程的协调、控制和管理的能力。

　　4) 合作结束阶段

　　一旦合作机遇结束,分散在异地的合作成员将所承担的任务运行状态信息,如文献传递数量、参考咨询次数、检索款目以及各项费用等准确及时地汇集,作为项目解体处理机制的输入量,按照合作协议的有关条款,在各成员馆之间进行合作收益与支出的分配(也可以是在合作过程中分配)等有关事宜,完成图书馆网上合作项目的解体。至此各图书馆又可以自由地寻找其他合作机会,组建新的合作共同体。

5.8.3　影响图书馆网上合作成功的因素

图书馆网上合作是伴随着互联网络的产生、发展而产生和发展的,因而它还需要不断地发展和完善。目前还有较多的因素影响着图书馆网上合作的成功,主要有下面几点:

1) Internet 网上合作伙伴的选择

图书馆网上合作是一种资源与利益共享的理想模式,它也具有一定的风险。这种风险的其中一个来源就是对合作伙伴关系的过分热衷,不加选择分析地与另一方合作,结成伙伴关系,导致合作关系过早夭折,造成资源、机会与成本的浪费。有资料显示,伙伴关系的建立在前 6 个月宣告失败的比率高达 60%,主要的原因就是错误地选择了合作伙伴。因此,Internet 网上合作伙伴的选择是影响图书馆网上合作成功与否的第一个因素。

2) 合作伙伴的信任

信任是图书馆网上合作赖以存在的基石。合作成员之间信任程度高将会大大提高合作的绩效。反之,就会降低合作的绩效,甚至导致合作的失败。提高相互信任的方法有许多,笔者认为主要有两点:①合作双方要能时刻站在对方的角度为对方着想,甚至在自身利益可能受损时,也能如此;②合作双方要充分共享信息,避免不必要的误会。

3) 网上合作的群体决策

不论哪种组织形式都需要时常就一些问题做出相应的决策,决策的效率和科学性极大地影响着合作的成功与否,因此提高决策的科学性和效率也是至关重要的。

图书馆网上合作的决策是基于并行工程(CE)环境的虚拟群体决策模式。虚拟群体(又称虚拟决策群体)是指分布在不同空间上的、不必相互熟悉的、有着不同利益追求的成员,可在不同的时刻参与群体决策,并以达成共同受益的决策事实为最终目的的群体。

要实现这种虚拟群体决策,必须充分依靠现代信息技术,建立科学的信息集成模型和多种信息反馈机制。目前可以利用 E-mail、BBS、News、会议软件等进行同步或异步会议决策,也可以建立图书馆虚拟群体决策支持系统(VGDSS)进行辅助决策。

4) 网上合作的文化差异

网上合作图书馆由于可能跨越较远的空间,通过 Internet 开展合作,因此彼此之间的文化差异可能较大。不同文化背景,将会导致图书馆之间交流困难,甚至影响相互的信任。又由于图书馆网上合作具有动态性,这种暂时性合作不允许花费太多的时间来培育十分完善的图书馆双方共同的文化。因此有必要建立一种社会共同的图书馆网络合作文化——网络精神。这种精神的核心是团队意识、信任和自我尽责。笔者认为这种文化的建立,不仅需要网上合作图书馆共同的努力,更需要社会法制、制度的完善和文明程度的提高。总之,图书馆网上合作模式是一种新的图书馆运作形式,它具有实现图书馆资源优化组合,提高图书馆适应用户需求的敏捷性和高柔性、高效率的特点。与传统合作模式相比,图书馆网上合作大量依靠现代信息技术,是图书馆传统合作的进步。但它还有许多诸如合作激励与约束机制、知识产权、公平竞争的法律环境等内外部问题亟待解决。因此,图书馆网上合作还需要理论界的研究和实践的探索。

第6章 复合型图书馆员队伍建设

任何事业的成功都离不开人的因素。在复合图书馆的建设中,具有适应复合图书馆要求、胜任复合图书馆工作的人员队伍,对复合图书馆的建设成功至关重要。复合图书馆与复合型图书馆员队伍建设是密不可分的。复合型图书馆员将对复合图书馆的建设产生积极的影响。

6.1 信息环境的变化对图书馆的影响

随着信息技术的发展和网络的普及,互联网的影响正逐步渗透到人们生产、生活、工作、学习的各个角落。据中国互联网络信息中心(CNNIC)2007年7月第20次发布的统计报告[241]显示,截止到2007年6月30日,中国网民总人数达到1.62亿,仅次于美国2.11亿的网民规模,位居世界第二。与2006年末相比,新增网民2500万;与2006年同期相比,网民数一年内增加了3900万人。中国网民年增长率达到31.7%,步入新一轮的快速增长阶段。

信息技术也渗透到图书馆工作的方方面面,最终导致全球图书馆界发生较大的范式演变,例如传统图书馆逐渐演变为复合图书馆和数字图书馆。很多国家如美国、英国、法国和澳大利亚的图书馆正在积极转型,中国国内的许多图书馆也正在进行或将要进行重大的改组、调整和建设,这种改变将是全方位的,包括从管理理念到基础设施建设,从机构设置到人员配备,从服务内容到服务方式等许多方面的内容。

信息环境的变化对图书馆工作产生的影响主要包括以下几方面:

(1)基础设施电子化。随着全球信息化的发展,多数图书馆已经实现计算机化、网络化。国内的大型图书馆大多拥有高速网络和上百台甚至几百台计算机供读者和工作人员使用。CERNET、CSTNET、全国文化信息资源共享工程等全国性项目的建设大大提高了图书馆基础设施电子化的速度和范围。

(2)工作方式自动化。图书馆自动化系统的普遍应用提高了传统图书馆核心业务,如:采购、编目、典藏、流通等工作的效率,拓展了服务范围;完成了从手工操作到计算机操作,从卡片目录到机读目录的转变,整合了包括采购、编目、典藏、流通、期刊管理、公共检索等功能,成为基于网络环境的自动化集成系统。将服务范围从馆内服务拓展到在线服务,从着重对功能的集成转变为对资源的整合。

（3）管理对象数字化。图书馆用于电子资源的采购经费达到全部资源购置经费的 10%～30%，各种数字资源成为馆藏资源的重要组成部分。例如，CALIS 在"九五"期间组织全国 86 个高校引进了 19 个出版商/代理商的 91 个大型数据库[242]。图书馆的管理对象在原来以印本文献为主的基础上增加了大量的数字资源。如英国拉夫堡大学 2002～2003 年度订购印刷型期刊 1 978 种，而订购电子期刊（不算数据库中的期刊）已达 3 754 种[243]。数字化信息的选择使用、组织管理和长期保存成为图书馆工作的新课题，并渗透到图书馆工作的每一个方面。

（4）馆际合作网络化。网络的普及使得资源共建共享更加便利，图书馆之间的合作比以往任何时候都多；除了传统的图书馆网络组织如 OCLC、RLN 以外，还出现了图书馆电子信息联盟（Electronic Information For Libraries，eIFL）这样针对数字资源采购的组织，以及国家科技图书文献中心（NSTL）、高等学校文献保障系统（CALIS）、高校人文社会科学文献中心（CASHL）、中国科学院国家科学数字图书馆（CSDL）等基于网络、以图书馆联盟形式存在的新的信息服务体系。

（5）用户服务多样化。现代化的手段大大拓宽了图书馆信息服务的范围。除了传统服务项目以外，还出现了虚拟参考咨询、个人信息定制、信息推送、文献传递等新的服务内容。

（6）随着图书馆工作观念的转变，"读者第一"的观念越来越得到图书馆界的真正重视，逐渐成为工作的重心。积极应用信息技术、开拓新的服务方式已成为图书馆改革的重点，图书馆的业务重心从第二线的内部事务处理向第一线的读者服务转移。图书馆从书籍保管者转变为以服务为导向的信息供应者。

这些变化的发生既是图书馆发展的良好契机，同时也是对传统图书馆的巨大挑战。传统图书馆的组织结构无法保障复合环境下图书馆的工作效率、服务质量和服务水平，传统图书馆员的知识结构在现代信息环境中也显得有些力不从心。在这种情况下，图书馆的管理理念、服务方式需要不断进行调整，作为复合图书馆服务的主体——人力资源，更要顺应发展潮流。图书馆为此应当进行相应的机构重组和人员再配置，加强图书馆员队伍建设，提高图书馆员个人素质，适应复合图书馆环境的发展。

6.2　复合环境下图书馆组织结构的变化

6.2.1　复合环境下图书馆组织结构的重组

按照管理学理论，组织的设立是为了达到某些共同和明确的使命与目的，它是一个有机体系统，其结构要能配合环境的变迁而调整和更新。图书馆作为社会的一个公共服务组织,自然会受到外在环境的影响;同时,它的组织结构也应当顺应环境的变化而调整和更新,以便更好地完成图书馆的使命。

　　传统图书馆组织的目的是为了进行图书、期刊等印本文献的收藏、报道和浏览、外借,其中尤其强调"收藏"。因此其组织机构的设置也是基于这一点进行考虑,通常按照业务活动进行划分,具有以下几个业务部门:采购、编目、期刊、阅览、典藏、参考咨询。我国图书馆通常在馆长领导下直接设立这些部门。采购、编目由于是图书馆进行文献组织的基础,再加上技术难度相对较大,因此处于图书馆的核心地位。参考咨询工作大多是在咨询台给读者关于馆藏使用方面一些指导,图书馆面向读者的主要工作是图书和期刊的浏览和外借。

　　国外图书馆组织结构与中国略有不同,通常由馆长负责,下设两个部门:即技术服务部和公共服务部。其中,技术服务部包括所有进行后台工作的部门,如采购、编目、连续出版物等;公共服务部包括所有与用户直接接触的部门,如馆际互借、参考咨询和流通等。同中国相比,国外更强调对读者的服务,它和对文献加工处理的技术服务部门处于同等重要的位置。

　　根据管理学理论,组织内部的环境可以划分为四种"纯理论"的类型[244]:
简单/静态型、复杂/静态型、简单/动态型和复杂/动态型(见图 6.1)。

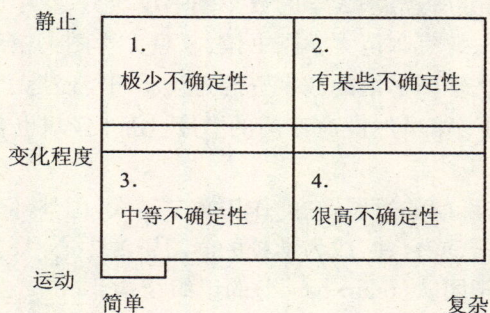

	静止	
	1. 极少不确定性	2. 有某些不确定性
变化程度		
	3. 中等不确定性	4. 很高不确定性
运动	简单	复杂

图 6.1　组织内部环境模型

　　中国传统图书馆中各项工作都是一直遵循已有的常规及程序,很少有出人意料或极其复杂的事情发生,属于简单/静态型。国外传统图书馆中读者工作是非常重要的内容,读者提出的问题可能五花八门,不是仅仅提供馆藏指导就能解决的。这样,为读者提供咨询相对来说就复杂一些,这种情况属于复杂/静态型。

　　复合环境下,图书馆的功能不断扩大,它要在网络环境下利用各种先进设备和手段为读者提供印本文献与电子文献的收藏、报道和使用,而且同"收藏"相比,它更强调"存取使用"和读者服务。在工作时会遇到部分甚至很多新事物和不确定因素,工作的复杂程度大大提高,环境处于经常的变化之中。这时,图书馆面临的环境就属于简单/动态型甚至复杂/动态型。因此,原有的组织模式、管理方式已经不能满足不断变化的复杂环境的需要,需要进行调整和变化。实际上,从 20 世纪 90 年代起,美国大学图书馆采用全面质量管理和重组工程对图书馆内部进行组织调整和改革,实现从传统图书馆到数字图书馆的转型,国内各大中型图书馆也对本馆的业务机构作了或大或小的调整。可以说,最近若干年来,图书馆进行机构重组的尝试从来没有间断过。

同传统图书馆相比,复合图书馆组织结构的主要特征和发展趋势是:

首先,自动化、网络部门成为图书馆的核心部门之一,一些图书馆还成立了数字化建设部门。

据王可文的随机调查[245],国内 56 所大学图书馆中,设自动化(技术)部的占 82％,有 10％的图书馆还另外设置网络系统部。目前,脱胎于自动化技术部门的计算机与网络管理部门是多数图书馆的必备核心机构,它不但负责对图书馆自动化业务的技术支持和维护,而且还对图书馆的网络、服务器系统进行管理维护和应用开发,负责图书馆网站的建设,在网络管理、图书馆新技术应用和数字图书馆建设方面起到重要作用。

随着数字资源建设的加强,很多图书馆设立了相关的研究和建设部门,如北京大学的数字图书馆研究所、清华大学的数字图书馆研究室、中国人民大学图书馆的数字图书馆建设中心、北京师范大学图书馆、复旦大学图书馆和南京大学图书馆的数字化部、华南师范大学图书馆的数字资源建设小组、浙江大学图书馆的数字资源开发中心等。有些图书馆虽然没有专门的数字化部门,却也在相关部门开始了数字化工作。

随着图书馆网络部门的发展,它的作用越来越大,国外部分高校甚至将图书馆与计算机中心进行联合或合并,成为学校的学习资源中心[246]。

其次,出现了基于团队(team-based)的组织结构。

团队制,类似于企业中的事业部制,就是一种按服务对象、服务区域和其他标准组成工作组的组织方式。每个团队下包含了与目标对象相关的所有业务,不适合归进任何工作组的业务再组成支撑组。

例如英国拉夫堡大学设立了科学组、工程组等若干个团队,这些组分别负责与学科相关的所有图书馆业务,包括与各系保持联络、安排和提供他们需要的服务、处理各系提供的阅读书目、订购各系教师提出的欲订书目、分编相关领域的图书、解答相关领域的咨询、支持和辅导各领域的电子信息的利用等。各组组长接受馆长直接领导,具有较强的自主权。

韩国 sejong 大学图书馆的组织结构略有不同[247],它是在技术服务和公共服务部门基础上,在公共服务部内设置若干个类似于工作组的分馆,分别负责社会科学、语言文学、文科(liberal arts)、自然科学和艺术等学科的服务,将相关学科的文献集中在同一个地方,设置学科馆员为读者提供一站式服务,学科馆员同时负责馆藏管理、引导读者利用数据库检索及其他咨询活动。

基于团队的组织结构强调把互相联系的几种任务结合成相对较小的组,在团队内部拥有较大的支配任务的权利,同时团队内的每个人都可以广泛参加与任务有关的工作。因此,这种模式特别强调以读者服务为中心,为读者提供最便捷、最专业的服务;与此同时要求图书馆员熟悉工作组内的各项工作,具有更专业、全面的知识和能力。

6.2.2　人力资源配置的变化

在复合环境下,图书馆的人力资源呈现出多元化需求的倾向。从岗位需求角度看,计算机相关人员的需求量猛增;参考咨询和读者服务平稳上升,编目人员数量减少;图书馆对新型岗位有一定需求。从人力资源结构方面看,非图书馆学专业背景的人员增多。

(1) 计算机相关人员,如:网络管理、自动化维护、网站建设、数字资源管理、数字图书馆建设等方面的岗位需求量较大。

文献[248]调查了美国研究图书馆协会(ARL)成员馆新增职位情况,结果发现与计算机相关的岗位占全部新增岗位的四分之一。

表 6.1　ARL 图书馆新增及需求职位调查

岗位分类	新名称	实际数量	需求数量
面向 Web/技术/系统/数字项目 (Web-related/Technology/Systems/ Digital Projects)	技术与网络环境(Technology and Networked Environment)	25	43
读者服务(User Services)	参考咨询/读者服务(Reference/ User Services)	24	22
馆藏建设(Collection Development)	馆藏建设(Collection Development)	17	28
技术服务(Technical Services)	技术服务(Technical Services)	13	11
保存(Preservation)		6	
发展(Development)	发展与公共关系(Development and Public Relations)	5	12
管理(Administration)	管理支持(Administrative Support)	3	10
	教学服务(Instructional Services)		9

（续表）

岗位分类	新名称	实际数量	需求数量
远程学习/教育（Distance Learning/Education）	媒体与远程教育（Media and Distance Education）	4	4
	存取（Access）		5
	版权与许可（Copyright and Licenses）		4
合计		94	148

　　同国外相比，我国图书馆人力资源的分配情况也有类似的趋势。传统上，我国图书馆的主要人力资源集中在采购、编目和流通部门。文献[249]在1992年对全国100所图书馆的一项调查显示（见表6.2）：在分配到图书馆的大学毕业生中，71%的图书馆学专业毕业生从事采购、编目和流通等工作，从事计算机相关工作的只占3.8%，情报研究与咨询也只有8.9%。情报学毕业生中，59.9%的人从事采购、编目和流通工作，5.7%的毕业生从事计算机相关工作，28.5%的毕业生从事情报研究与咨询工作。这些数据充分揭示了当时图书馆工作的需求状况。

表6.2　我国图书馆学情报学毕业生从事图书馆工作的岗位分布

	总人数	采编	期刊	流通	计算机	情报调研与咨询	其他	合计
图书馆学	313	27.8%	15.0%	28.4%	3.8%	8.9%	15.9%	100%
情报学	35	17.1%	5.7%	37.1%	5.7%	28.5%	5.7%	100%

　　时隔十几年后，情况又发生了什么变化呢？由于没有找到相关的统计数据，笔者在2004年7月利用搜索引擎检索到当年的20个图书馆的招聘启事，其中大部分没有说明招聘的具体岗位。有岗位说明的5个图书馆中，编目、期刊、流通、读者服务各一个，参考咨询、古籍两个，有三个图书馆的主要招聘对象都是软件开发、网络/数据库管理、数字化生产和网站管理方面的。虽然浏览结果带有一定偶然性，但是从一个侧面反映了目前国内图书馆岗位需求趋势倾向于与计算机和数字化相关的岗位。很多图书馆由于开展的数字化项目是以古籍文献为对象的，而原有的古籍管理人员相应匮乏，因此有一定的需求。参考咨询是国内近年发展较快的服务内容，因此也有较高的需求。

　　（2）参考咨询及读者服务岗位稳中有升，编目人员数量呈下降趋势。

　　文献[250]根据ARL的年度薪金调查数据（Annual Salary Survey data）进行分析，结果是：同1990年相比，1998年ARL大学图书馆新招聘的人员中，参考咨询岗位数量略有增加,编目员数量从 17% 减少到 9%。从各部门占图书馆全部工作岗位的比例来看,参考咨询岗位所占百分比略有上升,编目员比例从 1990 年的 14% 下降到 1998 年的 11%。

编目和参考咨询是国外传统图书馆的两大支柱部门。在复合图书馆环境下,由于更加强调读者服务工作,所以参考咨询等读者服务部门依然保持非常重要的地位。我国传统的参考咨询部门是以工具书阅览室为基础的,人数不多,功能有限,主要提供基于馆藏的书目咨询和主题咨询。复合图书馆中的参考咨询部门建立在传统馆藏资源和新兴电子资源的基础上,利用现代化通信手段和先进的虚拟咨询平台,为用户提供到馆和远程咨询服务。此外,用户培训也是参考咨询部门的重要任务之一。因此,国内参考咨询部门的队伍日益壮大,内容涵盖面越来越广。

但是,随着自动化系统的普及,特别是通过书目数据的共享,编目效率大大提高,很多由专业编目员做的工作现在都可以由兼职编目员完成,编目工作呈现出非专业化(deprofessionalization)的趋势。这使编目员的地位受到威胁,相当一部分图书馆减少了专业编目员的数量。据 Buttlar 和 Garcha 的调查[251],1987 年到 1997 年十年间,美国高校图书馆中有 39.2% 的图书馆减少了专职编目人员数量,14.2% 的图书馆增加了专职编目人员,维持原状的有 46.6%。

外包(outsourcing)的出现使得专业编目员的地位受到更大挑战。1993 年,美国 Wright State University 图书馆率先使用外包方式进行编目,发现这种方式具有节省经费,提高效率的特点。此后,其他图书馆纷纷仿效。Buttlar 和 Garcha 所调查的图书馆中,27% 采用外包方式,其中有 4 家图书馆(占总数的 1.5%)由于外包而取消了编目岗位。

(3) 很多岗位被重新设计,图书馆对一些新岗位产生需求。

ARL 的调查[252]显示,25% 的图书馆员岗位和 44% 的管理岗位被重新设计。还有一些调查认为有 74% 的图书馆学岗位和 57% 的管理岗位发生了很大改变。

与此同时,图书馆对一些新岗位产生需求,例如职能性专家(Functional Specialist)、远程教育、知识产权、行政管理支持、公共关系、营销等岗位。

这里的职能性专家岗位是指"媒体专家或管理领域的专家",除了与计算机系统相关的专家以外,其他方面如人力、财务、系统、保护等也属于职能性专家。现代图书馆管理要求以经营方式管理图书馆,因此行政管理、公共关系以及营销方面的专业人才也是图书馆所需要的。现代图书馆是知识中心、资源中心,因此读者培训和教育功能被强化,远程教育人才成为图书馆的新宠。由于资源数字化、电子资源管理和使用等方面经常涉及到知识产权等法律问题,因此图书馆也需要知识产权方面的专家对工作进行指导和提供咨询。

(4) 复合图书馆的人员结构发生一定的变化。

　　从人员的构成来看,学历较从前有较大提高,国内的很多图书馆拥有一定数量的博士、硕士,本科学历成为多数图书馆招聘的基本要求;从人员的知识背景看,大学的信息管理(图书馆学情报学)系仍然是图书馆的主要人才来源,但是,非图书馆学历工作人员的数量呈上升趋势,据 ARL1985～1998 年的统计,在图书馆工作的女性中,非图书馆学历的工作人员占全部女性的比例从 1985 年的 4％上升到 1998 年的 9％;在男性中,更是从 10％上升到 17％[253]。(见图 6.2)。

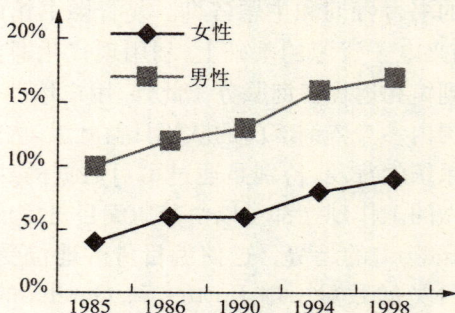

图 6.2　1985～1998 年 ARL 成员图书馆中非图书馆学历的专业人员比例(按性别)

6.3　复合型图书馆员的素质要求

6.3.1　复合型图书馆员的基本素质

　　传统图书馆按照业务活动设置组织结构,因此各部门的工作范围相对狭小,图书馆员只要掌握了相关技能就可以在这个岗位上工作多年而工作内容没有太多的变化。在复合图书馆环境下,传统图书馆的信息环境、组织结构、工作内容、工作方式都发生了重大变化,而这一切都对图书馆工作的核心力量——图书馆员提出了更高的要求和挑战。

　　复合图书馆环境下的图书馆员应当是复合型人才,具有多方面的知识和技能。很多岗位要求图书馆员一才多用,是"多面手性的工作(combination jobs)",也有人提倡需要多种能力集于一身的"通才馆员(holistic librarians)"[254]。例如基于工作组的组织结构要求各工作组内的图书馆员能够完成图书馆各个工作流程的工作,包括选择文献源、采购、编目、参考咨询、流通服务等等。同时,信息技术的广泛应用要求每个工作人员都能够熟练操作计算机,而且要适应软硬件产品持续不断的升级换代。

　　Nestor L. Osorio 搜集了《American Libraries》以及《College and Research

Libraries News》两种期刊在 1976 年、1986 年、1998 年刊登的科学与工程类图书馆招聘启事[255]，结果发现，图书馆对招聘工作岗位的描述越来越复杂，描述词的数量有日益增加的趋势（见表 6.3）。说明对图书馆员要求越来越高，越来越全面、复杂。

表 6.3　图书馆对招聘工作岗位的描述词数量变化情况

年度 资格描述	词 汇 量		
	1976	1986	1998
必备资质描述	29	56	73
较好资质描述	15	24	37
期望资质描述	8	17	29
工作责任描述	40	71	100

　　虽然图书馆不同岗位之间对馆员的要求差异很大，但是复合型图书馆员通常应该具备的基本知识结构主要包括以下几方面：图书馆业务、计算机水平、外语、学科知识等。

　　1）图书馆业务

　　掌握图书馆知识，熟悉图书馆业务是复合型图书馆员应具备的最基本素质。图书馆员应当了解各种信息资源的采购、加工、整理、使用的流程和方法；图书馆学重要理论和方法；数字图书馆基本知识等内容。图书馆知识的获取可以通过大学的专业教育或接受继续教育而获得。

　　在复合图书馆中，学科交叉和渗透越来越多，计算机、外语能力强的图书馆员日益受到重视，拥有其他专业背景的人越来越多，但是掌握图书馆业务知识仍然是对图书馆员的最基本要求，尤其是非图情背景的人员。在台湾的一项对研究机构图书馆的调查显示[256]，尽管很多人认为同拥有图书馆学专业背景相比，在这类图书馆中，拥有专业背景可能更为重要。因为对后者进行图书馆学专业培训比起对前者进行专业知识培训的难度要小得多。但是，进一步的调查却表明，有图情背景者，在发挥所学专长方面的满意度较高，非图情背景者，仍旧没有获得学以致用的满足感。

　　美国图书馆学会认可的图书馆学硕士是进入美国图书馆工作的最基本条件。国内目前还没有明确规定，进入图书馆工作的门槛较低，部分工作人员不了解图书馆业务的基本情况。据了解，文化部和中国图书馆学会正在推进图书馆资格认证制度，如果该制度得以实施，将对提高图书馆员的业务水平有较大的促进作用。

　　2）计算机应用水平

　　拥有一定的计算机应用水平是复合图书馆对馆员的一项基本要求。由于计算机、网络的普及,图书馆几乎每项工作都不可避免地要与计算机打交道,不会使用计算机就像不认识汉字一样,将无法胜任复合图书馆的工作。

很多图书馆的招聘启事都要求被招聘人"有较强的计算机能力"、"通过计算机等级考试"等条件。人事部规定,图书馆职称的评聘也需要通过相关的计算机考试。

随着计算机的普及和技术的进步,对计算机应用能力的要求也在不断变化,有人把图书馆计算机应用水平分为三个等级[257]:

· 入门要求(baseline),最基本的要求,达不到这个水平的人应尽快学习掌握这些技能。但是仅仅停留在这种水平上的人也很容易被不断变化的技术所淘汰。

· 基本要求(desired),图书馆工作人员应当掌握的基本要求,除非部分工作人员具备相当高的其他工作能力。

· 理想目标(target),所有图书馆员应该努力争取的目标。掌握了这些或更高级技能的馆员可以在他们工作的图书馆系统做得更好。

计算机应用水平可以通过培训和实践来提高。事实上,一些年龄较大的图书馆员已经经历了从手工编目到计算机编目的痛苦转变过程。但是,逐渐熟悉了自动化系统的操作以后,计算机应用的痛苦逐渐减小以至消失,他们现在乐于在网上流连忘返,再接触新系统时也没有当初的心理压力,感觉容易得多了。

3) 外语能力

较高的外语水平是我国图书情报部门多年以来一直的要求。在复合图书馆时代,国际交往越来越频繁,如国际合作、馆际互借、大量的外文电子文献和网络资源使得外语水平低的人工作范围受到非常大的限制。

从文种上看,英语是图书馆工作需要最多的外语。多数图书馆在招聘启事上都要求"熟练使用英语"或"英语通过四级或六级考试"。

4) 学科背景与知识

对于大学图书馆和专业图书馆来说,图书馆员的学科背景和图书情报背景兼备,是最好的模式。但是,专业背景和图书情报背景哪个更重要,目前还存在争论。通常倾向于对专业背景的人员进行图书情报知识和技能的培训,因为专业知识较难通过培训掌握。美国的专业图书馆员常常具备图书馆学硕士和专业硕士两个学位。复合环境下,学科馆员制度和基于工作组的组织结构都要求图书馆员具有比以往更为深厚的学科背景。

以上几方面的知识和能力对图书馆员来说都必不可少,但是另外一些技能和素质在未来将会变得更加重要。米勒认为[258]:灵活、机动、适应性、对变革的热情和主动改革的意愿、协作和团队精神、信息流程的管理、商业作用的理解、对用户信息寻求行为的理解能力、设计界面和管理复杂系统的能力、在含糊不清环境中的生存能力、调查/学习的热情、无监督下独立工作的能力、自我促进与激发等 19 种能力是未来的图书馆员应具备的。

我们认为,作为一个复合环境下的图书馆员,如果不能全部具备以上能力,至少应该拥有不断学习的能力。因为知识可以老化,技能也许被淘汰,只有坚持终生学习,才能不断适应图书馆和社会环境的持续变化。此外,写作能力、人际交往能力、合作能力、管理能力和健康的身体对图书馆员来说都非常重要。总之,复合图书馆对馆员的要求已经远远超出人们以前对图书馆员的理解,其他专业干不了的人都可以做图书馆工作的时代已经一去不复返了。

6.3.2　不同岗位的要求

6.3.2.1　馆长

图书馆馆长的主要工作包括领导、指挥、监督、决策、应变、沟通及化解冲突等内容。他受上级主管部门的聘任,负责制定和实施图书馆的发展目标、管理方针和各项管理政策,管理图书馆的日常运行。虽然在国内图书馆决策民主化,不是馆长个人说了算,而是通过领导班子对重大事务进行决策。但是馆长作为领导班子的领军人物,他的个人素质对图书馆发展来说至关重要。

馆长应具备以下几方面素质:

• 领导才能

领导者必须具有长远目光,兼顾过去、现在和未来的发展;领导者要从全局出发,从大处着眼,在信息环境瞬息万变的今天,把握图书馆发展主要脉搏。

• 管理能力

馆长必须具有较强的管理能力。目前国内的馆长一般都没有接受过系统的管理学培训,也有一些图书馆馆长是经验丰富的图书馆学或其他学科专家,但是他们对自身管理能力的训练相对不足。

• 具备图书馆专业训练或丰富经验

关于图书馆馆长学科背景问题,各国一直有不同的做法。国外高校图书馆有下面三种类型[259]:

一种是以美国为代表的专职图书馆专业人员担任馆长。美国2 000多所高校图书馆的馆长几乎全部是获得图书馆情报学硕士以上学位的,同时还有理工科等其他学科的学历。另一种情况是日本的高校,图书馆长期以来实行教授兼任馆长制,而且绝大多数馆长由快退休的非图书情报学科的老教授相继兼任。介于以上两种之间的是采取图书情报系的教授兼任馆长制。东南亚大学图书馆属于这种情况。历史上,我国高校图书馆多实行的是教授兼任馆长制。目前图书馆专业人员和其他学科背景的馆长都有。

　　无论哪种形式,图书馆馆长都应是具有一定图书馆学知识、了解图书馆业务及前沿发展趋势的知识型与管理型相结合的复合型人才。

　　· 外语能力

　　良好的外语能力可以使图书馆馆长顺利地与国外同行进行交流,开阔视野,增长见识,同时为图书馆创造更多的国际合作机会。

　　· 营销能力

　　馆长是图书馆的形象代言人,成功的馆长一定是诚实可靠、值得信赖的。随着图书馆功能的延伸,很多资源和服务并不为大众所知;为了提高资源利用率,需要馆长将图书馆向读者、向社会进行宣传,以充分发挥图书馆的作用,被社会所认可,受到社会的尊重和重视。

　　· 筹措资金

　　这是国外图书馆长的重要任务。我国图书馆由于是国家财政拨款,因此在这些方面要求不太强烈。但是,争取项目和研究课题是我国图书馆馆长应当承担的责任。

　　· 法律意识

　　馆长作为图书馆的法人代表,虽然不能要求他是法律专家,但是应该具有较强的法律意识。复合图书馆环境下,与外界合作的机会非常多,很多项目会以合同方式签定,如电子资源采购的合同、网络设备与自动化的维护合同、应用系统开发合同、编目的外包合同等,需要了解合同法、知识产权法及其他相关的法律法规。一旦发生法律纠纷,可以咨询图书馆的法律顾问,保证图书馆在法律框架内顺利发展。

6.3.2.2　参考馆员的角色转换

　　图书馆参考馆员制度始于19世纪后期的美国。国外传统图书馆参考馆员的工作内容包括:与指定的读者群建立联系;在咨询台回答读者问题,辅助或指引图书馆的使用;选书,进行预算管理;用户培训;制作指南类产品,如学科指南等。

　　同国外相比,国内图书馆的参考咨询工作职责范围相对较小,多数图书馆的参考咨询工作主要依托工具书阅览室,在咨询台对读者使用图书馆过程中的问题和检索文献的方法进行咨询。因此,我国传统图书馆参考馆员通常是非常了解图书馆及其工作内容,熟悉各种检索工具的使用,能够耐心细致地解答读者问题,与读者保持良好关系的资深馆员。

　　随着信息技术在图书馆的应用,参考咨询工作的内容和方式发生了巨大变化,出现了基于网络方式的虚拟参考咨询系统,服务手段从手工方式转变为计算机方式,服务模式从单一图书馆本地咨询变为多馆协作、本地咨询与虚拟咨询相结合的方式;信息参考源也从以馆藏印本资源为主转变为印本资源、电子出版物、网络信息等多种类型。

工作内容和工作环境的变化对参考馆员提出了更高的要求,参考馆员必须尽快实现在复合环境下的角色转换。复合图书馆中的参考馆员应该具备的知识和技能包括:

·图书馆学情报学专业知识和信息检索能力,熟练掌握文献信息资源建设、文献信息管理、文献信息研究等基础理论和操作方式,对各类信息源(包括印刷型文献、联机数据库、电子出版物、网络信息等)有全面的了解。

·相当水平的学科知识。对学科要有系统全面的了解,即学科的历史、现状及发展趋势、学科的主要学术流派、主要文献及工具书、学术研究的前沿和热点问题等的了解。这样才能针对学科读者的需求更有效地为学科读者提供专业服务。

·良好的外语水平,能阅读外文资料了解国内外学科发展的动态。

·较高的计算机操作水平。能充分利用网络条件,建立网上学科咨询站点,利用虚拟参考咨询系统与用户进行交互式咨询解答。

·较强的表达能力和教学能力,用户培训是复合图书馆中参考馆员的一项重要工作。

·对资源的分析与评价能力,能够按用户的需求将有效信息从庞大、无序的信息源中按一定方式进行分析、评价,找到读者最需要的内容。

·迅速学习的能力。学科馆员经常需要在短时间内迅速了解某一方面的知识,并以此为基础进行文献查找和提供。

·较强的人际交往和沟通能力,迅速正确理解用户的需求,与用户建立良好的合作关系。

·团队精神对参考馆员来说非常重要。参考馆员个人无法完成用户提出的所有咨询问题,很多幕后的工作也需要大家通力配合才能完成。

·良好的思想素质和职业道德。

早在 19 世纪初,学科馆员制度就在国外出现[260]。1998 年,清华大学图书馆在国内率先采用了学科馆员制度。此后,国内的一些大学图书馆和其他各类型图书馆陆续实行了学科馆员制度。学科馆员制度是对咨询馆员的延伸,也对咨询馆员的素质提出更高要求,职责和要求更加明确和具体。学科馆员与咨询馆员的最大不同在于,学科馆员直接为所负责的院系的读者提供服务。

中国科学院国家科学图书馆 2004 年开始试行兼职的学科馆员制度,从资源建设部、信息服务部等聘请了 10 名学科馆员,既做本部门的工作,同时面向研究所的联络、培训、咨询等工作。经过两年的试验,2006 年 6 月以组建国家科学图书馆为契机,组建了全新的专职的学科馆员队伍,设 42 个岗位(到位 39 人),以对外招聘具有硕博士学位的研究生为主,经过系统的图书情报业务培训,面向全院 100 多个研究所提供直接的学科化、个性化和知识化的服务。学科馆员责任到所，服务到所，创新到所，考核到所。学科馆员的角色也发生了很大的变化[261]：不仅是联络、培训和咨询，而是用户信息环境的顾问；不仅是为到馆读者服务，而是像家庭医生或律师一样，到用户那里提供服务；不仅是单纯宣传某一个图书馆，而是运用营销组合，根据用户需求，为用户设计、组织和优化所需要的信息；不仅是一个学科馆员，而是具有调动、协调、管理和创新能力的图书馆馆长。

6.3.2.3　编目员的角色转换

传统图书馆中，编目员的核心技能包括以下几方面：对图书和期刊进行编目；理解规范控制，掌握书目使用和自动化系统中编目模块的功能；熟悉编目条例；掌握 MARC 著录方法；熟练使用分类法等。

这些技能在复合图书馆环境下依然重要，但是它仅占编目员应有知识结构的一部分。随着计算机、网络的普及，数据共享程度的提高，以及编目外包的大量采用，图书馆对专业编目员的需求量逐渐减少，编目员的角色转换问题引起了图书馆界的重视[262,263]。

L. J. Buttlar 和 R. Garcha 利用问卷调查方式分别调查了 1987 年、1992 年和 1997 年编目员在美国高校图书馆中 67 种传统和新出现的行为[264]。调查发现，10 年间，编目员的工作内容发生了明显的变化，总体趋势如下：

进行简单描述性编目和套录数据的编目减少了，给索书号和主题目录、解决疑难编目的工作量增加了；对学位论文、真善本图书、特藏资料、政府文件的处理都有所增长，表明图书和其他类型资料的编目数据可以下载共享，使得编目员有精力处理更加专门的资料；对音视频资料、数字文档、Internet 资源编目的数量都有较大幅度增加；除具体的编目工作以外，很多编目员还参与了较多的管理工作，如制定本地编目标准、进行规范控制、写项目建议书、制定编目政策、评价编目人员、进行数据统计等。

另外，从事技术性较强工作的编目员数量增加了。如进行应用数据库开发、数据库维护、书目控制专家系统的设计和应用、管理 OPAC、管理网络、维护本地界面等工作的比例都有不同程度的增长。

这些情况表明，编目员在复合图书馆环境下，其业务职能在不断拓宽。虽然编目部门在一段时间内还不会被取消或被外包公司所替代，但是编目员从事的具体工作却发生了非常大的变化，除了进行图书期刊的 MARC 编目以外，他们还将从事电子资源编目、元数据的创建，以及部分技术性、管理性工作，其中一部分还可能会到其他岗位上工作。

为了顺应这个潮流，编目员除了具备传统图书馆要求的知识和能力以外，更应该顺应潮流，不断学习，努力具备以下几方面素质和能力：

· 除图书、期刊以外其他类型资料的编目,如数字资源、多媒体资料和各种特藏文献;

· 了解各种相关标准和技术,如元数据标准、XML、HTML 语言等;

· 努力成为学科专家(Subject Specialist);

· 提高管理能力,参与相关的管理工作,例如制定编目政策、对临时编目人员的管理、数据统计工作等;

· 培养研究与写作能力,如研究元数据方案、制定本地标准、写项目建议书等;

· 数据库管理知识和技巧,如逐步参与数据库维护、系统开发与设计,管理OPAC 等。

6.3.2.4　系统管理人员

随着信息技术越来越多地进入图书馆,系统管理人员的工作内容逐渐增加。在复合图书馆环境下他们主要负责:计算机网络和服务器的管理维护、图书馆自动化系统的管理维护、电子资源管理、网站的制作和维护,以及数字图书馆研发等需要较为专深的计算机相关知识和技能的工作。

系统管理人员由于从事的工作内容不同,因此需要的知识和专业化程度也有所差异。大型图书馆往往有自己专有的网络,管理着很多大型服务器,并进行数字图书馆的研发工作,因此需要的知识比较专深;规模较小的图书馆可能需要维护图书馆自动化系统、硬件设备以及一些应用系统。不过,图书馆中所涉及到的计算机工作大部分以管理和维护为主,而且背后多有专业公司的技术支持,只有较少的大型图书馆具备开发力量。因此一般图书馆在引进和培养系统管理人员时应多从系统维护的角度考虑。

一般说来,系统管理人员应该具备的知识背景主要包括以下几方面:

计算机网络的维护和管理;计算机硬件设备,包括小型机、PC 服务器、普通微机的维护和管理;计算机语言,例如,Java、XML、Perl、SQL 等;各种类型数据库的管理,Oracle、Sybase、DB2 等大型数据库的应用与维护;图书馆自动化系统的维护和管理;Web 相关技术以及网站的设计和管理。

此外,数字图书馆所使用的很多技术和概念都是计算机专业中最新的成果。要求一个图书馆系统管理人员通晓这些知识是不现实的;但是,系统管理人员应当了解数字图书馆技术的发展方向,跟踪计算机技术的最新研究成果,以便在数字图书馆建设过程中,能够把握数字图书馆建设的方向,进行数字图书馆总体规划设计,提出具体技术需求和技术路线,配合专业开发人员进行系统的开发。

需要注意的是,在国内经常被忽略的一个问题是系统管理员的图书馆学知识。有些图书馆片面强调计算机专业背景,忽视了对这些非图书馆学科背景人员的图书馆学专业培训或教育。而计算机系毕业生往往有较高的自我评价,有时会对图书馆工作有轻视态度,不愿意钻研图书馆学知识,或对图书馆文献加工和服务缺乏全面深刻的认识。这将限制他们在图书馆的发展。

除了具备一定的知识背景以外,一些必备的素质是保证系统管理人员发挥作用的前提。

计算机科学是一门应用科学,它的实践性很强,因此系统管理人员仅有书本知识是远远不够的;要想做好这些工作,他们首先必须喜欢从事与计算机相关的工作,有较强的动手能力和钻研精神。

其次,由于计算机技术发展很快,因此很多技术在短时间内迅速被新技术淘汰,计算机技术人员的知识也非常容易老化。因此,一个系统管理人员能否做好本职工作,专业知识以外的其他素质越来越重要,甚至有时比是否有计算机专业知识和背景还要重要。例如:学习能力、创新能力、勇于承担风险、独立工作的能力和愿望、迅速适应环境的变化等,这些能力是使一个系统管理人员可持续发展的重要因素。

第三,系统管理和维护是服务性工作,因此与不同的人有效合作的能力、良好的人际关系对于系统管理人员也非常重要。

中国科学院国家科学图书馆信息系统人员为国家科学图书馆承担了多个项目,开发了多个系统,在提升图书馆技术能力、实现图书馆的服务目标方面做出了卓有成效的工作,起到了很好的技术支撑作用。开发的系统包括分布式参考咨询系统、跨库检索系统、期刊集成目录系统、e 划通系统、跨界检索等。e 划通[265],是一种集成服务系统,用户可以不脱离科研环境,启动 e 划通,直接查找各种信息资源、查词典、利用图书馆的参考咨询服务。

6.4　复合型图书馆员队伍建设与管理

从以上分析可以看出,技术进步和组织结构的变革对图书馆员提出了更高的要求。为了提高馆员素质,适应复合图书馆的要求,图书馆人力资源管理部门必须从人力资源计划、业绩评估与激励机制、培训与发展、职业生涯设计等角度进行复合型图书馆员队伍建设;同时通过职业资格认证制度保障馆员的整体素质,利用职业道德教育等方式提高馆员的职业道德水平。

6.4.1　人力资源计划

人力资源计划是综合考虑内外因素,对图书馆未来人员需求进行的策划。制定合理的人力资源计划可以保障图书馆用人需求能够不断而且恰当地得到满足。

人力资源计划通常有四个基本的方面。

- 满足未来需求的计划：根据图书馆的发展规划来决定图书馆今后所需人才的种类和数量。例如，复合图书馆要求增加大量掌握计算机相关技术的人才，用于发展数字资源管理、利用，维护图书馆网络和自动化系统，进行数字图书馆技术的研发；同时，传统印本文献的管理、服务也要加强。因此，必须在总体计划的基础上，计划未来各种类型人员的需求数量。

- 达成今后平衡的计划：比较图书馆所需人员数量与现有人员中预计可以继续留在图书馆工作的人员数量；这样可以明确需要增加和裁减的人员数量。

- 招聘或裁员计划。

- 员工发展计划：保证图书馆能不断获取有经验和能力的图书馆员。这一点非常重要。通过实施培训和发展计划提高图书馆员工的工作能力和管理人员的管理水平，通过内部招聘发现员工的潜能，使人才得到更合理的配置。

- 图书馆员职业生涯设计：不仅要为每一名图书馆员根据其优势和特长，设计今天的岗位和业务方向；而且要考虑其长远的业务发展，加强对其可持续的发展能力的规划设计，并为此加大投资，提高图书馆员的学习能力和创新发展的能力。

复合图书馆环境下，由于内部外部环境的复杂多变，人力资源计划的制定具有比以往更大的挑战性。同时，图书馆发展战略的变化，人才市场供求关系的变化，国家人事制度的改革等很多因素都会影响到图书馆人力资源计划的制定和实施。国内图书馆的招聘计划受到户口指标的限制，这些都导致图书馆很难做出长期的规划，或者成为无法实施的计划。但图书馆不断通过岗位聘任，调整人员结构和队伍，加大引进的力度，提升人员层次，已经在一些图书馆显示出强大的作用。

但是由于复合图书馆的人力资源结构与传统图书馆相比有很大变化，因此制定人力资源计划的重要性比以往更强。只有制定及实施科学合理的人力资源计划，才能保障复合图书馆的人才队伍结构逐渐趋于合理，保证图书馆的持续发展。

6.4.2　业绩评估与激励机制

6.4.2.1　业绩评估

图书馆员的工作表现和敬业精神直接影响到整个图书馆的工作成效。管理者要想赏罚分明，就必须有适当的业绩评估措施，以作为升迁、调职、降级、解职、加减薪、培训等的依据。

复合环境下，图书馆员要不断接受新事物、新工作的挑战，业绩评估可以协助馆员的自我发展及成长，使他们能更胜任所担任的工作；可以为馆员提供他们在工作上的表现和成就的评价和及时反馈；可以帮助馆员改正工作上的缺点；可以作为奖惩依据，加强领导对职工的了解。

业绩评估包括平时定期考核和年终考核两种方式,主要考核馆员的工作质量、工作态度、个人素质、人际关系等方面。

例如,俄亥俄大学图书馆对专业图书馆员的评分包括下面十个方面[266]:

· 工作的质与量(Quality and Quantity of Work);

· 专业的知识与技能(Knowledge of Work and Skills);

· 适应力(Adaptability);

· 可靠性(Dependability);

· 判断力(Judgment);

· 主动性和理解力(Initiative and Perception);

· 合作和个人品质(Cooperation and Personal Qualities);

· 行政和管理的能力(Administrative/Supervisory Ability);

· 对图书馆专业和大学内部的服务(Service to Library Profession/University Service);

· 专业的发展(Professional Development)。

针对不同的职位对每项内容赋予不同的权重,各项指标的实际得分分别乘以该指标的权重,然后进行加总,再除以权重之和,就是每个人的平均分数。

考核之后需及时给予奖惩,分别对取得较好工作业绩、有良好工作态度、勇于创新、获得学术研究成果、确有成效地学习、有奉献精神的员工,给予荣誉或经济上的奖励。反之同样给予处罚。

6.4.2.2　激励机制

对人的动机与行为起激发、推动、加强作用的因素称之为激励因素。激励馆员以提高工作效率、积极性以及敬业精神,使每个人都能充分发挥个人能力,这是人力资源管理中的一项重要工作。

根据马斯洛的需求理论,人的需求有五个层次,它们是:生理的需求、安全的需求、社会的需求、尊重的需求和自我实现的需求。由此进行分析,图书馆的激励机制主要包括以下几方面:人尽其才;物质奖励;精神奖励;实行目标管理;丰富工作内容;参与决策;给予培训、休假等。

据研究,用金钱为诱导可以增加生产力的 30%;用目标设定的方法可以提高 16% 的生产力;设计工作使其丰富化可以提高 16% 的生产力;让员工参与决策使生产力增加 1%[267]。要充分发挥激励对不同的人、不同情形的不同作用。

此外,利用全面质量管理理论可以建立人人参与以及追求高品质服务的组织文化。全面质量管理是指一个组织以质量为中心,以全员参与为基础,目的在于通过让用户满意,使本组织所有成员从社会受益而达到长期成功的管理途径。

面向工作组的组织结构也可以激励馆员的工作积极性。这种组织结构可以改善简单枯燥的工作环境,使馆员有机会参与多种活动并有较大自主权,因而激发起馆员的兴趣和工作热情。

6.4.3 培训与发展

在复合图书馆环境下,信息环境的不断变化,图书馆技术的不断发展,图书馆员遇到了空前的挑战,只有通过持续不断的培训才能保持馆员队伍的先进性。图书馆的人力资源管理部门应当拟订详细的培训计划。

教育与培训是建设图书馆员队伍的重要措施。刚从高校毕业的图书馆学情报学的毕业生由于缺乏工作经验,应当接受图书馆的培训;非图书馆学背景的人需要通过专门培训和教育尽快了解图书馆业务的情况;没有受过专业教育的人需要通过各种形式的教育与培训提高专业水平。即便是经验丰富的高级图书馆员也应该与时俱进。

例如,对于参考馆员来说,在职培训的意义非常重要。据调查,参考馆员认为有些技能只能通过工作培训而不是图书馆学校来培养,包括:沟通的技巧、决策能力、检索策略、计算机检索、资料的选择、人员管理等方面。因为图书馆提供的培训比学校教育更加实际。因此,在职培训不是一件可有可无的事情,而是必须进行的工作。

培训的内容是多方面的,既包括技能和业务培训,如计算机能力的培训,又可以包括理论方法、图书馆发展趋势培训,还应当包括图书馆规章制度和公德教育等方面的内容。培训可以分为以下几种。

• 入门培训:对于新参加图书馆工作的人员的培训。包括几部分内容:部门负责人应当对新馆员详细介绍日常工作程序的基本内容,图书馆的历史、服务宗旨以及对馆员的要求,可以访问的图书馆其他相关部门等。

• 在职培训:在图书馆内部举办各种讲座和研讨会,提供专题培训或介绍图书馆最新发展;参加国内外相关会议,了解图书馆的最新发展;在图书馆内部进行岗位轮换,了解多方面的知识和技能,例如,有些图书馆让所有中层干部定期参加参考咨询工作,以充分了解读者需求,进而提高工作水平。

• 脱产培训:鼓励图书馆员参加继续教育课程。图书馆学会和一些图书馆经常举办各种专题培训;参加大学或图书馆的学位教育。

总之,培训对于图书馆员来说是必须的工作,而不是奢侈物;是强制性完成的,而不是靠自愿来进行;是全面展开的,而不是针对部分环节。尤其在图书馆转型过程中,培训工作做得越好,馆员越能够适应信息技术和环境的变化。

培训计划旨在保持和改进目前的工作业绩,而发展计划则是为将来的工作发展技能。管理人员与非管理人员都将从培训与发展计划中获得益处,但通常对非管理人员的培训更重视目前工作中所需的技能,对管理人员则侧重于为将来工作培训技能,尤其是观念和人际关系方面的技能。

管理人员发展计划的目的是提高他们目前的管理效率,并为他们升职后将承担更大的责任做准备。由于复合图书馆的复杂/动态环境对管理人员的要求日趋复杂,而只通过经验来培养管理人员不仅费时而且不太可靠,因此管理人员发展计划显得尤为重要。

管理人员发展计划也可分为在职培训和脱产培训。在职培训包括主管培训下属、工作轮换、训职、有计划的工作安排等方式。脱产培训可以使管理人员脱离日常繁重的工作,专心地投入到学习中去。常见的脱产培训是由大学或一些机构举办的管理发展课程。

目前在国内图书馆界,对于技能培训的重视程度日益提高,而管理人员发展计划还没有受到重视,管理人员接受专门的管理培训的机会还不多。

6.4.4　图书馆员的职业道德建设

职业道德有时又称为职业伦理(Professional Ethics),是从事一定职业的人在特定的工作和劳动中所应遵循的特定的行为规范,是一般社会道德的特殊形式。职业道德具有较大的稳定性和连续性,促使人们形成比较稳定的职业心理和职业习惯。

目前,很多行业都有自己的职业道德规范[268]。图书馆作为一个公益性服务行业,职业道德是在制度框架以外,加强图书馆的行业自律和图书馆员职业道德建设,培养图书馆员良好的思想道德素质,强化图书馆员的社会角色意识。

国际图联和联合国教科文组织在 2002 年的《公共图书馆服务发展指南》[269] 中指出,"公共图书馆的员工有责任在与公众、同事和其他机构人员交往时保持高度的职业道德标准。必须平等对待公众的所有成员,尽最大的努力保证所提供的信息准确全面。"

职业道德规范与制度建设相辅相成。一方面,图书馆需要完善的制度规范,以其强力制约功能成为外在的保障,图书馆法、职业资格认证、学科馆员制度和各种管理规章的制定和执行使图书馆拥有完善的制度规范;另一方面,也需要道德规范以其内在调控手段成为理性的基础。通过这种理性基础和保障机制的有机结合,保证图书馆工作的顺利进行和健康发展。

欧美国家良好的服务除了和服务理念、管理机制有关外,长期的职业伦理准则教育功不可没。1909 年,美国出现了面向公共图书馆的图书馆员职业伦理准则(Librarians' Canon Ethics)。1939 年正式颁布面向各级各类图书馆的图书馆员职业伦理准则(Statement on Professional Ethics),并于 1973 年、1975 年、1981 年、

1995 年进行修订。日本也于 1980 年颁布《图书馆员伦理纲领》。截止到 2008 年 7 月,在 IFLA 网站上可以检索到 34 个国家和地区颁布的图书馆员职业伦理规范[270]。不同国家图书馆员职业伦理的要求也有不同[271]。

复合图书馆环境下,职业道德建设具有特殊意义。

首先,图书馆的业务重心从第二线的内部事务处理向第一线的读者服务转移。通过职业道德建设可以帮助图书馆员树立正确的职业观念和职业态度,提高读者服务水平。

其次,计算机和网络的出现和普及时间还不长,很多相关的法律法规制度尚未健全或存在漏洞,需要图书馆员树立良好的职业道德,主动弥补制度缺陷带来的问题。

职业道德建设可以帮助图书馆员尊重知识产权,促进数字产品的合理使用。例如,不使用盗版软件、不随意复制有版权的光碟,在电子资源的使用方面杜绝恶意下载现象,加强对读者滥用数据库信息的管理力度等。

通过职业道德教育使图书馆员在信息系统的管理过程中,增强保护用户个人隐私的意识,加强信息安全管理,防止黄色信息,保护未成年人的利益,防范信息和计算机伦理犯罪。

中国图书馆学会六届四次理事会 2002 年 11 月 15 日通过《中国图书馆员职业道德准则》(试行)(以下简称《准则》)[272]。这是我国第一个超越地域、馆种类型、馆属系统的界限,把全国的图书馆员和信息服务从业人员作为一个整体来构筑其职业道德规范的指导性文件。

《准则》结合图书馆员的职业特点,将图书馆员的职业观念、职业态度、职业技能、职业纪律和职业作风作了全面的概括。《准则》不仅确立了图书馆"满足公众的文献信息资源需求"的社会职责,明确了图书馆员"真诚服务读者,文明热情便捷"、"适应时代需求,勇于开拓创新"的职业态度,还引入了"维护读者权益,保守读者秘密"和"尊重知识产权"、"发扬团队精神"、"拓展社会协作"等现代图书馆管理理念,这些都与复合图书馆对图书馆员的要求相符合。

《准则》的颁布,对于复合图书馆馆员队伍建设有重要作用。它有利于全面提高从业人员的思想道德和科学文化素质,增强图书馆员的社会责任感和团队意识,树立良好的职业形象,使之适应复合图书馆的要求。

2008 年中国图书馆学会发布了《图书馆服务宣言》,明确提出了对社会普遍开放、平等服务、以人为本的基本原则,对明确图书馆服务性质、确立图书馆服务导向具有里程碑式的重要意义。

6.4.5　职业资格认证制度

职业资格是对从事某一职业所必备的学识、技术和能力的基本要求。职业资格认证制度是劳动就业制度的一项重要内容,也是一种特殊形式的国家考试制度。它是指按照国家制定的职业技能标准或任职资格条件,通过政府认定的考核鉴定机构,对劳动者的技能水平或职业资格进行客观公正、科学规范的评价和鉴定,对合格者授予相应的国家职业资格证书。

1994 年 4 月,国家劳动部、人事部颁布了《职业资格证书规定》[273]。1999 年,《中共中央国务院关于深化教育改革全面推进素质教育的决定》指出,"在全社会实行学业证书和职业资格证书并重的制度"。目前我国已经对 100 多个技术性强、服务质量要求较高和覆盖面广、流动性大的职业实行了就业准入制度。劳动者必须经过相应的培训,通过全国统一考试,取得职业资格证书后才能就业上岗。

图书馆职业资格证书制度起源于十九世纪八十年代的英国。二十世纪初,这种制度开始在美国、日本、韩国等世界各国逐步建立起来[274]。

目前国际通行的图书馆职业资格证书制度分为四种类型[275]:等级制、学历制、考试制和立法规定。

等级制:一般是根据学历、专业课程学习和从业经验制定的,是美国目前普遍采用的制度。

学历制:完全由学历取代图书馆行业资格认证过程,如果获得了相应的专业学位即自然获得了进入图书馆行业的资格。美国很多州都规定,从美国图书馆协会认可的学校毕业的图书馆情报学硕士即可获得较高级别资格认证。

考试制:通过指定机构的考试并达到一定分数才能获得图书馆的专业资格认证。考试分为两种,一种是通过专门考试委员会的考试,另一种是通过指定大学图书馆学情报学研究生院的考试。

立法规定:根据图书馆法施行规则和其他法律规定而制定的。如日本法律规定图书馆情报专业有关的资格有六种,即司书、司书教师、技术士、情报处理技术者、数据库检索技术者和纪录管理技术者等。

以上几种类型不是完全独立的,有时也采取几种制度相结合的方式。

图书馆职业资格证书制度对于图书馆发展具有重要的意义和作用。复合图书馆需要的是现代化的复合型人才,对图书馆员的素质和能力要求较传统图书馆有相当大的变化。实施图书馆职业资格认证制度是保障复合图书馆人才建设的重要措施。

首先,它可以进行基本的从业资格限定,提高图书馆工作人员的基本素质,是保证图书馆专业水准的有效机制。传统图书馆工作人员素质不能够满足要求,进入图书馆的门槛很低,很多单位将人事改革后的分流人员分配到图书馆工作,影响了图书馆的整体素质水平。

其次,图书馆职业资格证书制度可以建立起促进图书馆员不断学习和进取的激励机制,促进继续教育的发展。复合图书馆对图书馆人员素质提出了更高要求,图书馆员只有不断学习,努力进取才能跟得上图书馆的发展。

第三,该制度对复合型图书馆员的队伍建设大有益处。从前面的分析中也可以看出,随着图书馆的发展,越来越多的非图书馆学专业人员进入图书馆工作,他们具有其他专业的知识;但是如果缺乏对图书馆和图书馆学知识的了解,是无法达到图书馆所要求的复合型人才的要求的,因此需要通过资格认证制度来选择具有图书馆学知识的专业人才。

近年来,职业资格认证问题引起了国内很多人的关注,文化部社会文化与图书馆司也在积极考虑和争取实施职业资格认证工作。国家社会科学基金专门设立重点项目支持对这一问题的研究。

我们认为,我国的图书馆职业资格认证体系应当分为入门资格和继续教育两大层次,可以像其他行业一样,与职称评定机制结合起来;应当根据岗位的不同设置行政管理人员、业务人员、系统管理人员的不同体系。在使用方面,不同图书馆对馆员资格有不同要求,因此可以根据图书馆的类型设置不同的政策。另外,从文化部和中国图书馆学会的角度看,应当积极推进图书馆职业资格认证制度的认可和实施,并争取在未来的图书馆法中进行明确规定。

第7章　复合图书馆建设关键技术

　　复合图书馆的理念再好，如果没有一定的技术做支撑，也难以保障复合图书馆目标的实现。因此，技术是实现复合图书馆目标实现的重要基础。当前，在复合图书馆建设中，技术还远不能适应复合图书馆建设的需要。主要问题是，缺乏对复合图书馆所需相关技术的了解，缺乏复合图书馆支撑技术的清晰框架和技术线路，缺乏关键技术的研究与开发。

7.1　概述

7.1.1　复合图书馆的发展离不开技术体系的支撑

　　图书馆事业的发展历程表明，图书馆的资源组织、服务提供、人员培训与管理等各项业务的顺利开展都离不开对技术的应用。正是因为与计算机技术、通信技术以及其他各种先进技术相互融合，并不断地对这些技术加以吸收应用，图书馆才能提高服务水平。尤其是在传统图书馆与数字图书馆相结合的复合图书馆时期，技术将发挥更大的作用。

　　复合图书馆的最大优势在于它以集合的和因地制宜的方式使本地与外地资源、印本资源与电子资源实现无缝链接和存取，以对用户提供最大可能和广泛的信息服务及利用，实现最大效益的资源共享。这就需要相应的技术体系的支持。

　　所谓技术体系，即是由一系列技术有机组合而成的、具有系统性的技术整体。通过这样的一个技术整体，图书馆的功能才能得到完整的发挥。同样，复合图书馆要充分地发挥自身的功能并得到长足地发展，也必须建设自身的技术支撑体系。复合图书馆的技术支撑体系是建设复合图书馆的基础，是复合图书馆在网络和计算机上的具体实现，是未来传统图书馆与数字图书馆共存时处理、存储和应用传统印本资源与数字化资源的基本框架。

7.1.2　基本功能决定复合图书馆的技术支撑体系

　　资源和服务就是图书馆的基本功能。复合图书馆的最主要的特点体现在两大方面，一是无缝存取（seamless）；二是综合集成（integrated）。而蕴涵于这两者之中的实质则是，复合图书馆主要是整合印本资源与电子资源（强调的是资源），以综合集成的方式给本地和远程的用户提供信息和知识服务(强调的是服务)。复合图书馆与图书馆在基本功能上是相似的,最核心的仍为两点——资源与服务。

图书馆功能的有效发挥,离不开对技术的应用。图书馆的基本功能决定了它所采用的技术,决定了它究竟应该构建起什么样的技术体系。但复合图书馆并不是创造全新的技术,而是对现有技术的综合运用。因此,从整体上考虑,在复合图书馆的技术支撑体系的建设方面,我们可以借鉴上个世纪以来各种技术支撑体系的研究成果。Knight 也在他的文章中指出:"许多现有的技术均可以应用到复合图书馆当中。"[276]

当然,必须认识到,尽管复合图书馆是传统图书馆与数字图书馆的一种糅合,但绝不是这两者的简单叠加!恰恰相反,它不仅海纳了两者之精华,也拥有自身的特色。作为对这些特色的维持与表现,复合图书馆的技术支撑体系不仅保留有数字图书馆技术支撑体系的痕迹,更有着自身的特色。

7.1.3　复合图书馆面临的技术问题

在明了复合图书馆的本质、资源与服务的基础上,我们对复合图书馆进行一个综合定位,即复合图书馆是集传统图书馆与数字图书馆之优点(本质方面),在印刷型和电子型资源并存的复合环境下(资源方面),拓展和延伸图书馆的服务功能(服务方面),综合运用计算机技术、多媒体技术、数字化技术和远程通信技术(技术方面),为读者提供更广泛服务的一种图书馆存在形态。

不管是技术,抑或是理论,其本质都是人们用来解决问题的工具。发展复合图书馆,理所当然地,我们会遇到相应的问题。而这些问题的出现,归根到底是由复合图书馆的本质、资源与服务所决定的。技术正是在应对、解决这些问题的过程中,逐渐形成自成的体系,并不断完善的。那么,发展复合图书馆,究竟有哪些问题需要由技术来解决呢?

我们认为,复合图书馆既然是传统图书馆与数字图书馆的有机结合,那么,它所面临的、需要由技术来解决的问题自然而然地包括了以下三种:为了维持自身的服务特色与功能而遇到的问题;为了传承传统图书馆的特色而遇到的、跟传统图书馆所面临的问题相类似的问题;为了弘扬数字图书馆的特色而遇到的、跟数字图书馆所面临的问题相类似的问题。

具体地说,复合图书馆需要解决的两个核心问题就是互操作与整合的问题。实现对分布异构的数字化信息资源进行集成检索和整合浏览,并在"一站式检索"基础上支持用户对分布异构的多层次、多类型、多格式的数字信息以及信息服务进行个性化定制。因此,基于各种元数据的开放描述、开放链接、互操作等方面的机制和技术则成为主要的瓶颈问题。

7.1.3.1　复合图书馆的互操作问题

在数字图书馆的研究方面,今后需要加强的,乃是数字图书馆互操作问题的设计与实现。第二代数字图书馆的发展状况已足以证明这一预测的正确性。时至今日,当人们在谈论如何构建复合图书馆的技术体系时,互操作问题依然是需要面对的问题。即使是诸如英国这样一个在复合图书馆建设方面已投入大量人力财力并已取得一定成效的国家,在它所开展的复合图书馆原型项目——HyLiFe 中,也充分体现出对互操作问题的重视[277]。

有关复合图书馆的互操作问题,多人撰文进行了明确阐述。在今天,已经有许多图书馆演变为复合图书馆。他们拥有并且订购了许多以各种不同的格式与媒体提供给图书馆用户使用的资源与服务。这些格式与媒体包括有,印本专著、丛书、电子期刊、CD-ROM 的摘要与索引服务、音乐 CD-ROM,等等。用户通过远程服务器对许多电子资源进行存取操作。而且,越来越多的人们在各个场所来接受这些服务。用户与服务这两者均是分布式的。

尽管如此,到目前为止,依然缺乏一种统一的方法来提供和管理这种针对复合图书馆资源的整合访问。用户往往被迫单独跟各种服务接触,而且往往由于在不同检索系统中重复相同的步骤而浪费了大量的时间。同时,使用不同的界面也增加了低效率的风险。例如,由于不熟悉某种服务的特性,用户往往不能发现相关的资源。在发现——定位——请求这一过程中,当他们从一个环节进入另外一个环节时。也有可能不得不重复输入同一数据。

互操作的问题涉及到两个方面:一是有关 Z39.50 的问题。Z39.50 用来描述从数据库中查找与检索信息的两个计算机系统之间进行通信的规则与步骤。正是因为有 Z39.50 的存在,才使得人们可以通过同一个界面进行跨库、跨地域的资源查询与检索,才能使得复合图书馆的“重头戏”——综合集成变为现实。将国际通用的 Z39.50 协议在复合图书馆中加以应用并将这种协议使用到知识发现的过程中,将可以提高跨库检索的精确性。另外一个问题便是元数据。元数据是关于数据的数据。例如,它可用来描述和定位与文档、图书、视频、音频、地图等有关的信息。图书馆的目录只是元数据的一种,但是,有关信息的权威性、有效性、可获取性、数字签名、版权以及复制等等的问题,也在元数据的揭示之列。元数据必须充分地对各种信息进行辨别,从而让用户理解该信息的内容、来源以及使用情况。电子出版物的快速增长迫切需要元数据的“出马”,特别是在网络信息混乱无序的情况下,元数据在互操作中的重任便是众望所归。

7.1.3.2　复合图书馆的整合问题

在建设数字图书馆的过程上,一些单位已经建设了一些高质量的数据库,把这些数据库整合到复合图书馆系统中,无疑将极大地丰富复合图书馆的资源内容。

当然,实现这样的整合具有相当高的难度。一方面,原有数据库的内容是多方面的,其数据构成形式有很大的差异;另一方面,原有数据库的实现从系统平台到应用软件等都不尽相同。

复合图书馆整合的目标是[278]:为用户提供一站式信息服务,满足用户全方位、多渠道地获取信息的要求,提供更加丰富的信息资源,建立分布式信息资源保障体系,实现信息的无缝连接,实现更大范围、更有深度的资源共享,利用整合的信息资源体系提高为用户服务的能力,促进形成以用户为中心,以资源为基础的学习环境、研究环境。

信息资源整合的对象包括:

· 不同载体、不同类型的信息资源之间的整合。例如印刷型文献与电子型、网络型、虚拟信息资源之间的整合。

· 传统信息资源的数字化转换工作,实现从印本资源到电子资源的转换。

· 各种类型电子信息资源的整合,特别是异质信息资源的整合,实现互操作和跨库检索。

· 本地资源和远程资源之间的整合。很多图书馆把提供远程存取电子信息资源作为自己的战略发展目标。例如谢菲尔德大学图书馆制定的题为《信息新世界》战略规划(2001/2002~2003/2004)提出的目标之一是:"加强对全球范围内电子信息资源(包括一次文献和二次文献)的存取"。

信息资源整合机制的工作内容涉及到:

· 政策问题。信息资源的整合工作应该成为图书馆馆藏管理政策的核心。图书馆制定政策必须考虑到信息资源整合、如何整合、如何利用整合后的信息资源等问题。

· 信息资源的整合面向信息的增值。信息的整合过程要能够实现信息的增值。尤其是网络资源的整合,致力于通过因特网资源的搜集、评价、筛选、链接、导航,为用户提供资源增值服务。

· 特色信息资源的整合。整合工作需要考虑资源的特色化,突出本馆的发展重点,符合用户的信息需求。

· 整合过程需要确定不同类型信息资源的比例,制定明确的计划,提高资源的总体效应。

· 重视相关技术的研究与开发,为资源整合提供技术支持与保障。

· 引进信息提供商的资源开发成果,利用他们的产品和服务来尽快实现资源整合。

· 尽可能多地提供可远程传递的全文文献,提高信息资源的可存取程度。

· 重组符合资源整合机制需要的组织结构,建立适应资源整合战略需要的管理机制。

7.1.3.3 复合图书馆面临的其他问题

存储与压缩资源的问题：复合图书馆所涉及的数据类型有文本、图像、语音、图形等，所面临的数据是海量的。这么庞大的数据量是迄今为止其他任何系统都没有遇到过的，需要大规模数据库来存储和处理这些数据。在复合图书馆中，文本的数据量所占比重并不是很大，真正大的是多媒体数据。因此，对多媒体数据必须进行压缩，然后保存在数据库中，以降低库的成本，使库的规模保持在可管理的范围内。这是复合图书馆需要解决好的首要问题。

分类、索引、检索的问题：复合图书馆所面临的数据类型各不相同，如文本信息、地图信息、图像信息及视频、音频、音乐等信息。对不同的内容，需要不同的分类体系和索引机制。而能否制定一个比较好的分类方法、建立一个比较好的索引机制，能否开发出一个比较好的检索工具，等等，都是需要复合图书馆去面对的问题。这其中需要包括中文搜索、图像搜索、语音搜索、智能搜索等大量的人工智能技术的支持。

资源传递与资源保护的问题：当复合图书馆的用户提出一个服务请求时，系统能否用最短的时间对用户的请求进行回答，这是系统能否成功的关键。这其中有许多问题需要解决，如带宽的有效使用问题，多媒体解压的分层传输问题。如何运用先进的技术来保护受版权保护的资源，意义深远。

交互式用户界面设计的问题：交互用户界面是复合图书馆的重要组成部分，是系统展现在用户面前的窗口。怎样设计一个用户界面，让用户使用时得心应手，能够友好、直观、方便，并具有人性化、智能化的特性，充分利用图形、语音，将其融为一体，设计出易于使用的界面。

开发工具与平台问题：其中包括总体结构标准、软构件技术、信息录入技术、搜索技术、知识挖掘技术等问题。

此外，需要由技术解决的问题还有，如分布式服务与系统的集成与协调，用户认证、收费、付款等问题；技术使用上的统一协议、规范、标准等。网络基础设施的建设、安全问题。随着复合图书馆实践的不断深入，需要由技术解决的新问题也会不断出现，这是一个动态的发展过程。

7.2 可借鉴的相关技术支撑体系

就现在来看，复合图书馆所面临的、需要由技术来解决的问题主要是互操作与整合。要解决异构信息之间的互操作问题，必须建立包括硬件、操作系统、应用系统和元数据等不同层面的互操作协议和信息代理机制。对于不同元数据之间的互操作,主要通过创建元数据代理,进行元数据格式记忆、识别、解析和转换来完成。

迄今为止,包括 W3C 等在内的多家组织已经开发出多种元数据,如 RDF、PICS,还有大名鼎鼎的 DC 元数据等。使得人们对图书馆的印本资源与电子资源的组织更加规范化、标准化,大大地方便了图书馆之间的资源共享。

目前,整合问题说到底就是如何实现用户界面的集成。而用户界面集成可使用两种较为成熟的技术:

(1) Web 化技术。Web 化技术可将原来需要在客户机上安装专用检索软件才能检索的数据库产品转换成用 Web 浏览器检索,这就可以大大简化用户界面,方便用户检索。

(2) Z39.50 技术。Z39.50 是一种比较成熟的关于信息检索的协议,也是一种信息交换的标准。只要信息交换的双方都遵循 Z39.50 格式,则使用不同数据格式的双方就可以联机交换数据。

因此,利用 Web 化技术和 Z39.50 技术,可开发出基于网络的、支持多语言及可对多种数据库同时进行检索的软件平台,实现数据库与 Internet/Intranet 应用软件的集成与简化,从而大大方便用户对信息的获取和利用。有关界面设计的指导,读者可参阅 HyLiFe 项目所发布的文章(内容与界面的设计问题)。

7.2.1　第二代数字图书馆的技术支撑体系

数字图书馆应该是信息载体数字化、信息收藏虚拟化、信息传递网络化、分布式管理、智能化服务。数字图书馆是通过互联计算机网络,将不同国家、不同地区、不同种族、不同文字和语言的人类文化遗产有序地组织起来,使全世界不同文化底蕴的人们在网络所及的任何时候、任何地点获得自己所需要的任何信息。判断是否是数字图书馆,至少应具备三个基本特征[279]:①支持信息的普遍存取;②基于因特网的分布式信息存储与管理;③集成化、个性化信息检索与服务。

数字图书馆实际上是通过互联网连接起来的数据资源库群,是实行分布式管理的信息和知识共享的计算机,其主要特征是多媒体数字化资源,跨平台跨语种网络化存取,计算机分布式管理和智能化服务。数字图书馆不是一种机构或实体,而是一种技术或信息服务模式,是现代信息技术应用于图书馆的一个发展阶段。

当然,由于复合图书馆是对传统图书馆与数字图书馆的有机融合,因此,就复合图书馆所要秉承的数字图书馆的特色与功能而言,第二代数字图书馆所采用的关键技术依然有借鉴意义。

总体来说,开发数字图书馆需要如下的基本技术:内容处理技术,提供主要信息(原始数字信息)和辅助信息(传统非数字媒体的数字化转换)的创建、存储和检索;信息访问技术,提供对各种信息资源的超越时空限制的有效访问;用户友好和智能接口技术;互操作技术和开放系统开发等技术。

有学者认为,第二代数字图书馆的技术支撑体系包括[280]:

• 用于信息采集和移植的技术。包括印本信息采集和数字化信息采集两个方面。传统信息采集使用的技术手段包括有:扫描、缩微、光学字符识别(OCR)、语音识别和人工智能等;数字化信息的采集包括文本、图像、音频和视频信息的处理。

• 用于信息组织的技术。包括信息组织技术、压缩技术、海量信息存储技术。信息的组织以图书馆为代表,主要应用研究了 MARC 数据、元数据、XML 等技术;信息的压缩涉及文本、视频、音频等多种形态和标准;海量信息存储应用了分布式结构。

• 用于信息检索的技术。以全文检索为主,现在,由于人们语义网研究的逐渐深入,概念检索也日渐成熟;这方面也会涉及到互联网的搜索引擎技术。

• 用于确保信息安全的技术。信息安全涉及到网络安全、信息加密和数字水印等。

7.2.2 英国 e-Lib 第三阶段复合图书馆原型项目的技术支撑体系

英国的 JISC(Joint Information System Committee)投资建设名为"英国电子图书馆计划(UK, Electronic Library Program,简称 E-lib)的项目。自 1998 年以来,该项目已经进入第三阶段,并着重建设五个复合图书馆原型。即 AGORA、BUILDER、HeadLine、HyLife 和 MALIBU。除此之外,伦敦学院图书馆、利兹大学以及澳大利亚国家图书馆也开展了复合图书馆的研究。

这些项目从不同的侧面和重点研究以信息提供为中心的复合图书馆现实运行的可行性。HyLife 和 MALIBU 强调以用户为导向的检索,认为信息组织结构上的更新管理是复合图书馆这个创新领域的关键因素;Headline 和 BUILDER 的研究则注重信息审查鉴定技术;BUILDER 和 AGORA 都关注信息的互换性和互操作性,以便能提供信息检索的无缝界面;另外,AGORA 还将信息导航作为复合图书馆的重要技术课题进行研究。

通过分析这些项目的定期报告可知,它们的共同目标就是,使图书馆的资源和技术取得最大限度的集成与整合;由于所面临的问题大致相同,如这些项目都不可避免地会遇到诸如用户文档、界面设计、数据库互联、数字化管理和图书馆员发展等问题;因此,在使用的技术方面,这些项目也有共通之处。

7.2.2.1 AGORA 项目

AGORA(希腊语,意为"集会场所"或"会聚点"),由英国东英吉利大学主持,是一个由公司和除东英吉利大学以外的 5 所大学合作开发的复合式图书馆管理系统,提供对各种资源和服务的集成存取,包括对复合图书馆载体的跨库检索等。

在 AGORA 项目的评估报告中,项目组指出,复合图书馆遇到的问题主要有:

第一,互操作问题。主要是因为各个图书馆对 Z39.50 的不同使用而引发出来的问题。这一问题又可分为两个情况。一方面,系统提供商对 Z39.50 标准的使用并不统一;另一方面,由于不同系统提供商对 Z39.50 标准的不同使用,从而产生出不同的内容标准,以致使解释、排架以及结果集的剔重工作显得困难重重。

第二,馆藏揭示的问题。

第三,术语学的问题以及缺少由协议控制的词汇表。

第四,多年以来悬而未决的授权问题。

第五,用户界面的设计。当然,界面的设计有时并不仅仅是技术的问题。但是,必须认识到的是,用户对任意一个系统的接受程度在很大程度上受界面设计风格的影响;界面设计是一个需要加以重视的问题。

考虑到上述问题,该项目将目标定位为,在一个开放式、标准化的平台上研究分布式、混合介质信息的管理问题。AGORA 正在开发一套基于代理模式的复合图书馆管理系统(HLMS),该系统采用基于 MODELS Information Architecture 的三层架构,即客户、web 化和智能代理。系统结构如下图所示[281]:

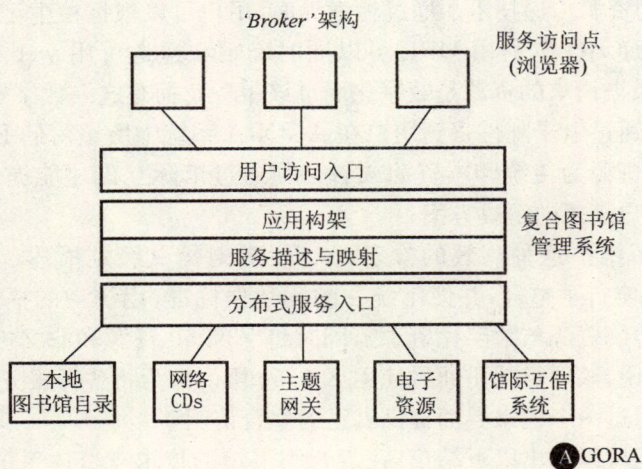

图 7.1 AGORA 项目的复合图书馆三层架构

通过管理系统,实现对异构信息的发现、确定收藏地点,提出借阅请求、实行文献传递的全过程提供集成化的服务。AGORA 复合图书馆包含有图书馆目录、博物馆数据、档案数据、电子期刊全文数据库、图像、web 站点、搜索引擎、Internet 服务以及网上书店等,涉及问题多,服务面也相当广泛。

具体地说,通过对 AGORA 项目目前已经推出的演示系统的功能进行研究,我

们认为,由 AGROA 项目可以得出的复合图书馆技术支撑体系应该是由下列技术组成:

• 精湛的 WEB 技术。这一技术可谓是 AGORA 项目的"亮点"。通过精心设计的 WEB 页,用户可以进行检索、提出借阅请求,或获得电子方式的以及传统方式的文献传递服务。

• 人性化的检索技术。WEB 主页提供的检索分为简单检索与高级检索两种。在检索过程中,用户可以查看并跟踪检索状态。系统的"历史"功能可保存用户每次检索的各项检索结果,而且,用户可以对这一"历史"记录进行各种操作,如修改、删除。通过系统提供的"检中记录表",用户可以浏览所有检中记录,并根据需要对之加以排序、分类、复制、聚类。高级检索均可以实现跨库检索(CrossSearch),无论数据库的数据结构是 MARC,还是 EAD、DC、CILS 及 CIMI,均可以通过集成的界面提供"一站式"的服务。

• 独到的聚类技术。AGORA 提出"信息全图"(Infofnlatton landscape)的概念,意即根据用户的兴趣和需求对资源实行个性化的分组集合并列成资源图,供用户点击检索。这将大大提高检索效率。

• 先进的资源传递技术。通过检索界面,用户可以根据检中记录直接向服务商提出文献传递请求。利用 URL 可以同时确定和递送可用 web 检索的电子资源。当然,如果被请求的资源是数字化而且该服务商拥有这一数字资源,则系统会自动将该资源通过电子邮件寄到用户在 AGORA 系统中所填写的 E-mail 地址中。如果被请求的资源为传统印本资源或者必须通过馆际互借才能提供的,AGORA 也可提供令用户满意的解决方案。

当然,为了维护这种高效的检索,AGROA 对馆藏级别描述(collection level description)也实行了整合,并使用统一的元数据标准、用统一的描述揭示所收集的各种资源(传统资源与数字化资源),同时将 Z39.50 资源和非 Z39.50 资源整合在一起。可以说,该项目就是通过使用 Z39.50 协议作为将各种服务整合到一块的"粘合剂",并通过一个检索界面提供真正的整合访问。

由此,我们可以得出以下结论:在复合图书馆的技术支撑体系的建设上,一定不能忽视四大方面的技术,即资源采集与组织的技术、资源检索的技术、资源传递的技术与安全技术。只要将这四方面的技术充分运用好,一个科学的、可以维护并促进复合图书馆功能发挥的技术体系也当然建立起来了。

7.2.2.2 BUILDER

BUILDER(Birmingham University Integrated Library Development and Electronic Resource),即伯明翰大学集成化图书馆开发与电子资源。其建设目标是:在支持教学和科研的背景下,开发一个复合图书馆的现实模型,采用 web 为基础的界面,以一种可以广泛适用的方法,对本地和远程、印刷型和电子型等广泛范围内的一系列信息资源实行无缝集成存取。该项目由伯明翰大学主持,同时也选择一些图书馆、信息提供商、出版商等为合作伙伴。

BUILDER 项目从 1998 年 1 月 1 日开始。该项目将通过并行开发 6 个具有内在联系的模块得以实现。这 6 个模块包括:用户注册与登录、资料订购与传递、印刷型与电子型信息源的元数据标引、教学、电子出版与数字化、检索网站。

无缝整合的实现形式就是,通过单个的用户界面和单个的授权网关,用户可以获得由多个数据库所提供的检索服务。BUILDER 项目在这一点做得较为出色。与其他复合图书馆的原型项目一样,它也是从 WEB 出发,因为 WEB 已经可以为许多可被人们访问到的信息提供统一的表示层。而表示层面上的整合要得以实现,则需要将各种服务"黏合"在一起的各种技术和处理过程的支撑。

实现这种整合不仅要求有一个经过整合的 web 前端,而且也需要一些其他的"黏合"技术;而且,这些"黏合"技术要可以成功地处理代表用户利益的服务并通过一个界面将检索结果返回给用户。在实践中,"黏合"技术多种多样,这需要制定一定的标准协议,比如 Z39.50;还需要采用显示路径的技术与方法(包括高层次的脚本),当然,这种技术与方法必须能够以一种个性化的方式与个性化的服务相连。

许多现有的技术已经可以实现这种"深层"的整合。尽管如此,在一些关键领域,相关的实现技术依然短缺。或许,最为重要的是,缺乏一些可以用来进行外部服务交流的标准方法。理想情况下,这些标准方法是由数据提供商根据应用程序接口(API)来提供的。API 由提供制度化服务的数据提供商加以设计和发布。如BUILDER,它给使用者创建了一个无缝的环境。一旦输入检索词,则该检索词将通过 API 提交给一台服务器,随后,经过处理后的检索结果将反馈给用户,并在用户桌面上显示出检索结果。

许多服务提供商已经开始向 API 模型转移。随着他们采取这种举措,由他们自身及其伙伴单位(如图书馆)出面共同制定标准已成当务之急。依据技术而制定的标准将显得极其重要。但是,与技术不相关的一些协议也需要制定。数据提供商理所当然希望他们的数据可以得到显示并在一定程度上得到承认。对于用户来说,知晓他们所要查找的资源,这对他们获得高效的检索结果将显得极其重要。

作为 BUILDER 项目的一个组成部分,开发 API 方面的一系列原型项目已被提上议事日程。为了演示由 API 来驱动的方法的有用性,BUILDER 希望在这种整体性的变革中发挥出一定的作用。首先,必须为这些复合图书馆原型项目自身的信息产品设计出一些简单的网关(包括元数据的数据库以及数字化的全文本)。此外,在伯明翰大学内,人们鼓励服务提供商与其合作伙伴一道,共同进行 API 的开发。

7.3　构建复合图书馆的技术体系

复合图书馆将现实空间和虚拟空间融为一体,同时提供传统印本资源和数字化资源的服务与利用。面对信息资源的多元化和信息资源来源的多样性,为满足用户对全方位信息的需求,复合图书馆利用各种信息技术对分散化、多样性的信息资源进行有效整合和集成,使多种类型文献资源形成一个有机整体,使得用户能够得到"一站式服务"。

复合型图书馆将运用系统整合的理念,对多样化的信息资源和用户界面进行有机集成。其用户界面设计、数据库互联、数字化管理、馆员发展和用户培训的问题应成为我们研究的课题。通过统一的界面,一次检索操作能够无缝地检索到各种信息线索,以本馆实体馆藏、馆际互借、电子全文库、文献传递等方式获取原文。

我们认为,复合图书馆作为一种图书馆发展形态,在建设的过程中,会涉及需要运用技术才能解决好的信息采集、加工、处理、存储、组织、发布、利用(含版权保护)和归档等问题。在解决这些问题的过程中,建立一个科学可行的技术支撑体系显得极其重要。

在此过程中,我们必须牢牢记住的是,复合图书馆传承了传统图书馆的功能特色,同时也容纳了数字图书馆的功能优势,在此基础上,复合图书馆还有自身的独到之处。因此,在建设复合图书馆的技术支撑体系方面,我们尝试从三个角度出发加以论述。

7.3.1　从传统图书馆体系构成的角度出发

依托传统图书馆而构建起来的复合图书馆,在开展自身业务的过程中,仍须构建起诸如下列的子系统:如采访、编目、流通、检索、期刊、数据交换、管理信息、联合编目等系统。

由于这些系统都需要一定的技术支撑,而且由于这些子系统功能各异,因此,在使用的技术方面,它们也各不相同。可以说,复合图书馆的技术支撑体系是渗透在这些子系统当中的。正是因为这样,我们才会尝试从组成复合图书馆体系的子系统的角度出发,通过介绍各个子系统的功能来反映所需技术、来揭示复合图书馆的技术支撑体系。可以说,将这些被各个子系统应用着的技术汇合起来,就可组建一个完整的复合图书馆技术支撑体系。

(1)资源加工系统。该系统要对传统的文本、图像、音频和视频以及网络信息资源等复合图书馆资源进行数字化采集、加工、处理。因此,相应的现代化信息资源采集、加工和处理技术当是这一系统正常运行的"奠基石"。数字化采集、加工和处理技术通常分为两类。一类是将大量现存的以不同形式和载体存储的信息资料数字化。另一类则是直接生成数字化资料的技术与方法。

（2）资源的管理与存储系统。复合图书馆的数字资源由元数据和对象数据构成。原则上，元数据相对集中存放，对象数据分布存放。大规模资源管理与存储系统要实现所有数字资源的存储管理，相关的存储技术也将成为复合图书馆技术支撑体系必不可少的一个部分。

（3）资源调度系统。调度系统的目标是通过一个标识来确定复合图书馆中所有资源的规则，建立一个管理所有资源的系统，在资源环境发生变化时，在复合图书馆环境中，只要把唯一标识所指向的对应值做相应的修改，就可以保证服务的正常运行。实现调度系统首先要建立一个完善的调度码体系以及相关的调度技术的援助，并要有一个资源统一命名规则。

（4）联合编目和馆际互借系统。书目数据是传统图书馆自动化系统的主要处理内容。通过 Z39.50 协议，传统的书目系统可以直接为复合图书馆系统提供元数据，但复合图书馆应用系统的元数据不仅限于书目数据。在馆际互借系统中，复合图书馆也要从以传统介质为主的方式过渡到兼顾传统介质和数字资源两个方面。在此过程中，各种遵循 Z39.50 协议的技术将起到重要作用。

（5）用户查询和服务系统。复合图书馆的用户查询和服务系统要实现数字化信息和知识的发布与利用。用户通过统一的检索界面进入系统，根据检索元数据库得到资源的标识，再经过调度系统，由数字资源管理系统获取以分布形式存储的对象数据库中的资源。在此过程中，界面设计技术、检索技术必不可少。

（6）安全认证系统。为确保系统运行安全，确保各类资源为各种层次人员高速获取，复合图书馆体系结构中需要设有安全认证系统。因此，相应的安全技术，如用户身份认证技术也必须被运用到这一系统中。用户身份认证技术，是在为用户创建的无缝环境中实现的流线型认证过程，目的是为了克服目前服务中多样性的用户注册方式的问题。在英国，ATHENS 项目正在逐步解决这一问题。

（7）版权保护与电子商务系统。复合图书馆的资源建设应遵守国际国家有关协议、法律法规，协调解决有关版权问题。为保证复合图书馆能够持续有效地发展，需对部分资源使用进行有偿服务。因此，相关技术，如数字水印技术等，必须为复合图书馆分布式资源跨单位跨库服务模式下的版权提供保护并为电子商务（包括安全性）系统提供支持。

7.3.2　从第二代数字图书馆的角度出发

第二代数字图书馆以分布信息处理与集成检索为特征，强调开放式的信息描述与组织，以用户跨类型、跨载体、跨时空地发现和获取信息为着眼点，可以称为

"基于资源的数字图书馆"。而复合图书馆的资源组成也包括了数字图书馆的资源。在第二代数字图书馆的技术支撑方面,复合图书馆依然可以大力借鉴。

有人指出,组建数字图书馆的技术体系,下列这些技术必不可少[282],即:信息的创建与捕获技术;信息的存储与管理技术,信息管理涉及到自动生成索引、创立文件夹、标明相互关系、抽取特征和翻译等技术;信息的搜索与访问技术;信息的传递技术;权限管理技术,等等。

复合图书馆是诸多高新技术综合应用的产物。因此,从第二代数字图书馆的角度出发,复合图书馆的技术支撑体系可以由下列技术来组成:数字化技术、超大规模数据库技术、网络技术、多媒体信息处理技术、信息压缩和传送技术、分布式处理技术、安全保密技术、可靠性技术、数据仓库与联机分析处理技术、信息抽取技术、数据挖掘技术、基于内容的检索技术、自然语言理解技术,等等。

7.3.3 从复合图书馆自身特色的角度出发

复合图书馆不仅是对传统图书馆与数字图书馆两者特色与精髓的有机糅合,更不乏自身的特色。复合图书馆的特色可以归纳为三大方面。即在复合图书馆中,传统印刷型文献资源与数字化信息资源互补共存;管理服务集成化。即强调对图书馆不同来源的技术和资源进行整合,实现对传统文献资源和数字化信息资源的集成管理和服务;功能复合化。即认为复合图书馆是传统图书馆与数字图书馆有机结合、优势互补的统一体。

综合这些特色,我们可知,复合图书馆的一个目标就是要将知识发现、资源定位、查询请求、资源传递集成到一块。以 AGORA 这一复合图书馆的原型项目为例,它就是要解决这样的问题:即希望对各种资源与服务实行有效整合,通过统一的界面集成化地检索不同介质和不同格式的分布式的信息,一次性完成信息发现、定位、提出请求、文献递送的全过程,建立面向用户的、个性化的信息服务机制。

技术的使用要以维护与强化复合图书馆的特色为根本出发点。因此,从这一角度上分析,复合图书馆的技术支撑体系由以下几部分组成:

(1) 推送技术。这是一种按照用户指定的时间间隔或根据发生的事件把用户选定的数据自动推送给用户的计算机数据发布技术。它是多点播送和多址发送内容传递的结合。应用信息推送技术建立的"网络广播站(webcasting)",也就是网络信息广播系统,通过智能化的代理服务器从环球网上不断地取回用户所需信息,将信息进行分类,在主机(电视机)上设立了固定的"信息频道"和"信息树",供用户对网上信息进行预定和选择。复合图书馆可借鉴相关行业的经验,应用推送服务定期将用户需要的信息发送至其主机,以满足用户的信息需要。

(2) 搜索技术。由搜索引擎、跨库检索(cross search)、跨目录检索(Cross

Catalog Search)、本 地 检 索 (local search)、隐 形 网 络 搜 索 技 术、开 放 链 接 (OpenURL)等技术组成。在复合图书馆中,由于面对海量的印本资源与电子资源,搜索引擎的重要性可想而知。人们在这方面已取得突破性的进展。通过使用先进知识组织技术,尤其是近阶段来本体(ontology)在知识组织体系上的应用,使得检索者不仅可以实现传统的全文检索,更是逐渐向概念检索等高智能性的检索过渡。

(3) 跨库集成检索技术。用户在统一的界面输入检索关键词,就可以同时检索多个数据库,跨时空限制地存取。无论这些信息属于何种文献类型,以何种方式存放,存放在什么地方或机构,用户都可以通过数字图书馆实现"一站式"检索,并获取到所需的原始信息。实现集成化信息检索查询的关键在于信息的开放描述与组织、异构信息资源的互操作以及对用户查询行为和查询过程的规范和帮助。对象管理组织 OMG(Object Management Group)于 1991 年提出的通用对象请求代理体系结构(CORBA:Common Object Request Broker Architecture)的技术规范,它定义了异构环境下对象透明地发送请求和接受响应的机制,客户机不需要知道请求对象的位置、使用的编程语言、通信协议等,它所关心的是找到某个对象实现这个请求,然后传递参数和方法,并将结果返回给服务器对象。

(4) 信息传输技术。信息传输技术为网络的数据高速传送、存取提供了保证;信息的安全防护及管理技术更是保障复合图书馆正常运行不可缺少的。

复合图书馆的技术支撑体系必须围绕复合图书馆的数字化信息资源建设,以集成化检索服务和无缝存取为发展目标,更要以联机编目和资源共享为发展方向。

复合图书馆的建设是一项创新工程,与数字图书馆的建设一样,需要很多高新技术的支持。在此过程中,我们应该集中优势力量,包括图书馆、科研院所、高等学校等分工合作,积极采用国内外主流和先进技术,研制开发一个具有自主版权的适应多语种、跨平台的集成应用系统。并在此过程中,不断摸索,进一步完善复合图书馆的技术支撑体系。

参考文献

[1] LANCASTER F W. Toward Paperless Information Systems［M］，Academic Press，Inc，1978.

[2] 覃利，朱丰. 浅谈现代图书馆与传统图书馆的关系[J]. 湖北教育学院学报，2000(11)：104-106.

[3] PINFIELD S. Realizing the Hybrid Library［J/OL］. http://www. dlib. org/dlib/october98/10pinfield. html.

[4] 包雪清. 试论未来图书馆的发展模式[J]. 大学图书情报学刊，2004(1)：8-9.

[5] 张爱萍. 简述我国图书馆的发展历史[J]. 科技情报开发与经济，2003(9)：72-73.

[6] 谭世芬，等. 癸未轮回话沧桑——关于图书馆两次变革的思考[J]. 图书与情报，2003(6)：36-39.

[7] 吴建中. 21 世纪图书馆新论［M］. 上海：上海科学技术文献出版社，1998.

[8] 李正祥. 数字图书馆走了有多远[J]. 图书馆理论与实践，2002(4)：44-46.

[9] 国家图书馆网站：http://www. nlc. gov. cn/dloff.

[10] 董焱，刘兹恒. 网络环境下我国图书馆的发展方向[J]. 中国图书馆学报，1999(6)：34-38.

[11] 许儒敬，周子荣. 从传统图书馆到现代化图书馆的模式转变[J]. 江苏图书馆学报，1999(5)：38-42.

[12] 孙坦. 论数字图书馆与传统图书馆的关系[J]. 大学图书馆学报，2001(2)：10-12.

[13] 吕芸芳，程滨. "超星"数字图书馆的创举——兼谈传统图书馆与数字图书馆的联系与区别[J]. 图书馆建设，2002(5)：73-75.

[14] 黄玉珠. 论传统图书馆与数字图书馆的关系[J]. 四川图书馆学报，2002(3)：52-54.

[15] 王雅南. 传统图书馆与数字图书馆的比较分析[J]. 图书馆，2002(5)：75-77.

[16] 高云霞. 试论虚拟图书馆与传统图书馆的关系[J]. 图书馆工作与研究，2001(5)：21-22.

[17] 赵建军. 数字图书馆与传统图书馆浅议[J]. 现代情报，2003(7)：92-93.

[18] SUTTON S. Future Service Models and the Convergence of Functions：the Reference Librarian as Technician，Author and Consaltant［M］. New York：Haworth Press，1996.

[19] OCLC(2003). Libraries：How they Stack Up. OCLC，Dublin.

[20] PRENSKY M. Digital natives，digital immigrants. On the Horizon，2001，9(5).

[21] Beloit Collegt（2006）Mindset Lists（2008-06-2）. http://www. beloit. edu/publicaffairs/mindset.

[22] BAKER D. Combining the Best of Both Worlds：the Hybrid Library［M］.//Digital Convergence - Libraries of the Future. London：Springer，2007.

[23] OCLC. Perceptions of Libraries and Information Resources［M］. （2005）［2008-07-12］.

http://www. oclc. org/reports/2005perceptions. htm.

[24] HERRING M. 10 reasons why the Internet is not a library substitute[M]. [2008-07-12].
http://www. libraryspot. com/lists/internetandlibraries. htm.

[25] http://www. degreetutor. com/library/adult-continued-education/librarians-needed.

[26] 杨卫东,郭玮. 未来图书馆发展趋势探讨[J]. 图书馆建设,2004(2):15.

[27] GARROD P. Survival strategies in the Learning Age-hybrid staff and hybrid libraries[J].
Aslib Proceedings. 1999,51(6):187.

[28] 徐文伯. 建设中国数字图书馆工程开创中华文献光辉的未来[J]. 中国图书馆学报,1999
(5):3-8.

[29] 高树龙. "复合图书馆"的新理念及发展策略[J]. 晋图学刊,2003(1):35-36.

[30] 吴奇才,马炳厚,郭国庆. 21 世纪我国图书馆发展路向及对策探讨[J]. 情报杂志,2002(3):
21-22.

[31] 贾炜韬. 复合图书馆浅析[J]. 教育理论与实践,2003(8).

[32] 高文. 中国数字图书馆工程建设面临十大技术瓶颈[N]. 光明日报.

[33] 邹春红. 刍议数字图书馆的建设与研究[J]. 江西图书馆学刊,2003(4):71-73.

[34] 吴冬曼编译. 关于无纸社会的再思考[J]. 浙江高校图书情报工作,2001(2):1-4.

[35] 马蕾,余伟萍. 复合图书馆的设计[J]. 图书情报工作,2001(10):62-64.

[36] DEMPSEY L. Afterword, places and spaces[M]. // CARTER L, SHAW S, PRESCOTT
A (eds). Toward the Digital Library. The British Library's Initiatives for Access
Programme. London: British Library Board, 1998:234-241.

[37] OPPENHEIM C, SMITHSON D. What is the Hybrid Library Journal of Information[J].
Science, 1999,21(2).

[38] MACCOLL J, HUNTER P. The Future is hybrid: Libraries in the 21st Century: a one day
workshop[M]. [2007-08-09]. http://www. ariadne. ac. uk/issue26/kate-robinson.

[39] PINFIELD S. Hybrids and Clumps[M]. [2007-8-9]. http://www. ariadne. ac. uk/
issue18/main.

[40] SOMPEL H V de, HONCHSTENBACH P. Reference linking in a hybrid library
environment Part1: Frameworks for linking[M]. [2007-08-09]. http://www. dlib. org/
dlib/april99/van_de_sompel/04van_de_sompel-pt1. html.

[41] SOMPEL H V de, HONCHSTENBACH P. Reference linking in a hybrid library
environment Part2: SFX, a Generic Linking Solution[M]. [2007-08-09] http://www.
dlib. org.

[42] SOMPEL H V de, HONCHSTENBACH P. Reference linking in a hybrid library
environment Part3: Generalizing the SFX solution in the SFX @ Ghent&SFX @ LANL
experiment. [2007-08-09] www. dlib. org.

[43] UPTON AN. Exploit Interactive Issue 3: Builder: The hybrid library projects search
engine [2007-08-09]. http://www. exploit-lib. org/issue3/builder.

［44］PINFILD S，Dempsey L．The distributed national electronic resource（DNER）and the hybrid library［2007-08-09］．http：//dois．mimas．ac．uk/DoIS/data/Articles/doidoiariy：2001；i；26；p；5．html．

［45］PINFIELD S．Realizing the Hybrid Library［J/OL］．http：//www．dlib．org/dlib/october98/10pinfield．html．

［46］王嬿．复合图书馆参考咨询工作的特点［J］．图书馆论坛，2003（8）：129-131．

［47］GARROD P．Survival strategies in the learning age—hybrid staff and hybrid libraries［J］．Aslib Proceedings，1999，51（6）：187-8．

［48］顾敏．千禧年初复合图书馆的服务与发展策略［J］．图书情报工作，2000（3）：5-8．

［49］黄宗忠．论21世纪虚拟图书馆与传统图书馆［J］．图书馆理论与实践，1998（1-2）：3-8．

［50］初景利．复合图书馆的概念与发展构想［J］．中国图书馆学报，2001（3）：3-6，9．

［51］李春玲，李春．复合图书馆的基本理论与建设框架探讨［J］．情报资料工作，2003（4）：55-56．

［52］同［35］．

［53］王进常．复合图书馆及其发展策略［J］．江西图书馆学刊，V32（3）：77-79．

［54］沈国弟．复合图书馆及其发展战略研究［J］．情报杂志，2003（5）：54-56．

［55］刘君．复合图书馆若干问题的研究［J］．情报科学，2002（9）：921-924．

［56］李正祥．复合图书馆思想论［J］．情报理论与实践，2003（4）：318-320．

［57］岳修志，张怀涛．复合图书馆的数字化管理和供应链管理［J］．大学图书馆学报，2002（6）：116-118．

［58］唐克文．复合图书馆是数字图书馆的初级阶段［J］．北京机械工业学院学报，2003（6）：78-82．

［59］Agora Evaluation Report（Jan 1999—Mar 2000）［R］．［2007-08-09］．http：//hosted．ukoln．ac．uk/agora．

［60］SPILLER D．Providing materials for users in hybrid library［J］．津图学刊，2003（4）：20-28．

［61］羊涵．面向21世纪的图书馆发展模式—"复合图书馆"［J］．现代情报，2003（7）：44-45，47．

［62］王燕军．复合图书馆环境下的咨询工作谈［J］．图书情报知识，2000（9）：40-41．

［63］陈鹤星，王勇．复合图书馆信息资源建设工作的几点思考［J］．情报杂志，2003（6）：99-101，108．

［64］李文．从复合型图书馆谈我馆计算机网络的建设与利用［J］．内蒙古农业大学学报，2003（4）：141-142．

［65］KOEHLER W．Digital libraries and World Wide Web sites and page persistence［2004-12-26］．http：//informationr．net/ir/4-4/paper60．html．

［66］霍永莉．复合图书馆信息资源建设的几点思考［J］．图书与情报，2003（4）：12-14．

［67］符绍宏．网络环境下图书馆信息资源建设若干问题的思考［J］．图书情报工作，2004（4）：11-13．

［68］黄忠宗．论图书馆的新模式——复合图书馆［J］．图书情报知识，2002（3）：10-15，26．

［69］魏静芳．论复合图书馆馆藏建设的混合性［J］．大学图书情报学刊，2003（6）：53-54，34．

[70] PINFIELD S. The Subject Librarian and Collection Management in the Hybrid Library［J］. ［2005-03-24］. http：//www. curl. ac. uk/presentations/2000conference/Pinfield％20 presentation％ 203rd. ppt.

[71] WISSENBURG A. Collection Development in the Hybrid Library ［2004-12-26］. http：// www. kcl. ac. uk/humanities/cch/malibu/presentations/scurl/sld01. htm.

[72] PRICE D. Things You Did Not Want to Know About Hybrid Library Collection Development ［2004-12-24］. http：//eprints. ouls. ox. ac. uk/archive/00000721.

[73] 同［51］.

[74] 沈玲,陈彦萍. 复合图书馆的采编工作［J］. 国家图书馆学刊,2003(4):48-52.

[75] KALINOVA L E. Building and Preserving the Collections of the Library for Foreign Literature while Establishing a Hybrid Library ［2004-12-26］. http：//wotan. openlib. org/ dois/data/Papers/ilicrimeay:2001:v:2:i:8:p:4. html.

[76] MACCOLL J, HUNTER P. The Future is hybrid: Libraries in the 21st Century: a one day workshop ［2007-08-09］. http：//www. ariadne. ac. uk/issue26/kate-robinson.

[77] 沈礼,王菊花. 复合图书馆馆藏信息资源建设刍议［J］. 中共石家庄市委党校学报,2003 (4):21-22.

[78] 赵继海,夏勇. "混合型图书馆":新世纪图书馆的现实运行模式［J］. 图书情报工作, 2001 (1):62-65.

[79] 李文. 从复合型图书馆谈我馆计算机网络的建设与利用［J］. 内蒙古农业大学学报,2003 (4):141-142.

[80] 同［66］.

[81] 同［54］.

[82] 郭伟. 复合图书馆的含义、原形及对我们的启示［J］. 情报科学,2002(2):130-133.

[83] 张洁. 复合图书馆时代的文献采访工作［J］. 安徽农业大学学报,2003(9):126-128.

[84] 霍永莉. 复合图书馆信息资源建设的几点思考［J］. 图书与情报,2003(3):12-14.

[85] ［2007-08-09］. http：//211. 64. 241. 123/zd/Untitled-1-2. htm.

[86] 东方. 网络环境下重构高校图书馆评估指标体系之我见——兼评《普通高等学校图书馆评估指标》［J］. 新世纪图书馆,2003(3):48-52.

[87] 张和芬. 复合图书馆信息资源建设及其评价［J］. 中国信息导报,2004(3):35-37.

[88] 刘泳洁. 复合图书馆馆藏评价及信息资源建设［J］. 图书情报工作,2004(2):38-40,48.

[89] SPILLER D. 复合图书馆的文献提供(Providing materials for users in hybrid library) ［J］. 津图学刊,2003(4):20-28.

[90] ［2007-08-09］. http：//www. headline. ac. uk/newsletter. pdf.

[91] 王世伟. 当代图书馆读者服务的特点、问题与未来的发展［J］. 国家图书馆学刊, 2003(3): 14-20.

[92] ［2007-08-09］ http：//www. headline. ac. uk/publications/diagram4. html.

[93] ［2007-08-09］ http：//www. headline. ac. uk/newsletter. pdf.

［94］［2007-08-09］http：//www. headline. ac. uk/public/diss/nl-pie. html.

［95］［2007-08-09］http：//www. ukoln. ac. uk/dlis/models/clumps.

［96］周情. 复合图书馆信息资源管理研究［J］. 图书情报知识，2003(10)：12-14.

［97］CAVE M，et al. Travelling at the speed of discovery：The MALIBU Project's Most
Valuable Lessons［2007-08-09］. http：//dois. mimas. ac. uk/DoIS/data/Articles/doidoiariy：
2001：i：26：p：2. html.

［98］［2007-8-9］http：//www. ifla. org/IV/ifla66/papers/001-142e. htm.

［99］黄波，李春. 复合图书馆及其发展策略［J］. 图书情报工作动态，2001(3).

［100］同［85］.

［101］WYNNE P，EDWARDS C，JACKSON M. Hylife：Ten steps to Success［2007-08-09］.
www. ariadne. ac. uk/issue27/hylife/.

［102］同［46］.

［103］同［49］.

［104］CROUD J et al. From lackey to leader：the evolution of the librarian in the age of the
Internet［2007-08-09］. http：//www. library. uq. edu. au/papers/from＿lackey＿to＿
leader. pdf.

［105］DIRECTOR P，BERKO M. The Hybrid Library Revisited. A paper presented at the
VALA 2004 Conference，Melbourne，Feb 3-6 2004.［2007-8-9］. http：//www. nla. gov.
au/nla/staffpaper/2004/pearce1. html.

［106］THORHAUGE J. Questions for a dialogue? Scandinavian Public Library Quarterly.
2002,35(1)［2007-08-09］. http：//www. splq. info/issues/vol35_1/01. htm.

［107］BOONE M D. Looking at four UK "hybrid" libraries. Library Hi Tech，2001，19(1)：90.

［108］National Library of Scotland：Building the "Hybrid Library"(Februar 2000)［2007-08-
09］. http：//www. nls. uk/professional/policy/docs/NLS_HYBRIDLIBRARY. pdf.

［109］NLM long range plan 2000-2005. Appendix1：Imagining the Future 2010［2007-8-9］.
http：//www. nlm. nih. gov/pubs/plan/lrp00/appendix1. html.

［110］Working Plan for Digital Information［2007-08-09］. http：//www. lib. uchicago. edu/e/
using/workingPlan. html.

［111］House of Commons(2000). Culture，media and sport：sixth report. House of Commons.
［2007-08-09］http：//www. publications. parliament. uk/pa/cm199900/cmselect/
cmcumeds/241/24102. htm.

［112］Strategic directions of Wayne State University Library［2007-08-09］. http：//www. lib.
wayne. edu/geninfo/about/strategic. php.

［113］BANWELL L. Report to UKOLN—Managing Organisational Change in the Hybrid
Library(1999)［2007-08-09］. http：//www. ukoln. ac. uk/services/elib/papers/ukoln/
hybrid-moc/hybrid. html.

［114］同［113］.

［115］PINFIEDL S，et al. Realizing the Hybrid Library［J/OL］. D-Lib Magazine，October 1998［2007-08-09］. http://www. dlib. org/dlib/october98/10pinfield. html.

［116］ELM C V，TRUMP J F. Maintaining the Mission in the Hybrid Library［J］. The Journal of Academic Librarianship，2001,27(1):33-35.

［117］RANSEEN E. The Library as Place: Changing Perspective［J］. Library Administration and Management,2002(4):203-207.

［118］UNESCO. Public Library Manifesto. Adopted 1994［2007-08-09］. http://www. unesco. org/webworld/libraries/manifestos. libraman. html.

［119］IFLA. Statement on Libraries and Intellectual Freedom［2007-8-9］. http://www. ifla. org/V/press/pr990326. htm.

［120］同［117］.

［121］同［210］.

［122］CAMPBELL R. Two ways of 'moderning' handsome old libraries［N/OL］. Boston Globe,Mar. 31,2002. http://www. boston. com/dailyglob.../two_ways_of_modernizing_handsome_old_librariesP. shtm.

［123］KNIFF L. Libraries aren't bookstores and patrons aren't customers［J］. American Libraries，1997(28):38.

［124］Food and Drink Policy within Library Facilities［2007-08-09］. http://www. lib. virginia. edu/policies/food. html.

［125］POMERANTS J，MARCHIONINI G. The digital library as place. Journal of Documentation，2007(4):505-533.

［126］CROCKETT C，MCDANIEL S，REMY M. Integrating Services in the Information Commons: Toward a Holistic Library and Computing Environment. Library Administration & management，2002(4):181-186.

［127］BEAGLE D. Conceptualizing an Information Commons［J］. The Journal of Academic Librarianship，1999(2):82-86.

［128］FERGUSON C D. Shaking the conceptual foundations，too: integrating research and technology support for the next generation of information service［J］. College and Research Libraries，2000(4):307.

［129］UM Wilson Library Information Commons Construction Project［2007-08-09］. http://wilson. lib. umn. edu/reference/infocommons. html.

［130］Proposal for a New Knowledge Commons in Mills［2007-08-09］. http://library. mcmaster. ca/about/k-commons. htm.

［131］Proposed Services［2007-8-4］. http://libraryssl. mcmaster. ca/about/k-commons/proposed. htm.

［132］同［126］.

［133］同［132］.

［134］IC at Brigham Young University Libraries ［2007-08-09］. http：//www. lib. byu. edu/ic. html.

［135］ILC Information Commons - Multimedia Zone ［2007-08-09］. http：//www. oscr. arizona. edu/labs/multimedia/zone. html.

［136］CORNFORD J. Integrating local resources. Library Management，2001(1/2).

［137］Chadwell F A. Electronic resources collection development policy statement workshop：A preconference［J］. Library Acquisitions：Practice & Theory，1997(3)：239-241.

［138］耶鲁大学电子资源建设资料［2005-04-09］. http：//www. library. yale. edu/～okerson/ecd. html.

［139］Arizona 健康科学图书馆电子资源建设政策［2005-04-09］. http：//www. ahsl. arizona. edu/policies/cdpolicy. cfm.

［140］NSU 图书馆电子资源藏书建设政策［2005-04-09］. http：//www. nova. edu/cwis/hpdlibrary/pdf/ecolpol. pdf.

［141］国家农业图书馆电子资源选择政策（2002）［2005-04-09］. http：//www. nal. usda. gov/acq/addendm2. htm.

·［142］HS/HSL 数字资源藏书政策［2005-04-09］. http：//www. hshsl. umaryland. edu/information/elecdev. html.

［143］William H. Welch 医学图书馆电子藏书政策［2005-04-09］. http：//www. welch. jhu. edu/about/ecdpolicy. html.

［144］Oplin 电子资源选择政策［2005-04-09］. http：//www. oplin. lib. oh. us/page. php? Id＝62-4-336-1267&msg＝.

［145］电子期刊发展政策［2005-04-09］. http：//www. bc. edu/libraries/resources/collections/s-journalpolicy.

［146］怀俄明大学图书馆网络资源选择政策［2005-04-09］. http：//www-lib. uwyo. edu/cdo/cp_internet. htm.

［147］波特兰社区学院图书馆网络资源选择政策［2005-04-09］. http：//www. pcc. edu/library/policies/collection. htm.

［148］电子资源建设政策［2005-04-09］. http：//www2. auckland. ac. nz/lbr/acquis/cdperesouces. htm.

［149］e-only 电子期刊藏书发展政策［2005-04-09］. http：//www. lib. umd. edu/CLMD/everpol. html.

［150］Neill 公共图书馆藏书建设政策电子资源部分［2005-04-09］. http：//www. neill-lib. org/colldev. htm.

［151］NLA Electronic Information Resources Strategies and Action Plan 2002-2003 ［2005-04-09］. http：//www. nla. gov. au/policy/electronic/eirsap.

［152］nternational Coalition of Library Consortia (ICOLC). 电子信息选择和购买现况展望和优选实践指南［2005-04-09］. http：//www. library. yale. edu/consortia/2001currentpractices. htm.

［153］Melbourne 大学电子藏书政策［2005-04-09］. http：//www. lib. unimelb. edu. au/about/cmc/ELEC. PDF.

［154］Hartford 电子资源建设政策［2005-04-09］. http：//library. hartford. edu/llr/elresman. htm.

［155］The Transition to Online Journals：A Second Phase［2007-08-09］. http：//www. library. ubc. ca/collections/transition_online2005.

［156］The Transition to Online Journals：The Fourth Phase（2007）［2007-08-04］. http：//www. library. ubc. ca/collections/transition_online2007.

［157］Remote Access to Licensed Databases［2007-08-09］. http：//www. uflib. ufl. edu/access. html.

［158］高等学校图书馆数字资源计量指南（2004 年）.［2005-07-08］. http：//202. 117. 24. 24/html/tugw/tongji_zhn. htm.

［159］张久珍.电子信息资源建设策略分析［J］.四川图书馆学报，2003(4)：43-47.

［160］中国国家图书馆数字资源建设（2003-2005 年规划）［2005-06-29］. http：//www. nlc. gov. cn/newpage/resource/index. htm.

［161］CSDL 项目成果［2005-06-29］. http：//www. csdl. ac. cn/csdl/index. html.

［162］Information Commons in Academic University［2005-06-29］. http：//www. brookdale. cc. nj. us/library/infocommons/ic_home. html.

［163］Princeton University DSS Services［2007-08-09］. http：//dss. princeton. edu.

［164］Numeric and Spatial Data Services at Michigan University Libraries［2007-08-09］. http：//www. lib. umich. edu/nsds.

［165］Data Library Services［2007-08-09］. http：//www. umanitoba. ca/libraries/units/datalib.

［166］World Wide Web Subject Catalog［2007-08-09］. http：//www. uky. edu/Subject.

［167］Internet Searching［2007-08-09］. http：//www. lib. lsu. edu/general/internet_search. html.

［168］Directory of Open Access Journals［2008-07-16］. http：//www. doaj. org.

［169］DEEGAN M，TANNER S. Digital futures：Strategies for the Information Age. Neal-Schuman. 2002.

［170］SHERMAN C，PRICE G. . The Invisible Web：Uncovering Sources Search Engines Can't See［J］. Library Trends，2003，52（2)282-299.

［171］OpenURL Overview［2007-08-09］. http：//www. exlibrisgroup. com/sfx_openurl. htm.

［172］SFX Overview［2007-08-09］. http：//www. exlibrisgroup. com/sfx. htm.

［173］The Scholars Portal Project［2007-08-09］. http：//www. arl. org/access/scholarsportal.

［174］Havard Cross Catalog Search［2007-08-09］. http：//popeye. harvard. edu/V/PXQSL2XKFJME349DLH5LUHCT4KRN73F7QMMHL7398MNDY6AVPY-23734/file/find-0.

［175］KUDZU：Southeastern（ASERL）Libraries Combined Catalog［2007-08-09］. http：//

webvc. library. vanderbilt. edu:8110/WebZ/KUDZUDEV:sessionid=0.

[176] Center for Research Libraries [2007-08-09]. http://wwwcrl. uchicago. edu/content. asp? l1=1&l2=53.

[177] CRL Catalog [2007-08-09]. http://www. crl. edu/catalog/index. htm.

[178] Cross domain searching [2008-07-16]. http://crossdomain. las. ac. cn.

[179] Annual Report of University of Alabama Libraries[2007-08-09]. http://www. lib. ua. edu/info/annualrpt0203. shtml.

[180] Guide to Library Research [2007-08-09]. http://www. lib. duke. edu/libguide/home. htm.

[181] Fee-based research [2007-08-09]. http://www. library. gatech. edu/research _ help/research_services. html.

[182] Research Services at NYPL [2007-08-09]. http://www. nypl. org/express/research. html.

[183] Access Guide for People with Disabilities[2007-08-09]. http://www. library. ubc. ca/home/access.

[184] 2003 Annual Report of the University of Arizona Library [2007-08-09]. http://dizzy. library. arizona. edu/aboutlib/annual_report/2003. doc.

[185] Self services at ASU libraries [2007-08-09]. http://www. asu. edu/lib/resources/moreserv. htm.

[186] The University of Tennessee Libraries Help Yourself[2007-8-9]. http://www. lib. utk. edu/help.

[187] MyLibrary@Auburn University [2007-08-09]. http://mylibrary. auburn. edu/? cmd=about&id=39.

[188] MyLibrary@Cornell[2007-08-09]. http://mylibrary. cornell. edu/MyLibrary/Main.

[189] University of Illinois at Chicago. MYLIBRARY@UIC [2007-08-09]. http://mylibrary. lib. uic. edu/home/? cmd=about&id=39.

[190] Texas A&M University Libraries presents My Portal[2007-08-09]. http://library. tamu. edu.

[191] PDA. [2007-8-9] http://www. library. ualberta. ca/pdazone/index. cfm.

[192] Online Library Learning Center [2007-08-09]. http://scarlett. libs. uga. edu/need/articlehelp. html.

[193] Flash movie on McGill libraries and MUSE catalogue[2007-08-09]. http://www. library. mcgill. ca/orient/flashmovie/library-intro-1. html.

[194] ways to contact us to ask a question [2007-08-09]. http://www. collectionscanada. ca/6/1/index-e. html.

[195] Annual Report of University of Alabama Libraries [2007-08-09]. http://www. lib. ua. edu/info/annualrpt0203. shtml.

[196] ORR R H. Measuring the goodness of library services: a general framework for considering quantitative measures[J]. Journal of Documentation, 29(3):315-32.

[197] ISO Information and documentation—library performance indicators[S]. ISO 11620.

[198] Higher Education Funding Council for England. The effective academic library: a framework for evaluating the performance of UK academic libraries: a consultative report. 1995.

[199] BROPHY P. The Library in the twenty-first century: new services for the information age [J]. Library Association Publishing. 2001:80.

[200] UW Triennial Surveys[2007-08-09]. http://www. lib. washington. edu/assessment.

[201] Survey Questions and Results(University of Washington Libraries)[2007-08-09]. http:// www. lib. washington. edu/assessment/surveys/survey2004.

[202] Tell us your suggestions [2007-8-9]. http://www. lib. utah. edu/services/TELLUS/ tellUs. html.

[203] Texas Tech University Libraries IRIS Online Catalog User Survey [2007-08-09]. http:// library. ttu. edu/iris/survey.

[204] University of Toronto Libraries/Resource Centre for Academic Technology (RCAT)/ Scotiabank Information Commons User Surveys [2007-08-09]. http://www. library. utoronto. ca/services/survey/2004/questionnaire_2004. pdf.

[205] KU Library Report Card. [2007-08-09]. http://www2. lib. ku. edu/rc/index. asp.

[206] Library Report Card [2007-08-09]. http://libweb. uoregon. edu/general/reportcard/ reportcard. php.

[207] [2004-11-21]http://www. arl. org/stats/pubpdf/sup03. pdf.

[208] MONTGOMERY C H. The Evolving Electronic Journal Collection at Drexel University [J]. innovations in science and technology libraries,2003:173-186.

[209] [2004-11-21]. http://www. dlib. org/dlib/october00/montgomery/10montgomery. html.

[210] Managing the Transition to an Electronic Journal Collection [2004-11-21]. http://www. library. drexel. edu/facts/staff/dean/Serialsreview. pdf.

[211] Libraries and Collections. [2007-08-05] http://www. library. drexel. edu/about/ aboutlibraries. html.

[212] Maryland University library:Moving Beyond Paper 2005 [2005-03-28]. http://www. lib. umd. edu/CLMD/SERIALS/2005e-only. html.

[213] Primary Research Group Inc. Library use of e-books: a special report from Primary Research Group Inc[M]. New York: Primary Research Group Inc. 2002.

[214] Press Release from Primary Research Group, Inc [2007-08-05]. http://www. primaryresearch. com/release-200704272. html.

[215] SMITH E T. Change in Faculty Reading Behaviors: The Impact of Electronic Journals on the University of Georgia[J]. The Journal of Academic Librarianship,2003(3):162-168.

[216] google scholar［2007-08-09］. http://scholar. google. com.

[217] Google 将统治平面媒体［2007-08-09］. http://www. chinabyte. com/ColumnArea/217034807819894784/20041010/1861918. shtml.

[218] 同［215］.

[219] SIEBENBERG T R, etc. Print versus Electronic Journal Use in Three Sci/Tech Disciplines: What's Going On Here［J］. College & Research Libraries, 2004（9）: 427-438.

[220] Melbourne University［2007-08-09］. http://www. lib. unimelb. edu. au/about/cmc/ELEC. PDF.

[221] SATHE N A. Electronic vs. Paper Journal Use : Does Format Affect Information Seeking?［2004-11-21］. http://www. scmla. org/evsp. htm.

[222] KING D W, et al. Patterns of Journal Use by Faculty at Three Diverse Universities［2007-08-09］. http://www. dlib. org/dlib/october03/king/10king. html.

[223] CHRIS A, RAY L. Challenges in Managing E-book Collections in UK academic libraries［J］. Library Collection, Acquisitions, & Technical Services, 2005（29）: 33-50.

[224] MAPLE A, WRIGHT C. Seeds R, Analysis of format duplication in an academic library collection［J］. Library Collection, Acquisitions, & Technical Services, 2003（27）: 425-442.

[225] 同［223］.

[226] LYNCH C. The battle to define the future of the book in the digital world［N］. First Monday, 6（6）［2007-08-09］. http://firstmonday. org/issues/issue6_6/lynch/index. html.

[227] 黄金书屋.［2007-08-09］http://www. wenxue. lycos. com. cn.

[228] 在线书库.［2007-08-09］http://www. skyhits. com.

[229] California State University Libraries Electronic Access to Information Resources Committee and e-Book Coordinating Team. Analysis of the Use of e-Books as Compared to Print.（December 2, 2002）［2007-08-09］. http://seir. calstate. edu/ebook/about/report/section_8-2. shtml.

[230] INTNER S. S. Impact of the Internet on collection development: where are we now? Where are we headed? An informal study［J］. Library Collections, Acquisitions, & Technical Services, 2001（25）307-322.

[231]［2007-08-09］http://www. welch. jhu. edu/about/ecdpolicy. html.

[232]［2007-08-09］http://www. hshsl. umaryland. edu/information/elecdev. html.

[233] 同［62］.

[234] 同［57］.

[235] 肖希明,袁琳. 中国图书馆藏书发展政策研究［M］. 南京:南京大学出版社,2002.

[236] ICOLC Guidelines for Statistical Measures of Usage of Web-based Information Resources［2007-08-06］. http://www. library. yale. edu/consortia/webstats. html.

[237] The HeadLine Personal Information Environment［2007-08-06］. http://www. headline. ac. uk/public/diss/nl-pie. pdf.

[238] LEDERER N. E-Mail Reference：Who，When，Where，and What Is Asked[J]. The Reference Librarian,2002(74)：55 - 74.

[239] 孙淑云,李晓辉. 我国高校图书馆数字参考咨询服务开展情况调查[J]. 新世纪图书馆，2004(2)：10-12.

[240] CSDL 学科信息门户网址.［2007-08-09］. http://159. 226. 100. 135/ejournal/CSDL—SubjInfo. php.

[241] 第 20 次中国互联网络发展状况统计报告，中国互联网络信息中心.［2004-7-30］http://www. cnnic. net. cn/uploadfiles/doc/2007/7/18/113843. doc.

[242] 肖珑. CALIS"十五"期间数字资源的整体化建设思路. 2001.［2004-07-30］. http://www. calis. edu. cn/shul/calis2. pdf.

[243] Loughborough University Library, The University Library, 1 August 2002 - 31 July 2003：report of the Librarian.［2004-08-11］. http://www. lboro. ac. uk /library / annrep02-03. pdf.

[244] 唐·赫尔雷格尔,小约翰·瓦·斯洛克姆著. 组织行为学[M]. 北京：中国社会科学出版社,1988.

[245] 王可文. 网络环境下图书馆的机构改革[J]. 高校图书馆工作,2003(3).

[246] 于良芝. 图书馆学导论[M]. 北京：科学出版社，2003：113.

[247] SHIN E F, KIM Y S. Restructuring library organizations for the twenty-first century：the future of user-oriented sevices in Korean academic libraries[J]. Aslib Proceedings,2002,54(4).

[248] DEISS K J. Changing Roles in Research Libraries, A Bimonthly Report on Research Library Issues and Actions from ARL, CNI, and SPARC,2000(208/209),Special Double Issue on Human Resources［2004-08-11］. http://www. arl. org /newsltr/208 _ 209/ chgrole. html.

[249] 陈剑光,陈益君. 我国图书馆学情报学专业毕业生适应状况的调查与分析[J]. 图书与情报，1994(1)：52-55.

[250] WILDER S. The Changing Profile of Research Library Professional Staff, A Bimonthly Report on Research Library Issues and Actions from ARL, CNI, and SPARC,2000(208/209). Special Double Issue on Human Resources［2004-08-11］. http://www. arl. org/ newsltr/208_209/chgprofile. html.

[251] BUTTLAR L J., GARCHA R. Catalogers in academic libraries：their evolving and expanding roles[J]. College & Research Libraries,1998,59 (4)：311-21.

[252] ARL. Changing Roles of Library Professionals, 2000.［2004-8-11］. http://www. arl. org/spec /256sum. html.

[253] KYRILLIDOU M. Educational Credentials, Professionalism, and Librarians, A Bimonthly

Report on Research Library Issues and Actions from ARL, CNI, and SPARC, 2000(208/209), Special Double Issue on Human Resources [2004-08-11]. http://www. arl. org/newsltr/208_209/edcred. html.

[254] MARION L. Digital Librarian, Cybrarian, or Librarian with Specialized Skills: Who Will Staff Digital Libraries? In Thompson, H. A. (Ed.). Crossing the divide: Proceedings of the ACRL 10th national conference (pp. 143-149)[J]. Chicago: Association of College and Research Libraries. 2001. [2004-08-11]. http://www. ala. org/ala/acrl/acrlevents/marion. pdf.

[255] OSORIO N L. An Analysis of Science-Engineering Academic Library Positions in the Last Three Decades. Issues in Science and Technology Librarianship. [2004-08-11]. http://www. istl. org/99-fall/article2. html.

[256] 吕昭仪. 资讯时代研究机构图书馆员学科背景、工作表现与工作满意度之研究[J]. 大学图书馆, 2003, 7(1): 144-175.

[257] CHILDERS S. Computer Literacy: Necessity or Buzzword? Information technology and libraries, 2003, 22 (3): 6051 [2004-8-11]. http://dois. mimas. ac. uk/DoIS /data/Articles/jultmthpgy: 2003: v: 22: i: 3: p: 6051. html.

[258] 米勒. 21 世纪高校图书馆的变革——图书馆学情报学教育面临的机遇与挑战. 图书馆学情报学教育的创新与发展[M]. 武汉: 武汉大学出版社, 2001.

[259] 彭香萍. 关于高校图书馆馆长选任的思考[J]. 图书馆论坛, 2004, 24(1).

[260] DANTON J P. Selection and Collections: A Comparison of German and American University Libraries[M]. New York: Columbia University Press, 1963.

[261] 初景利. 新一代学科馆员的角色定位[J]. 图书馆理论与实践, 2007(3): 1-3.

[262] TAN W. The Status of Catalogers in Academic Libraries and Implications for Chinese American Librarians[J]. [2004-08-11]. http://www. white-clouds. com/iclc/cliej/cl1tan. htm.

[263] American Library Association, Association for Library Collections and Technical Services. Cataloging personnel, education, and training 1994 – 1998 [2004-08-11]. http://www. ala. org/ala/alctscontent/alctspubsbucket/webpublications/cataloging/researchtopics/personnel. htm.

[264] BUTTLAR J L, GARCHA RAJINDER. Catalogers in academic libraries: their evolving and expanding roles[J]. College & Research Libraries, 1998, 59(4): 311-21.

[265] 国家科学图书馆隆重推出"e 划通" [2007-8-7]. http://desktool. csdl. ac. cn.

[266] 李华伟. 现代化图书馆管理[M]. 台北: 三民书局, 1996.

[267] 李碧凤. 国内北区大学图书馆参考馆员接受在职训练之课程内容需求探讨(上)[J/OL], 图书与资讯学刊, 1996, 17(4)[2004-08-05]. http://www. lib. nccu. edu. tw/mag/17/17-4a. htm.

[268] 中国职业道德在线 [2007-08-09]. http://www. zgzydd. com.

[269] 国际图联/联合国教科文组织. 公共图书馆服务发展指南[M]. 上海：上海科学技术文献出版社，2002.

[270] Professional Codes of Ethics/Conduct ［2008-07-16］. http：//www. ifla. org/faife/ethics/codes. htm.

[271] SHACHAF P. A global perspective on library association codes of ethics. Library & Information Science Research，2005，27(4)：513-533.

[272] 中国图书馆学会. 中国图书馆员职业道德准则（试行）[M]. 北京：北京图书馆出版社，2003.

[273] 劳动部，人事部.《职业资格证书规定》的通知. 国家职业资格认证网［2004-8-5］. http：//www. nvq. org. cn/theory/wen. asp? id＝142.

[274] 王世伟. 论图书馆参考馆员制度与职业资格证书制度的结合[J]. 情报资料工作，2003(4)：52-54.

[275] 王世伟. 论中国图书馆职业资格证书制度的建立[J]. 图书情报工作，2003(1)：7-10，82.

[276] PINFIELD S. Hybrids and clumps ［2007-8-9］. http：//www. ariadne. ac. uk/issue18/main.

[277] HYLIFE-wide range of client types ［2007-8-9］. http：//www. unn. ac. uk/～xcu2/hylife.

[278] 张晓林等. 国际图书馆发展态势[J]. 图书情报工作动态，2002(6)-2003(1).

[279] 孙坦. 数字图书馆理论与发展模式研究[D]. 中国科学院文献情报中心，2000. 6.

[280] 田捷. 数字图书馆技术与应用[M]. 北京：科学出版社，2002.

[281] Hybrid library system component examples ［2007-08-07］. http：//hosted. ukoln. ac. uk/AGORA/dissemination/pres/elag-apr99/sld012. htm.

[282] 董慧，安璐. 数字图书馆关键技术的分析与启示[J]. 情报学报，2002(6)：700-707.